한국기독교 역사 현장을 찾아서

이종전의
인천기행

이종전 지음

아벨서원

머리말

이 책이 나오기까지 머리말만 일곱 번이나 다시 써야만 했다. 그것은 오랜 기간 동안 여러 차례 출판을 시도했기 때문이고, 편집까지 끝냈던 것만도 여러 차례였다는 의미이다. 그럼에도 이제야 출판하게 된 것은 그만큼 생각이 많았다는 의미이기도 하다.

처음 이 글을 쓰기 시작한 것은 크게 두 가지 목적이 있었다. 하나는 1988년 여행자유화가 된 이후 1990년대에 들어서면서 봇물처럼 해외로 쏟아져 나갔다. 하지만 당시 우리 국민은 국내여행조차 제대로 경험하지 못한 실정이었다. 그런 상황에서 크리스천들의 문화적 욕구를 충족시켜줄 수 있는 콘텐츠를 생각하게 되었다.

또 하나는 한국교회사를 연구하면서 교회사 책이나 논문에서 접할 수 없는 역사의 현장이 말하고 있는 한국 근대사와 교회사를 만나게 되었다. 그러한 현장에서 확인할 수 있는 역사적 사실들이 한국교회사 사료로써의 가치가 충분히 있다는 것을 발견했다. 따라서 지역에 흩어져 있는 역사의 현장을 찾아서 소개하는 글을 교계의 신문이나 계간, 월간지, 그리고 TV 등에 소개해왔는데, 그것을 하나의 자료집으로 묶으면 좋겠다는 생각이었다.

그러다보니 책의 성격이 모호한 점이 없지 않다. 처음 썼던 원고는 신문에 기고하는 형식으로 썼으며, 벌써 30년도 전에 쓴 것이니 현장의 변화는 물론 그동안 새롭게 발굴된 내용을 담지 못한 점 등은 필자로서 출판을 결단하는 것이 쉽지 않았다. 또한 어떤 성격의 책으로 엮을 것인지에 대한 생각도 많았기 때문에 망설임이 더했다.

이 글의 원본은 1992년경부터 한국 근대사와 기독교 신앙의 유산들을 발굴하고 답사하여 알리는 일을 하면서 썼던 것들이다. 따라서 많은 첨삭을 해야 했고, 한국 교회 신자들의 삶과 신앙의 내면을 더 충족시키고 풍요롭게 되면 좋겠다는 생각으로 엮었다. 이 작업을 통해서 선교사들과 신앙의 선배들이 근대사에 남긴 신앙의 유산을 배우고 하나님의 놀라운 섭리와 은혜를 나눌 수 있기를 기대한다.

한편, 최근 코로나 팬데믹을 경험하면서 환경적인 영향 때문인지 국내의 기독교 유적지에 대한 관심이 높아지고 있다. 이유가 어떻든 다행스러운 일이고, 특별히 역사와 문화는 신앙과 의식의 산물이기 때문에 그 안에는 인문학적인 가치들이 담겨있다. 따라서 그것을 알아가는 것은 신앙의 정체성을 확인하고 계승하는 데 있어서 유익하다. 그러므로 한국 기독교가 남긴 역사와 문화를 찾아보는 것은 신자가 아닌 이들에게도 우리 근대사의 또 다른 면을 이해할 수 있는 기회가 될 것이다.

이 책이 모든 것들을 충족시킬 수 있으면 더 없이 좋겠지만, 그럴 수 있을 만큼 충실하거나 학문적인 책이 아니다. 다만 여행의 길잡이가 되면서 동시에 지역 교회사에 담겨있는 신앙의 유산을 공유할 수 있기를 기대하면서 엮었다. 지나친 욕심일 수 있다는 생각을 하면서 인천편을 시작으로 전국 시도별 답사기가 만들어질 것을 목표로 그동안 발굴했던 것들과 아직 부족한 부분을 보충하는 작업을 계속하려고 한다.

이 책은 필자가 평생 걸으면서 남긴 글들 가운데 한 꼭지이다. 그 과정에서 동행해준 어진내교회 성도들의 기도와 성원을 기억하고 싶다. 또 곁에서 늘 챙기면서 연구하는 일과 가르치는 일, 목회사역까지 감당 할 수 있도록 기도와 격려를 아끼지 않은 아내 혜례와 자신의 본분을 다하면서 응원하여준 요수와 지은이, 그리고 손자 주진이도 요즘은 많은 힘을 더해주니 고마운 마음이다.

끝으로 이 책이 세상에 나오기까지 특별한 관심을 가지고 응원해 주신 김근식 목사님과 박경혜 권사님의 기도와 격려가 그동안의 기록을 공유할 수 있게 하는 결정적인 동인이 되었기에 특별히 감사한 마음을 남기고 싶다.

2024년 11월
이 종 전

시작하면서

차마고도를 세상에 알린 사람은 넬(Alexandra David Neel, 1868~1969)이라는 프랑스 여인이다. 그녀는 독특한 이력을 가지고 있다. 오페라 가수로 활동을 하다가 저널리스트로서 1924년 일본과 조선을 거쳐서 캄(Kham)*에 들어갔고, 자신이 걸었던 길과 그 길 위에서 만난 사람들, 그리고 그들의 삶과 문화와 역사를 바깥 세상에 처음으로 알렸다.

조선을 알기 위해서 스스로 찾아왔고, 많은 시간과 수고를 통해서 조선의 속살까지 들여다보면서 연구하고 경험한 것들을 묶어서 <조선과 그 이웃 나라들>이라는 책을 1897년에 출판함으로써 은둔의 나라 조선을 세상에 알린 것은 스코틀랜드 출신인 비숍(Isabella Bird Bishop, 1831~1904)이라는 여인이다.

넬과 비숍은 모두 여성이라는 공통점을 가지고 있고, 당시로서는 여성의 몸으로 단독 여행을 할 수 있는 사회적 환경이 아니었음에도 위험을 무릅쓴 탐사를 통해서 고립된 차마고도와 은둔의 나라 조선을 세상에 알리는 일을 했다. 그녀들이 걸었던 길은 고독하고 매우 위험한 곳

---

* 캄은 티베트 동쪽지역을 일컫는 지명인데, 중국이 군사적으로 점령하여 1955년 쓰촨성을 중심으로 편입시켰다. 캄 지역은 50개 주가 있는데, 쓰촨성 16개, 윈난성 3, 칭하이성 6, 티베트자치구 25개 주가 이에 속하는 지역이다.

이었고, 당시 그 일은 칭찬이나 격려를 받을 일이 아니었다. 오히려 비판과 냉소적인 웃음으로 대신하는 정도였다. 혹 관심이 있는 사람들이 호기심으로 접근했을 뿐이다. 그럼에도 그 길을 걸었고, 그 길에서 만난 사람들과 그들의 문화와 역사와 이야기를 세상에 알려주었다.

먼 훗날 넬이 걸었던 길은 그 사실을 알게 된 사람들이 따라서 걷기 시작했다. 그녀가 그 길에서 만났던 역사, 문화, 자연, 사람들과 이야기까지 찾아가고 싶은 사람들이 언젠가부터 걷기를 자원했다. 누구도 강요하지 않았다. 그럼에도 많은 사람들이 이미 넬의 뒤를 따르고 있다. 그 길 위에서 사람과 문화, 그리고 과거와 현재를 경험하면서 깨달음과 함께 기쁨을 나누고 있다.

반면 비숍이 걸었던 나라 조선은 은둔을 고집하다가 일본제국주의자들에 의해서 식민지가 되어 강제로 빗장을 열어야 했다. 그리고 외세에 의해서 그들의 필요에 따라서 방방곡곡 짓밟히고 말았다. 일본의 패망과 함께 해방이 되었지만 이내 동서간의 이념전쟁까지 대행하는 고통을 겪어야 했던 한반도는 사회가 안정되고 경제발전을 이루기까지 자신들이 이어온 역사와 문화를 거슬러 걸을 수 있는 기회를 만들지 못했다. 당장 생존을 위한 생계를 해결해야 했기 때문이다.

그런데 2007년 제주 올레길 1코스가 만들어지면서 걷기 열풍이 일어났다. 너도나도 걷기에 동참하는 것을 자원했다. 모두가 놀랐다. 대부분의 경우는 건강이나 성취감이 동기인 것 같았다. 하지만 역사와 문화를 찾아보는 등 걷는 과정에서 의미를 찾거나 더하지 못하면 지속되지 못한다. 그러한 현상이 이미 드러나고 있다.

그런가 하면 근년에 들어서 한국인들이 종교와 관계없 걷기 위해서 찾아가는 길 가운데 대표적인 곳은 스페인의 '산티아고 순례길'이 아닐까. 현지에서 들려오는 소리는 한국인들이 왜 이렇게 많이 찾아오고, 그 길을 걸으려고 하는지 모르겠다고 한다. 그곳을 찾아가는 한국인들이 모두 가톨릭신자도 아니고, 유럽 사람들처럼 특별한 사연을 가지고 걷는 것도 아닌데, 길을 걷다가 보면 들리는 소리가 대부분 한국말이라고 하니 정말로 많이 걷는 모양이다.

그러면 왜 한국인들은 가톨릭신자도 아닌데 스페인까지 많은 경비를 들여 찾아가서 그 길을 걷고자 하는가? 걷는 것은 단지 건강을 목적으로만 하지 않는다. 걷는 과정을 통해서 같은 길을 걸었던 앞선 사람들과 그들이 남긴 유무형의 문화와 역사 그리고 이야기를 만나면서 그들의 삶과 지혜와 의미에 동참하는 기쁨을 얻고 나눈다. 동시에 그 길과 주변에 주어진 환경을 경험하면서 자연이 주는 아름다움에 스스로 매료되어 자연의 일원이 되는 기쁨을 체험한다.

필자는 지금까지 40여 년의 세월을 한국 기독교의 역사와 문화, 그리고 우리네가 살았던 흔적을 찾아서 걸어왔다. 그 과정에서 우리의 뿌리와 문화, 그리고 역사와 정서까지 체험할 수 있는 기회를 수없이 경험했다. 특별히 경험한 한국 근대사의 현장들은 우리 자신을 발견하게 하는 것이었다. 은둔의 나라 조선을 깨우고, 오늘의 우리가 있기까지 보이지 않는 곳에서 섬김의 수고와 희생을 아끼지 않았던 벽안의 선교사들과 국가가 좌초하는 위기적 상황에서 신앙을 통해서 나라를 다시 세우기 위해 몸부림쳤던 우리 선조들, 그리고 그들이 남긴 다양한 유산들을 만날 수 있었다.

길 위에서 만나는 사람들과 그들이 남긴 역사와 이야기는 시공간을 넘어 오늘 우리와 함께 하고 있으며, 그것은 현재 우리에게 다양한 깨달음과 의미를 더하는 것이기에 기회가 될 때마다 지금도 걷는 것을 멈추지 않고 있다. 내게 건강이 허락되는 한 걷는 일은 계속할 것이라는 다짐이다. 길을 걸으면서 이미 그 길을 걸었던 수많은 사람들이 남긴 발자취와 함께 기쁨과 감사를 더하게 된다.

지금까지 걸으면서 찾았고 만났던 수많은 역사의 현장과 이야기들은 너무나 귀하고 아름다운 것들이었다. 그러나 필자도 망각의 은혜(?)를 저버릴 수 없기에 고민을 할 수밖에 없었다. 결국 어떤 형태로든 기록으로 남겨야 하는 것이 먼저 걸은 자의 책임이라는 것을 깨달았다. 그렇게 함으로써 언젠가 같은 길을 걷는 사람들에게 거쳐 갔던 사람들을 만날 수 있도록 하는 것이 먼저 걸은 사람의 도리라는 생각으로 이 기록을 만들고 있다.

하지만 걸으면서 그 과정에서 체득하게 된 지식과 경험을 기록으로 남긴 이야기와 사실들은 필자보다 앞선 선각자들과 기록을 남겨준 선행 연구자들의 노고와 기록물들을 통해서 얻은 정보들이다. 그러한 의미에서 어떤 형태로든 필자에게 배움과 정보를 준 모든 분들에게 감사한 마음을 정중하게 남기고 싶다.

그 첫 번째로 함께 걷게 될 곳은 인천광역시이다. 제물포항의 개항과 함께 형성된 도시인 인천, 이제 함께 걸으면서 그곳에 남겨진 한국 근대사와 기독교 신앙의 유산들을 만나는 기쁨을 나누고자 한다.

목차

- 머리말 · 2
- 시작하면서 · 4

1. 강화군 · 10

프롤로그 / 갑곶나루 / 더리미(加里尾) / 성공회 강화읍성당 / 성 미가엘 수도원지(址) / 잠두교회(현 강화중앙교회) / 합일학교(현 합일초등학교) / 강화도의 바울 이동휘 / 십자산 묘지 / 상도리교회(현 홍의교회) / 시루미(甑山)공동체(현 교산교회) / 길직3·1만세운동 / 성공회 온수리성당 / 흥천교회 / 교동읍교회 址 / 인사리교회 / 상룡리 예배당 / 송암 박두성 생가 / 서도중앙교회 / 강화기독교역사기념관 / 에필로그

2. 계양구 · 126

프롤로그 / 부평읍교회(계산중앙교회) / 선주지교회 / 황어장터3.1만세운동과 선주지교회 / 계암교회(박촌교회) / 에필로그

3. 남동구 · 144

프롤로그 / 담방리교회(현 만수교회) / 송암 박두성의 묘 / 순교자 김규홍 장로 / 에필로그

4. 동구 · 160

프롤로그 / 영화학교 / 존스와 인천선교 / 감리교회 여선교사 숙소 / 인천기독교사회복지관 / 에필로그

5. 미추홀구 • 180

프롤로그 / 송암 박두성 기념관 / 극동방송 址 / TEAM 선교회 / 알렌의 별장址 / 국제성서박물관 / 에필로그

6. 부평구 • 202

프롤로그 / 외국인 묘지 / 엘리 랜디스의 묘 / 말콤의 묘 / 말렛의 묘 / 타운젠. 탕. 하나의 묘 / 에필로그

7. 옹진군 • 220

프롤로그 / 복음 전래의 길목 / 진촌교회 / 두무진 포구 / 가을교회 / 연지교회 / 중화동교회 / 백령 기독교 역사관 / 화동교회 / 사곶교회 / 대청도와 기독교 / 선진교회 / 옥죽동 사구 / 옥주포교회 / 나평교회(현, 영흥교회) / 내동교회 / 덕적도와 기독교 / 덕수교회 / 덕적중앙교회·덕적제일교회 / 에필로그

8. 중구 • 278

프롤로그 / 극동방송 북성동 연주소 / 조미수호통상조약 기념비 / 인천중화인(中華人)교회 / 첫 선교사기념공원 / 대불호텔 / 한국기독교선교 100주년기념탑 / 성공회 인천성당 / 성 누가병원 / 내리감리교회 / 인천 기독병원 / 삼목교회(현 공항교회) / 영종중앙교회 / 한국이민사박물관 / 인천제일교회 / 송도학교 / 에필로그

1. 강화군

프롤로그

변방에 고립된 섬이지만 한반도의 역사에서 반드시 등장하는 곳, 1232년(고종 19년)부터 1270년(원종 11년)까지 38년간 고려국이 개경에서 도읍을 천도한 곳, 근대에 이르러서는 제국주의 열강들이 한반도를 지배하기 위해 침략했을 때 전장이었던 곳, 이렇게 한반도 역사에서 여러 가지 사건의 중심이었던 곳, 그곳이 강화도다.

그런데 강화도는 복음을 전하기 위해서 은둔의 나라를 찾았던 초기 선교사들의 족적이 남아있는 곳이며, 전해진 복음의 능력이 섬 전체에 확산되면서 하나님의 특별한 역사가 있었던 곳이기도 하다. 19세기 말 선교사들이 입국하면서 정주할 수 있도록 허락된 곳은 서울 정동이지만, 이곳 강화도에는 선교사들의 족적과 신앙의 선조들이 남긴 특별한 믿음의 열매들이 그대로 남아있어 당시의 역사를 증명하고 있다.

지역에 흩어져 있는 기독교 신앙의 유산들을 찾아 걷기를 시작한 지 어언 40여년이 되지만, 처음 강화도를 찾았을 때의 감동과 놀라움으로 넋을 놓을 만큼 멍 ~ 하게 서서 한 참씩이나 '이게 뭐지' 하는 마음으로 생각에 잠겨야 했던 느낌은 지금도 그대로다. 답사를 거듭하면서 하나씩 정리가 되고, 나아가 사건과 이야기들이 내 안에 엮어지면서 그 사실들을 나누고 싶었다. 하나님의 특별한 은혜를 공유하면서 함께 기뻐하고 싶었다.

따라서 강화도는 언제 찾아도 여전히 설렘과 함께 찾아야 하는 곳이다. 수도권에서 멀지 않지만 섬이라는 특성 때문일까, 특별한 역사와 이야기가 살아있는 곳이다.

갑곶나루

　역사는 과거의 산물이지만 그 역사를 만나는 것은 현재이다. 따라서 역사를 찾아가는 길은 언제나 설렘과 함께 상상력도 필요하다. 이미 과거의 사람들과 그들이 남긴 이야기를 만나기 위한 발걸음이기 때문이다. 어떤 유적과 사람들이 어떤 이야기와 함께 나를 만나 줄 것인지? 그래서 설렘이 있다.

　1970년 이전까지 강화도를 가기 위해서는 배를 이용해서 건너야 했다. 하지만 김포반도와 강화도 사이는 뱃길조차 만만치 않다. 한강하류와 이어지는 바닷길은 들물과 날물의 유속이 빨라서 곧장 건널 수가 없기 때문이다. 하여 나루터가 좁은 물길을 사이에 두고 멀리 대각선에 위치해 있다.

　무동력선인 풍선배를 노저어서 건너야 했던 사공들은 급한 물살을 이겨내며 건너야 했기 때문이다. 코프(Charles John Corfe)선교사도, 존스(George Heber Jones) 선교사도 다르지 않았으리라. 그럼에도 벽안의 선교사들은 모든 어려움을 이기면서 1890년대 초반 이곳 강화도를 찾았다. 그들이 첫발을 내디딘 곳은 갑곶나루이었다.

갑곶나루터 표지석과 안내판

강화도는 1995년 행정구역 개편에 따라서 인천광역시에 속하게 되었다. 따라서 현재는 인천광역시 강화군이며, 이곳에 기독교 복음이 들어간 것은 1893년이다. 강화도는 한국 감리교회와 성공회교회의 역사에 있어서 매우 특별한 의미가 있는 곳이다. 또한 그 특별한 것들이 신앙의 유산으로 남아있는 곳이다.

인천 내리감리교회를 시작으로 초기 감리교회 선교역사에서 빼놓을 수 없는 곳이고, 또한 성공회교회의 역사에 있어서도 강화도가 초기 조선 선교의 중심이었다는 사실을 확인할 수 있는 곳이기 때문에 중요한 곳이기도 하다.

당시 선교사들이 처음 강화도에 발을 내딛고, 터를 잡아 선교를 시작한 곳은 갑곶나루이다. 그곳은 김포방향에서 강화대교를 건너자마자 오른쪽에 있는 강화인삼센터 앞에서 P턴해서 그 건물 앞을 지나 아래쪽으로 내려가면 방금 건너온 다리 교각에 이르게 된다. 그 교각 아래를 중심으로 주변이 갑곶나루터였다. 좁고 물살이 센 곳이라 나루가 김포반도 쪽과 멀리 대각선 위치에 만들어져있다. 건너편에는 아직 석축으로 된 나루가 보인다. 하지만 강화도 쪽의 나루터는 교각공사와 함께 사라졌다. 따라서 지금은 이곳이 갑곶나루였음을 알리는 표지판과 표석이 있을 뿐이다.

나루터 근처(1900)

그러면 왜 갑곶나루를 찾았는가? 한국 선교 초기에 갑곶나루는 강화도로 들어갈 수 있는 거의 유일한 통로였다. 따라서 초기의 선교사들이 강화도를 찾을 때 제일 먼저 도착한 곳이고, 또한 성공회교회 선교사들의 경우는 이곳 갑곶나루에 선교거점을 마련해서 복음전도와 진료소를 시작했던 곳이기도 하기 때문이다. 하지만 지금은 초기 선교사들이 사역했던 현장이 보존되어있지 않다. 또한 이곳에 선교거점이었던 약방 겸 진료소가 있었던 사실에 대해서 아는 이들도 별로 없다.

강화 유수(留守)와 도민들은 외국인들이 강화읍성 안으로는 들어가는 것을 허락하지 않았기 때문에 이곳에 발을 딛는 것으로 만족해야 했다. 성공회의 선교사들의 경우는 성 안에 들어가는 것은 허락하지 않지만 성 밖에서 활동하는 것은 가능하다는 사실을 알고 이 나루터에 있는 초가를 구입해서 숙소로 활용하면서 진료를 시작했다. 사실상 성공회교회의 강화선교는 이 나루에서 시작되었다. 하지만 지금은 나루터도, 주변에 어떤 건물도 존재하지 않으니, 아득한 옛날이야기 정도로 전해지는 전설 같은 이야기가 되고 말았다.

1892년 갑곶나루터에 마련한 첫 선교기지
 - 출처(사진으로 본 대한성공회 백년)

기록상 갑곶나루를 처음으로 찾았던 선교사는 감리교회의 인천 선교의 주역으로 활동했던 존스(趙元時)였다. 정확한 일시는 알 수 없지만 1892년 11~12월경이라고 보인다. 물론 이때 방문으로 인해서 감리교회의 강화도 선교가 곧바로 시작된 것은 아니다. 존스 선교사가 이곳을 통해서 강화읍성 남문에 도착했지만, 역시 외국인에 대한 거부감이 워낙 컸기 때문에 성 안으로 들어가는 것은 허락을 받지 못했다. 존스는 다시 이 나루로 돌아와 이틀을 묵고 제물포(인천)로 철수함으로써 그의 1차 강화 방문은 성과가 없이 끝나고 말았다.

존스 선교사가 입도를 시도했다가 쫓겨난 강화읍성 남문(1890년 경)

반면 성공회교회의 경우는 인천에 전략적 선교거점을 마련하고 성공적으로 선교를 시작하게 됨으로써 당시 서울의 관문인 강화도에 대한 관심을 가지게 되었다. 그것은 아마 그들이 섬나라 사람들로서 항해에 익숙하고, 뱃길을 이용하는 것에 나름 자신이 있었기 때문에 한강 하구에 위치하고 있는 강화도야말로 선교 거점으로써 유리하다고 판단했던 것 같다. 따라서 성공회교회는 조선 선교를 위한 전략적인 거점을 이곳 강화도에 마련했다.

　　1893년 봄, 그러니까 감리교회의 존스보다 불과 몇 개월 후에 영국 성공회의 코프(D. J. Corfe)주교가 이곳을 방문해서 강화도 선교의 가능성을 타진했다. 그 결과 성내에서는 불가하지만 성 밖에서는 가능하다는 판단을 하고 워너(Leonard. O. Warner)신부를 보내어 같은 해 4월에 갑곶나루에 집 한 채를 구입하여 선교 거점으로 사용하게 되었다. 이렇게 해서 성공회의 강화선교는 1893년 이곳에서 시작되었다.

　　현재, 갑곶나루터가 있었던 곳에서는 어떤 원형도 찾아볼 수 없다. 다만 그곳이 나루가 있었던 곳임을 알리는 표지판과 석축접안시설을 했던 곳임을 알리는 표지석이 있을 뿐이다. 그렇지만 강화도에 처음을 발을 디뎠던 선교사들과 그곳에서 터를 잡고 진료소를 열고 복음을 전하던 선교사들의 모습을 그려볼 수 있는 곳이다.

더리미(加里尾)

　　갑곶나루 주변에는 강화전쟁박물관, 통제영(조선해군사관학교 터) 등이 있다. 갑곶나루에서 돌아 나와 전쟁박물 앞을 지나 강화도 순환도로를 이용해서 남쪽으로 불과 2~Km 정도를 내려가면 더리미라는 곳에 이른다.

이섭정(利涉亭)

현재 더리미는 강화도에서 장어 맛을 즐기려는 사람들이 모이는 곳이다. 작은 포구가 있어서 몇 척의 어선들이 정박해 있고, 언제부터인가 이곳에 장어요리를 전문으로 하는 식당들이 들어서면서 많은 외지인들이 찾고 있는 곳이다. 하지만 바로 이곳이 근대사에 있어서 아픈 역사의 현장인 것을 기억하는 이들은 거의 없다.

강화도는 섬이지만 우리나라의 중세와 근대에 이르기까지 아픈 역사를 고스란히 간직하고 있는 역사의 섬이다. 특별히 우리나라 근대사에 있어서 강화도는 제국주의 열강들이 조선을 지배기 위해서 침략했을 때 직접적으로 몇 차례의 전쟁을 치른 곳이다. 따라서 민군의 많은 희생이 있었던 곳이기도 하다. 더 거슬러 몽골이 고려를 침략했을 때는 개경에서 도읍을 이곳으로 옮겨야 했고, 일본의 식민지가 구체화 되는 과정에서 이곳에서 관군은 무장해제를 당해야 했던 현장이다. 그러니 갑곶에 있는 전쟁박물관을 찾을 때마다 아픈 우리 역사를 곱씹게 된다.

전쟁박물관

1907년 정미 7조약(1907년 7월 18일 고종의 퇴위와 7월 23일 순종을 협박하여 정미조약을 체결함. 이때 조선의 내각 임명권 박탈했다)을 강제로 체결하면서 조선을 식민지화하려는 일본은 순조롭게(?) 진행하는 과정에서 8월 18일 조선군대를 강제로 해산시켰다. 이때 강화에 주둔하고 있었던 조선군 진위대(鎭衛隊)도 강제로 해산을 당했다. 진위대가 해산을 당하게 되었을 때, 이에 대항하여 일제의 침략에 무장봉기하는 사건이 일어났는데, 이것을 정미의병운동이라고 한다. 당시 진위대 대장이었던 이동휘(1904년 회개하고, 후에 만주지역 독립군 대장, 임정 총리)와 진위대원들 가운데 그를 존경하고 따랐던 사람들(연기우, 지홍윤, 유명규, 김동수)이 중심이 되어서 무장봉기를 일으킨 사건이다.

　　이 사건과 관련해서 당시 잠두교회(현, 강화중앙교회) 신자 7명이 체포되고, 그 중에 4명이 서울로 압송을 당하게 되었다. 그러나 압송과정에서 일본군은 이곳 더리미에서 그들 중 3명을 처형시켰다. 이 때 처형당한 사람들은 정미의병운동의 주동적인 역할을 했던 김동수와 동생 영구, 사촌동생인 남수였다. 이들은 모두 같은 교회 신자들이었다. 그들은 1907년 8월 21일 더리미해변에서 일본군에 의해서 처형당했다. 그들은 각각 신앙과 덕망을 인정받아 많은 사람들에게 존경을 받고 있었으며, 교회 안에서는 아브라함, 솔로몬, 요셉과 같은 별칭을 받을 정도로 신실한 사람들이었다고 한다.

더리미 포구와 더리미 마을 입구

서울로 압송하기 위해서는 나루가 있는 갑곶으로 가야했지만, 이들 일행을 압송하던 일본군은 갑곶에서 멀지 않은 이곳으로 끌고 와서 처형시킨 것이다. 그리고 그들의 보고서에는 압송도중 탈주하였기에 사살했노라고 기록하고 있으니, 당시 일본군 지휘관이 임의로 이 지역을 평정하고자 하는 본보기로 처형을 시키지 않았을까 하는 생각이다. 어떤 재판 과정도 없이 그 형제들은 이곳에서 처형을 당하고 말았다.

순국터에 세워진 표지석

이렇게 김동수의 3형제(당시 동수 45세, 남수 44세, 영구 23세)는 같은 날 한시에 죽임을 당했다. 훗날 감리교회의 데밍(Charles Scott Deming) 선교사는 강화도 선교의 성공적인 결과를 이들의 죽음과 관련해서 설명했다. 그는 이들의 죽음을 피의 세례(a baptism of blood)라고 불렀다. 그들의 죽음이 선교나 불신앙에 저항하는 것이 아닌 애국에 의한 무장봉기라는 사건과 관련한 것이기에 순국이라고 할 수밖에 없지만, 그들의 죽음은 강화도 주민들에게 기독교 신앙을 긍정적으로 받아들일 수 있는 커다란 동기가 되기에 충분한 것이었다고 할 수 있기 때문이다. 하지만 지금 더리미에서 그들의 죽음과 관련해서 기억하고 있는 사람들이 없음이 아쉽다. 또한 세워진 표지석도 군이나 보훈청에서 세운 것이 아니라, 강화중앙교회가 세운 것이어서 아쉬움이 더하다. 적어도 그들의 희생이 일제에 저항하는 과정에서 있었던 것이라면, 이 표지석은 주체가 어디가 되었든 분명히 공적으로 세웠어야 할 일이다.

성공회 강화읍성당

강화읍내에서 군청을 지나 고려궁지를 안내하는 이정표를 따라서 골목으로 들어가 50여 미터를 가면 우측으로 성공회 강화읍 성당을 안내하는 간판이 있다. 강화읍 관청리 422번지가 강화읍 성당이 있는 곳이다.

아무런 사전 지식이 없이 이곳을 찾는다면, 이곳이 교회라는 생각을 하지 못할 것이다. 그만큼 교회라고 하기에는 낯선 건물이 자리하고 있기 때문이다. 필자가 30여년 전 처음 이곳을 찾았을 때는 아직 국내 여행이 활성화 되지 않았을 때였기 때문에 주변에 주택들이 있었고, 골목길을 따라서 걸어야 했다. 그리고 눈앞에 우뚝 서 있는 건물을 대했을 때 그것은 영락없는 절간이었다.

나름 자료를 찾아보았고, 이 건물이 세워지는 과정에 대한 기록들을 찾아보고 갔음에도 막상 대면했을 때는 성당으로 받아들일 수 없을 만큼 낯이 설었다. 하지만 여러 차례 반복

강화읍성당 입구 계단

강화읍성당 입구 전경

해서 성당과 주변의 것들을 살피고 찾아보면서 익숙해졌다. 그리고 시간이 흘러 최근 국내 여행이 활성화되면서 주변이 정비되고, 이곳도 찾는 이들을 위한 주차 공간이 마련되면서 접근성이 좋아졌다. 덕분에 주변 환경은 좋아졌지만 옛 주택들이 있었을 때의 골목과 성당주변의 고목들이 만들어주던 정취는 사라지고 말았다.

성공회교회는 1890년 9월 29일에 고프(한국명 고요한) 주교를 중심으로 워너(Leonard Warner), 트롤로프(Mark N. Trollope), 스몰(Richard Small), 신부와 의사인 와일스(Julius Wyles), 랜디스(Eli Barr Landis) 등과 함께 제물포에 도착함으로써 한국 선교를 시작했다.

입국과 함께 인천에 선교를 위한 거점을 마련한 성공회교회는 당시 강화도를 조선 선교의 아이오나(Iona)[1]로 만들려고 했다. 한강하구에 자리한 강화도는 뱃길을 따라 서울로 들어갈 수 있는 길목에 있기에, 딱히 다른 교통수단이 없었던 시대적인 상황에서 항해술에 자신이 있었던 영국인들로서는 강화도가 조선 선교를 위한 전진기지 역할을 할 수 있다는 판단이었던 것 같다.

따라서 강화도는 한국성공회교회의 초기 역사와 중심적인 인물들을 양성하는 곳이 되었다. 즉 성공회교회 선교부는 강화도에 집중적으로 선교를 위한 전진기지를 만드는 노력을 했다. 즉 신학교, 수녀원, 진료소, 고아원, 학교, 교회, 그중에도 신학교를 이곳에 세웠다는 것은 강화도를 조선 선교의 거점으로 만들겠다는 의지를 담은 것이었다.

성공회신학교(1914)-출처(사진으로 본 대한성공회 백년)

1) 아이오나(Iona) - 스코틀랜드 서부 해안에 있는 한 작은 섬인데, 스코틀랜드 사람들의 정신적 안식처로 여겨질 만큼 자연환경이 아름답다. 하지만 지금도 유명한 것은 건축된 지 천 년이 넘은 아이오나 수도원(Iona Abbey)이 상징적으로 이 섬의 기독교역사를 대변하고 있다. 이곳에 처음 복음을 전한 것은 이탈리아인 콜롬바(St. Columba)인데, 그는 이 섬을 기점으로 스코틀랜드와 잉글랜드를 복음화시키는 일을 했다. 따라서 영연방국가들에서 이 아이오나섬은 특별한 의미를 갖고 있으며, 특별히 선교사(宜敎史)적인 의미에서 선교의 전진기지라는 의미를 가지고 있다. 그런데 강화도에 처음 성공회교회가 선교를 시작하는 과정에 스코틀랜드 출신 틀롤로프 선교사가 중요한 역할을 하게 되었고, 그는 강화도를 조선의 아이오나, 즉 선교 전진기지로 만들려고 했다.

강화읍성당 전경

　강화도에는 모두 12개의 성공회교회가 있다. 감리교회가 약 130여 개의 교회라고 했을 때 10분의 1 정도이다. 하지만 우리나라 성공회교회 전체가 300여개 남짓이라고 했을 때, 적지 않은 교회가 이곳에 있다는 이야기이다. 그만큼 강화도는 성공회교회에 있어서 중요한 의미를 가지고 있는 곳이며, 성공회교회의 역사를 만들어낸 산실이다. 또한 강화도에는 성공회교회의 유산들이 많이 남아있기에 관심을 가지고 찾는다면 다양한 체험을 할 수 있다.

　성공회교회는 1893년에 강화도에서 선교를 시작했다. 이곳에 선교를 처음 시작한 사람은 코프 주교와 함께 들어온 워너(한국명 王蘭道)였다. 그가 강화외성 밖에 진해루 근처(갑곶나루 근처)에 있는 초가를 마련해서 '성 니콜라스 회당'이라고 이름을 짓고 선교를 시작했는데, 이것이 오늘날 강화읍성당의 시작이다. 하지만 성안으로 들어갈 수 없었던 선교사들은 성 밖에서 활동할 수밖에 없었고, 1897년에야 성내에 들어갈 수 있게 되었다. 이때 트롤로프(한국명 趙馬可)가 강화도에 부임하면서 관청리에 '조선수사해방학당' 교관들이 살던 집을 구입함으로써 비로소 강화읍성 안에 터전을 마련하는 계기가 되었다. 그곳이 현재 강화읍성당이 자리한 터이며 고려시대에 쌓았던 강화 내성(內城)터인데, 이곳 3000여 평을 구입해서 입성과 함께 선교를 위한 거점을 마련했다. 성공회교회 선교사들이 내성에 자리를 잡을 수 있었던 것은 조선 수사해방학당(해군사관학교) 교관 2명이 영국인이었으며, 통역 겸 영어교사였던 허친슨(Hutchinson)이 성공회교회 신자였기 때문이다.

이렇게 시작된 강화도 선교와 강화읍성당의 역사는 우리나라는 물론 세계적으로도 찾아보기 힘든 독특한 건축양식으로 지어진 예배당을 남겼다. 처음 이곳을 찾는 이들에게는 꽤나 낯이 섧다고 할 만큼 이색적인 예배당과 주변의 환경을 만나게 된다. '절간 같은 예배당'이라고 할 수 있을까? 실제로 이 예배당은 우리나라 절간의 구조를 따라서 지었다. 천왕문(天王門)이 있고, 다시 불이문(不二門)을 지나서 영광의 문(예배당 문)을 지나 다시 중문을 넘어서야 예배당 안에 들어설 수 있기 때문이다.

이러한 구조는 유교의 향교에서는 외삼문과 내삼문으로 대성전(大成殿)과 구분하는 문들이 있는 것과도 같다. 불교나 유교에서 가장 중요한 대웅전 또는 대성전에 이르는 과정에서 영역을 구분하기 위해서 세운 문들을 그대로 채용해서 성당의 건축물을 배치한 것을 볼 수 있다.

성당을 둘러보면 구조물 하나하나가 절간 그대로인 것을 느끼게 된다. 그 중에도 제일 먼저 만나게 되는 천왕문을 언덕 아래에서 보노

사찰에 있는 천왕문(불이문)에 해당하는 것으로 범종을 설치했다

태극문양을 기본으로 한
대한성공회 심벌

라면 팔작지붕을 이고 있는 것이 절간의 문 그대로다. 다만 다른 것이라면, 대문에 그려 넣은 문양이 눈길을 사로잡는다. 태극문양을 기본으로 해서 십자가를 그려 넣은 것인데, 이것은 현재 한국성공회교회를 상징하는 심벌(symbol)로 사용되고 있다. 이 심벌 하나만 보더라도 당시 트롤로프 신부가 성공회교회를 이끌었던 사상이 어떤 것인지를 엿볼 수 있다. 그것은 토착화신학(indigenous theology) 사상인데, 그는 조선 선교의 과정에서 철저하게 토착화를 시도했고, 그 결과물은 전국에 있는 성공회교회에 남겨졌다.

강화읍성당 건물을 살펴보기 위해서는 옆에 있는 교회 주차장에서부터 시작하는 것이 좋다. 주차장에서 바라볼 때 건물 전체의 전경을 이해할 수 있고, 특별히 봄과 가을엔 신록과 단풍이 함께 어우러진 아름다운 한옥 구조의 건물에 매료되기에 충분하기 때문이다.

주차장에서 경내로 들어갈 수 있는 문을 열자마자 문 앞에서 작은 비석이 맞이한다. '대영국알마슈녀긔념비'라고 새겨진 작고 오래된 비석이다. 성공회교회가 강화도를 선교거점으로 확보하고, 선교정책 가

주차장에서 바라본 사제관과 성당 전경

운데 의료선교를 선택한 것은 당시 각 선교부들의 일반적인 것이었다. 하지만 시작부터 섬 지역에 집중적으로 투자한 것은 성공회교회가 처음이다.

그런데 의료선교 사역을 위해서 영국의 알마(Alma)수녀는 1896년에 입국해서 강화도 남부의 중심인 온수리에 있는 온수리 진료소에서 간호사로 섬기다가 1906년, 그녀가 입국한지 꼭 10년이 되는 해에 전염병에 감염이 되어 이곳에서 짧은 생을 마감했다.

그녀의 헌신과 사랑은 폐쇄적일 수밖에 없었던 이 섬사람들에게는 전혀 새롭고 놀라운 것이었고, 감당할 수 없는 빚을 졌다고 생각할 만큼 큰

알마수녀기념비

것이었다. 따라서 그러한 사랑과 의료혜택을 받았던 이 지역 사람들에게 그녀의 별세는 충격이 아닐 수 없었다. 그녀의 희생이 너무나 큰 것이었기에 이 지역 사람들이 뜻을 모아서 세운 것이 이 비석이다. 답사하는 과정에서 작은 비석이라고 해서 그냥 지나쳐서는 안 될 것이고, 관심을 가지고 본다면 초기 선교사들의 희생과 행적이 어떤 것이었는지 느낄 수 있게 한다.

천주성전(天主聖殿)

단청과 문양

비석을 지나 성당 앞쪽으로 가면 성당 전면을 먼저 만나게 된다. 천주성전(天主聖殿)이라는 간판이 큰 글씨로 새겨져있다. 비로소 절이 아니라 성당이라는 것을 확인할 수 있게 한다. 그리고 용마루 위에 세워진 십자가가 이 건물의 정체를 알려주고 있다. 그러나 처마와 서까래에는 화려한 단청이 입혀있으니, 성당으로서는 낯이 설기만 하다. 그렇지만 절간의 느낌이 강하나 자세히 보면 절간에 비해서 색상이 단순하고 문양이 조금 다른 것을 알 수 있다. 절집과 같고 그 문양의 주제도 연꽃이지만, 부연 끝부분에 변형된 십자가를 그려 넣었다. 서까래 끝에는 태극, 그리고 추녀 끝에는 변형된 십자가 모양의 연꽃을 그려 넣었다. 하지만 건물 자체는 화려한 듯 단아한 멋이 매혹적이다. 트롤로프 주교가 추구했던 토착화신학을 기본으로 하는 선교 전략을 전개하기 위해서 성당을 짓는 데에도 특별한 뜻을 담았다는 것을 알 수 있게 한다.

그리고 건물 앞면 다섯 기둥에는 당시 성공회 선교부가 지향하는 신앙의 내용을 나무판에 써서 걸었다. 이 역시 절간의 주련(柱聯)과 같은 모양새를 하고 있다. 그 내용을 보면 다음과 같다.

無始無終先作形聲眞主宰(무시무종선작형성진주재) ; **처음도 없고 끝도 없으니 형태와 소리를 먼저 지은 분이 진실한 주재자이시다.**

宣仁宣義聿熙拯濟大權衡(선인선의율조증제대권형) ; **인을 선포하고 의로움을 선포하여 이에 구원을 밝히시니 큰 저울이 되었다.**

三位一體天主萬有之眞原(삼위일체천주만유지진원) ; **삼위일체 천주는 만물을 주관하시는 참 근본이 되신다.**

神化主流囿庶物同胞之樂(신화주류유서물동포지락) ; **하나님의 가르침이 두루 흐르는 것은 만물과 동포의 즐거움을 두루 포함하고 있다.**

福音宣播啓衆民永生之方(복음선파계몽민영생지방) ; 복음을 널리 전파하여 여러 백성을 깨닫게 하니 영생의 길을 가르치도다.[2]

이것은 성당에 드나드는 사람이나, 이곳을 찾는 이들에게 복음과 기독교의 기본진리를 마음에 새기게 하였던 것으로, 그 방식은 불교의 사찰에서 볼 수 있는 것과 같다.

성당 기둥의 주련

강화읍성당의 주련(柱聯)을 읽어보고 자신이 서 있는 곳을 돌아보면, 그 위치가 불이문(유교의 內三門)인 것을 알 수 있다. 절집에서 불이문은 일반적으로 목어(木魚)가 걸려있는 곳이다. 대웅전에 들어가기 위해서 거쳐야 하는 문이다. 절집의 규모에 따라서 구조가 조금씩 다르기는 하지만 큰 절의 경우 불이문을 지나면 누(樓)가 있고, 유교의 향교에는 강당이 있다. 이 역시 불교와 유교가 비슷한 구조를 가지고 있다.

---

2) 주련의 번역문은 김안기 신부의 번역문임(한국전통사찰과 성공회 119쪽)

그런데 이곳의 불이문에는 목어 대신에 범종이 자리하고 있다. 교회에 웬 범종인가 하는 생각을 할 수 있을 것이다. 이 역시 앞에서 살펴보았던 것처럼 트롤로프 주교가 성공회교회를 토착화라고 하는 신학적인 입장을 가지고 한국에 정착시키려는 노력이 절간과 같은 건물을 지었다. 나아가서 건물만이 아니라 경내의 전체 구조까지도 절집과 같게

범종과 문양-당좌에는 연꽃 대신 성공회 십자가를, 종유가 있어야 할 곳에 켈트 십자가를, 종을 매다는 종뉴(鐘紐)는 용머리 대신 성령을 상징하는 것으로 만들었다

했다. 이 과정에서 불이문에는 목어 대신에 범종을 만들어서 사용하도록 했다.

이 문은 경내에서 법당과 마당을 구분하는 의미를 가진다. 해서 이 문을 지나면 성당 안으로 들어갈 수 있는 영광의 문이 있다. 이 영광의 문은 정면 양쪽에 있는 두개의 문이다. 이 문을 통해서 비로소 성당에 들어갈 수 있다. 법당에는 정면에 있는 문으로 들어갈 수 없다. 반드시 양쪽에 있는 문으로 들어가는 것이니, 이러한 모양새까지도 채용한 형식을 가지고 있는 것이 이 성당이다.

그러나 현재의 범종은 애초의 것이 아니다. 이곳에 범종이 처음으로 설치되어 사용했던 것은 1914년 영국에서 범종을 만들어 가져와서 설치했었다. 하지만 그 종은 일제말기인 1943년 징발되어 일본군의 전쟁 도구로 사라지고 말았다. 그 후 50여 년간 이곳에는 종이 없었다. 그러다가 1993년 성공회 강화선교 100주년기념사업을 하면서 없어진 종의 복원사업을 추진했지만 2010년 11월 14일에야 완성되었다.

현재의 종은 우리나라에서 복원한 것이며, 종 표면에 새겨진 문양은 성공회교회를 상징하는 심벌이다. 비록 복원된 것이긴 하지만 다른 어떤 교회에서도 경험할 수 없는 것이고, 한국인의 정서에 와 닿는 것을 경험할 수 있다. 다만 범종 밑에는 울림통을 만들어서 종소리의 여운을 깊고, 그 소리가 멀리 가도록 해야 하는데, 콘크리트로 발라놓은 것이 못내 아쉬움을 남긴다.

범종을 살펴보고 성당 앞으로 가면 커다란 나무 한 그루가 있다. 한여름에는 성당건물이 보이지 않을 만큼 그 품을 넓게 펴서 그늘을 만들어 주는 나무다. 이 나무는 성당건물과 역사를 같이 한다고 할 수 있다. 그러니까 수령이 100년이 넘은 것들이다. 성당 앞에 있는 것은 보리수나무다. 보리수는 불교에서 말하는 깨달음을 상징하는 나

보리수(이 나무는 휴가차 영국을 다녀오는 길에 인도에서 가지고 온 것으로 지금까지 그 자리를 지키고 있다)

무이다. 고타마 싯다르타(Gautama Siddhartha)가 보리수나무 아래에서 깨닫고 부처가 되었다고 해서 불교에서는 신성시하는 나무 가운데 하나이다. 그런데 왜 이 나무가 여기에 있을까? 그것은 역시 트롤로프의 토착화사상과 맥을 같이 한다. 성당이 지어지고 얼마 지나지 않아 어느 선교사가 본국에 휴가를 갔다가 돌아오는 길에 인도를 거쳐서 오게 되었는데, 그곳에서 10년 생 묘목을 가지고와 이곳에 심었다고 전해지고 있다.

그리고 본래 성당 오른쪽 옆에(공영주차장 방면)는 지금은 없어진 커다란 나무들이 있었다. 그곳에는 회화나무와 은행나무가 있었다. 회화나무[3]는 흔히 당나무, 혹은 정자나무라고 별칭으로 불리는 나무이다. 이런 명칭은 나무이름이 아니고 당집이나 정자가 있는 곳에 있는 나무라 해서 그렇게 불렀던 것이며, 정작 그 나무의 이름은 회화나무이다.

우리나라 역사에 있어서 회화나무는 유교와 관련이 깊다. 선비들이 정자를 짓고 그 옆에 정자나무로 회화나무를 심었고, 그 나무 그늘에서 글을 읽고 시를 지었으며, 풍류를 즐기기도 했다. 따라서 회화나무는 '선비나무'라고 불리기도 했다. 그런데 이 나무를 이곳에 심은 것은 왜일까? 아마 유교적 사회 분위기를 배제하지 않으려는 의도가 있지 않았을까. 이 나무 역시 이곳 신자들이 성당을 짓고 기념으로 심은 나무로 전해지고 있다. 꽃이 피는 8월이면 꽃눈이 내리는 것 같고, 가을이면 성당주변을 온통 아름다운 색으로 장식해주었다. 어느 해 가을 이곳을 찾았을 때의 아름다운 정경은 잊을 수 없는 것으로 필자의 기억에는 남아있다.

---

3) 현재 이 나무는 없다. 성당을 중심으로 관광지로 개발하는 과정에서 옆에 있던 은행나무와 함께 잘라 내버렸다. 덕분에 공영주차장에서 성당건물이 잘 보이게 되었지만 성당과 역사를 같이 했고, 나무에 담긴 선교사의 뜻도 있었지만, 이제는 만날 수 없는 것이 되고 말았다.

여기 이 자리에 있었던 또 하나의 나무가 있다. 그것은 은행나무이다. 이 나무에 대한 기록은 찾지 못했다. 하지만 같은 맥락에서 생각한다면 어렵지 않다. 은행나무가 반드시 심겨진 곳이 있으니 쉽게 유추할 수 있기 때문이다. 요즘은 수목에 대한 필요성과 중요성을 알고, 그것을 통해서 쉼과 즐기기 위한 장소로 만드는 과정에서 은행나무 길을 만든다든지, 또는 은행나무 숲을 만들어서 단풍 경관을 즐기기 위해서 전국 각지에 조성된 숲들이 생겨나고 있다. 그러나 조선시대에는 향교에 반드시 은행나무를 심었다. 그 유래는 공자의 사당에 은행나무를 심었기 때문에 행단이라고 했고, 공자가 제자들을 가르치던 곳을 행단이라고도 했기 때문에 향교의 또 다른 표현을 행단이라고도 한다. 따라서 우리나라 전국 향교가 있거나 큰 스승이 있었던 곳, 그리고 궁궐에는 반드시 은행나무를 심었다.

행단이라는 이름으로 지금까지 알려지고 있는 것은 충남 아산에 있는 맹씨행단이다. 이곳은 고려말 최영 장군이 지은 집인데, 그의 손녀가 맹사성(孟思誠)과 혼인하면서 맹사성의 소유가 된 건물이다. 맹사성은 고려와 조선 초기 충신으로 그의 고택과 그가 글을 읽던 집을 가리

주교들의 공덕비

성당 2층 유리창은 채광을 위한 선택이었다

켜 맹씨행단으로 불리며, 지금까지도 고려시대 건축물을 만날 수 있는 거의 유일한 곳이기도 하다.

　주변을 살펴보았으니, 이제 성공회 강화읍성당 건물을 살펴보자. 건축물 자체는 한옥 구조지만 다른 것을 알 수 있다. 외견상 2층 구조를 하고 있는데, 1층과 2층 사이에는 유리창을 설치한 것이 한옥 구조에는 없는 스타일이다. 하지만 여기에는 두 가지 의미를 담고 있는 실용적 설계였음을 알 수 있다. 즉 당시로서는 실내조명을 위한 대안이 없었다. 이렇게 큰 건물에 실내조명을 어떻게 할 것인가 하는 문제가 가장 컸을 것이기 때문이다. 이 문제를 해결하기 위한 방법으로 유리창을 설치하여 자연채광을 하게 했다. 전기가 없었던 당시로서는 매우 유용한 것이라고 짐작된다.

　또 하나는 같은 맥락에서 자연채광을 전제로 한다면, 유리 말고는 비바람을 견딜 수 있는 자재가 없었다는 것이다. 해서, 조금 격에 맞지 않지만 유리창을 설치할 수밖에 없었을 것이다. 정면 4칸, 측면 10칸 규모의 건물은 멀리서 보면 탑모양을 하고 있고, 지붕은 한옥의 팔작지붕이다. 비교적 단순하면서 단아한 색상이 절간의 분위기와 동시에 작은 궁궐 건물과도 같은 위엄도 느끼게 한다.

성당 안으로 들어가면 한옥 구조이지만 높은 천정과 성공회교회의 전통적인 분위기를 느낄 수 있으며, 유리창을 통해서 들어오는 빛은 실내를 적당한 밝기로 밝혀준다. 높은 공간을 통해서 들어오는 햇살은 실내를 밝혀주기에 충분하다. 그러면서도 눈이 부시지 않고, 공간을 통해서 반사되는 빛은 실내의 분위기를 은은하게 살려주는 것을 느낄 수 있다.

또한 밖에서 볼 때와는 달리 중세 유럽의 성당을 연상할 수 있을 만큼 전형적인 로마교회 성당 양식으로 색다른 맛이 느껴진다. 이러한 성당을 바실리카(Basilica) 양식이라 하는데, 그 뜻은 '귀족의 집'이라는 의미이다. 즉 로마시대의 귀족들이 자신의 집에서 연극, 토론, 재판 등을 할 때 사용하던 건물의 구조를 뜻한다. 공간을 활용하기 위해서 내부를 단순하고 특별한 장식이 없이 공간을 확보하기 위한 설계를 한 것이 특징이다. 밖에서 보았을 때 2층 구조

성당내부 전경

제대와 현판(萬有眞原-만물의 참 근원)

로 보였던 것은 실용성도 있지만 바실리카양식의 전형을 따랐기 때문이다. 실내는 단층이면서 천정이 높고 밖에서는 2층처럼 보이는 건물양식이다. 물론 실내도 가운데 부분(身廊-nave)은 천정이 높고, 양 옆(側廊-aisle)으로는 낮게 만들었다.

천정은 들보와 서까래가 그대로 노출되게 했고, 벽은 흰 회벽으로 처리했다. 실내구조는 바실리카양식이지만, 이렇게 처리함으로써 한옥구조의 맛을 잃지 않게 한 것이 아닐까. 4미터가 넘는 기둥 20개가 나란히 2층 지붕을 받치고 있으며, 그 기둥을 중심으로 실내 영역을 구분시켜놓았다. 측랑은 복도로, 신랑은 회중석으로, 또한 전체적으로는 회중석과 제단으로, 그리고 제단은 다시 성소(聖所)와 지성소(至聖所)로 구분되어있다.

이렇게 당시로서는 엄청나게 큰 건물인 성당을 짓기 위해서는 많은 수고와 노력이 필요했다. 실제로 사용된 재목들의 크기를 보더라도 구하기 쉽지 않았을 것이라는 것을 충분히 예측할 수 있다. 앞에 소개했던 트롤로프 주교는 이 건물을 짓기 위해서 직접 신의주에 가서 백두

산 적송(赤松)을 구해왔다고 한다. 그리고 목수는 경복궁을 중건할 때 도편수로 일했던 최고의 장인이 공사를 주도했고, 석공은 중국 사람들이 강화도의 돌을 다듬어서 사용했다고 한다. 또한 기와나 그 밖의 재목들은 모두 강화에서 직접 굽고 구한 나무를 사용했다고 한다.

이왕 답사를 한다면 성당 내부를 살펴보는 것은 중요하다. 성당 안에는 앞에서 설명한 대로 구조가 조금 다르긴 하지만 회중석이나 촛대, 십자가 등은 로마교회의 성당에서 볼 수 있는 것과 같다는 것을 알 수 있다.

그런데 성당 안에서 특별하게 눈에 띄는 것이 있다. 그것은 1900년 당시 이 성당을 걸립할 때 사용했던 교회기(敎會旗)와 제단(성공회와 로마교회의 경우는 제단의 개념이 있음) 뒤에 걸려있는 현판(懸板)이다. 검은 바탕에 금색 글씨로 새겨진 "만유진원"(萬有眞原)은 만물의 근원이신 하나님이 임재하심을 의미하는 것으로써 일반적으로 기독교회 예배당에서는 접하기 어려운 것이다. 그리고 오른쪽 기둥에 걸려있는 교회기는 1900년 11월 15일 예배당 축성식을 거행할 때 교인들이 행렬하면서 사용했던 교회기라고 한다. 하지만 현재 걸려있는 것은 복사

낭독대(主之言語足前之燈-주님의 말씀은 발앞의 등불이라)

본이다. 당시 사용했던 기는 선교사로 왔던 영국의 수녀들과 강화읍 성당의 여신도들이 직접 수를 놓아서 만들었다고 한다. 그러니까, 100년이 넘은 기인데, 그것은 사제관에 보관되어 있고, 현재 걸려있는 것은 똑 같은 모양으로 다시 제작한 복제품이다.

교회기에 새겨진 글씨 또한 눈여겨 볼만하다. 에베소서 6장 17절의 "성령의 검을 가지라"는 말씀과 마태복음 16장 19절의 "천국의 열쇠를 네게 준다"는 말씀을 오색실로 수를 놓았다. 가운데는 '키리 십자가'(?)의 변형된 문양을 역시 색실로 수를 놓아 그려 넣었는데, 열쇠문양의 꼬리부분에는 불교의 상징인 만(卍)자를 새겨 넣은 것이 특이하다. 이 역시 트롤로프 신부가 주도했던 토착화 사상에 의한 포교 노력이 얼마나 적극적이고 구체적이었나 하는 것을 느끼게 한다. 건물 전체의 구조에서도 느낄 수 있었던 것이지만, 그가 추구했던 당시 한국 사회에 성공회교회의 신앙을 정착시키려는 노력이 어떤 것이었는지 알 수 있게 한다.

세례대

또한 예배당 안에는 일반 기독교회 예배당에서는 쉽게 볼 수 없는 것이 또 하나 있다. 그것은 화강암으로 만든 세례대(洗禮臺)이다. 회중석 맨 뒤에 자리하고 있는 세례대는 다섯 개의 기둥이 받치고 있는데, 이 역시 절간에서 볼 수 있는 석등모형이 느껴진다. 이 세례대 앞면에는 "중생지천"(重生之泉)

이라는 글귀가 새겨져 있고, 뒷면에는 "수기修己, 세심洗心, 거악去惡, 작선作善"이라는 글귀가 새겨져 있다. 이러한 글들은 세례의 의미와 함께 세례를 받은 사람이 가지고 있어야 하는 마음이 어떤 것이어야 하는지를 나타내고 있다. 하지만 자칫 로마교회의 신앙을 그대 수용하는 것일 수 있다는 생각을 하게 하는 것은 유의해야 할 것이다.

다시 성당을 나와 뒤편으로 가면 양반집 안채 같은 기와집이 보인다. 이 건물은 사제관이다. 성당과는 많이 다른 분위기를 느끼게 하는데, 우선 단청이 없고 소박한 양반집 모양을 하고 있다. 기와의 막새도 없고 용마루를 높이지 않았을 뿐 아니라 평평하게 한 것이 성당과는 대조를 이룬다. 하지만 팔작지붕을 이었기 때문에 양반 집의 위엄을 아주 잃지는 않게 했다. 눈에 띄는 것은 팔작지붕 합각부분에 벽돌 네 장을 박아서 만든 십자가다. 다른 색깔을 입히지 않고 기와와 같은 색깔의 벽돌을 맞대어 십자가를 만들어 놓은 것일 뿐이지만, 사제관의 소박함과 함께 담아내고자 한 의미를 충분히 나타내고 있다.

사제관을 보면서 느끼는 소박함과 안온함이 이곳을 찾는 이들의 마음을 여유롭게 한다. 되바라지거나 지나치게 위엄을 느끼게 하는 건

사제관

물이 아니면서도, 선비의 위엄을 잃지 않도록 하는 분위기가 더 매력적이라는 인상을 받으면서 강화읍성당을 뒤로 한다.

성 미가엘 수도원지(址)

대부분 성공회 강화읍성당을 보고 나면 바로 발길을 돌리게 된다. 하지만 그냥 지나칠 수 없는 곳이 있다. 강화읍 성당 주변은 사실상 우리나라 성공회교회가 조선 선교의 전진기지로 만들었던 곳이기 때문에 관심을 갖고 살펴본다면 찾아보아야 할 곳이 더 있다. 아쉬운 것은 찾아보아야 할 곳이 방치된 상태로 있다는 것이다. 역사적으로 충분한 이해와 함께 찾는다면, 비록 빈터밖에는 남겨진 것이 없으나 의미가 있다고 생각한다. 누군가 그 의미와 역사적 중요성을 깨닫고 표석이라도 세워준다면 좋겠다는 생각을 하면서 아쉬운 마음으로 찾아가게 된다.

그곳은 강화읍성당 사무실에서 물으면 쉽게 찾을 수 있다. 아직도 이 교회가 소유하고 있는 땅이기 때문이다. 교회에서 직선거리로 불과 100여 미터 남짓 떨어진 곳인데, 지금은 조경수를 재배하는 밭으로 거의 버려진 상태고, 그곳에는 서너 채의 폐가가 있다. 그냥 방치한다면 머지않아 완전히 무너지거나 흉가로 변해서 강제로 철거당하게 될 것이라는 생각이 들만큼 헐은 상태다. 답사하면서 폐가들을 만나게 되면 역사에 대한 무관심이 얼마나 아픈 것인지, 아니 얼

로젤리수녀 강화순회(1900)
- 출처(사진으로 본 대한성공회 백년)

마나 귀한 것을 잃는 것인지 안타까움을 느끼게 한다.

그곳은 성공회교회 선교부가 초기에 전진기지로 사용했던 곳이다. 그곳에 수도원(신학교), 진료소, 선교사들의 숙소, 강의실, 기도실 등으로 사용되었던 건물들이 있었다. 지금 남겨진 것은 세 채인데, 그것이 원래 그 당시의 건물인지는 확인할 수 없다. 다만 그 후 근년까지 사람들이 주택으로 사용했던 건물이 방치된 상태로 있다. 30여 년 전 필자가 처음으로 찾았을 때는 사람들이 살고 있었지만, 그들은 그 내용에 대해서 전혀 알지 못하고 있었다.

성공회교회 선교부는 1914년 1월 1일 이곳에서 수도원을 시작했다. 성공회교회 최초의 한국인 신부가 된 김희준과 구건조를 학생으로 하여 한국 성공회교회의 지도자를 양성하기 위한 교육기관으로 성 미가엘 수도원(신학교)을 개원했다. 그 결과 현재까지도 우리나라 성공회교회의 주요 지도자들은 이곳 강화도 출신이 많다는 것이 우연한 일이 아니라는 것을 알 수 있다. 1913년 9월에 초대 원장으로 임명된 세실(Cecil H. N. Hodge - 허세실)이 이곳에 거주하면서 개원준비를 했고, 그에 의해서 이곳에서 성공회신학교가 시작되었다. 정식 교육은 1914년 4월 30일에 시작되었다.

신학교 첫 입학생들(1914) -출처(대한성공회 100년)

성공회교회가 이곳에 수도원을 세운 취지는 경주(敬主), 애인(愛人), 극기(克己)를 수도하게 함으로써 우리나라 성공회교회 지도자를 양성하는 데 있었다. 그만큼 이곳 강화도는 성공회교회가 심혈을 기울여 설립한 선교를 위한 전진기지임이 분명하다. 그러나 점차 내륙교통이 발달하면서 뱃길이 오히려 불편하게 되고, 지리적 환경적 여건이 좋지 못한 강화도는 더 이상 선교의 전진기지로서 매력을 잃어갔다. 무엇보다도 신학생의 수급이 제한적일 수밖에 없기 때문에 심각한 문제가 되었다. 한국 사람들의 의식에는 육지에서 섬으로 가는 것이 쉽지 않았기 때문에 외지 사람들이 섬으로 신학을 공부하기 위해서 들어가는 것 역시 결코 쉽지 않은 일이었다. 이 부분은 한국인의 정서를 읽지 못한 선교사들의 실책이라고 할 수 있을 것이다.

결국 수도원은 1921년 10월 1일 성공회가 운영하고 있던 인천의 성누가병원을 개조하여 옮김으로써 수도원의 강화도 시대는 막을 내리게 되었다. 그 후에 수도원은 성공회신학원, 조선성공회신학원, 성 미카엘 신학원, 천신신학원 등으로 개명하면서 발전해왔다. 1940년에는 신사참배문제로 폐교를 해야 하는 어려움을 겪었다. 해방 이후 1952년에는 청주로 옮겨야 했고, 다시 1961년 대천덕(Reuben Archer Torrey III) 신부를 원장으로 서울 구로구 항동, 현재의 성공회대학교가 자리하고 있는 위치로 옮겼다.

이곳 강화읍성당 주변에 성당 말고 수도원을 비롯해서 4채의 건물이 있었던 것을 기록에서 확인할 수 있는데, 그 건물의 용도는 앞에서 언급한 바와 같이 강의실, 기도실, 숙소 등으로 사용되었고, 진료소로도 사용되었다. 1921년 수도원(신학교)이 인천으로 옮겨진 다음에는 수녀원, 여학교, 서당, 전도부인숙소 등으로 사용되기도 했다.

잠두교회(현 강화중앙교회)

성공회강화읍성당이 위치한 곳이 강화읍성(內城) 위이기 때문에 읍내를 한눈에 내려다 볼 수 있다. 그곳에서 서남쪽을 보면 건너편 산자락에 우뚝 솟은 예배당이 보인다. 그곳이 강화중앙교회(蠶頭敎會)이다. 읍내에 있는 가장 큰 규모의 교회이지만 역사적으로는 첫 번째로 세워진 교회는 아니다. 그러나 경제, 인구, 행정의 중심지에 있는 교회로서 강화도 기독교회에 여러 가지 역할을 감당하고 있다.

성공회교회는 강화도 선교를 시작함에 있어서 읍내에서 초기 역사를 형성했지만, 감리교회의 경우는 이곳 읍내에서 선교가 시작되지 못했다. 강화도 선교 초기의 역사적 상황은 읍내에 외국인이 들어오는 것이 불가능했기 때문이다. 즉 선교사들이 자유롭게 왕래할 수 없는 것은 물론 아예 성내에 들어올 수 없었다. 더욱이 미국인 선교사가 주류를 이루고 있었던 감리교회의 경우는 선교사들이 읍내에 들어올 수 없었기 때문에 강화도에서 선교사들의 활동은 기대할 수 없었다.

그러므로 강화중앙교회는 읍내 주민들 가운데 감리교회를 통해서 복음을 접하고, 믿음을 가지게 된 신자들에 의해서 세워졌고, 복음

강화중앙교회 전경

잠두(강화중앙)교회(1914년)

이 확산되는 특이한 과정이 있었다. 그 결과로 강화도는 감리교회의 못자리와 같은 곳으로 성장했다. 강화도에는 현재 130여 개의 감리교회가 있다. 반면에 성공회교회는 12개이다. 선교부가 직접 강화도를 조선 선교의 거점으로 생각하고 선교에 심혈을 기울였던 성공회교회는 강화도를 한국의 아이오나(Iona)로 만들려고 했지만, 오히려 감리교회의 아이오나가 된 것이 아닐지 …….

강화중앙교회는 읍내에 있고 현재 강화도에서 가장 큰 교회이지만, 이 교회는 강화도 최초의 교회도 아니고, 감리교회를 통해서 복음이 처음으로 전해진 곳도 아니다. 감리교회의 강화도 선교는 강화도 북단에 위치한 양산면 교산교회(1893)가 그 시작이다. 그리고 홍의교회(1896), 사도교회, 고비교회(1898), 그 후에 세워진 것이 잠두교회(1900), 즉 강화중앙교회이다. 그러니까 강화도 제일 북쪽에 있는 작은 마을에서 시작된 복음의 물결이 강화읍내에로 전해지고, 공동체가 만들어지기까지는 8년 이라는 시간이 걸렸다.

　　이렇게 강화도의 중심지에서 선교가 시작되지 못한 데에는 당시의 역사적, 사회적 환경이 있었기 때문이다. 즉 병인양요(1866)와 신미양요(1871)와 같은 서양의 제국주의 열강들이 조선을 지배하기 위해서 침략했을 때, 그 전장이 강화도였기 때문에 이곳에서 실제 전쟁이 있었고, 그 과정에서 많은 사람들이 희생을 당했다. 따라서 조선의 쇄국정책과는 별개로 강화도민들의 정서는 서양 사람들에 대해서 매우 적대적이었다. 그러므로 서양인들이 강화도에서 활동하는 것은 용납할 수 없는 일이었기 때문에 선교사들도 읍내에 들어가서 선교활동을 하는 것은 전혀 기대할 수 없었다.

　　그러나 비록 읍내에서 선교 역사가 시작되지 못했지만, 훗날 감리교회가 강화도에서 성공적인 선교를 할 수 있었고, 그 열매가 풍성할 수 있었던 것은 특별한 섭리가 있었다. 잠두교회도 중심적인 역할을 한 하나의 교회이다. 강화읍은 이 섬의 중심지이고, 많은 인물들이 활동을 했으며, 그만큼 전 지역에 영향을 미칠 수 있었기 때문이다.

　　강화중앙교회의 시작은 1900년 2월경에 읍내에 살고 있던 주선일(住先一, 그의 이름은 개종 후 개명한 것)이라는 사람과 그 부인이 함께 송해면 상도리교회(현 홍의교회)에 출석하면서 부터다. 읍내에는 아직 복음이 전해지지 않았을 때, 상당히 먼 거리에 있는 상도리교회까지

순국기념비와 강화중앙교회 100주년기념비

강화읍 옛 예배당(1900)-출처(강화읍잠두교회역사)

다니면서 신앙생활을 하던 주선일은 읍내에도 교회가 있어야 하겠다는 생각을 필연적으로 하게 되었다. 먼 거리를 오가면서 신앙을 고백하게 된 그는 읍내에도 교회가 세워지도록 기도했고, 그것은 매우 빠른 시간에 실현되었다. 상동리교회 신자들과 함께 헌금을 해서 그 해 가을인 1900년 9월 1일 천교하(川橋下- 현 관청리)에 6칸짜리 집을 마련하여 예배처소로 사용하면서 잠두교회가 읍내에서 시작되었다.

이듬해에는 이집이 비좁을 만큼 사람들이 많이 전도되었다. 따라서 예배당으로 사용할 수 있는 더 넓은 건물이 필요하게 되었다. 결국 몇 개월도 지나지 않은 1901년 4월, 현재 예배당이 자리하고 있는 언덕(부내면 홍문동-현 신문리) 잠두(蠶頭)에 상당히 큰 기와집과 초가집을 구입하여 옮기게 되었다. 당시 이 교회로서는 감당할 수 없을 만큼 큰 건물이었기에 미국 오하이오주 매리에타(Marietta)에 사는 오토(Charles Otto)가 이 건물과 터를 마련할 수 있도록 헌금을 해 주었다. 이렇게 해서 현재의 강화중앙교회가 새로운 예배당을 마련했고, 지금의 자리에서 강화도 지역의 복음화를 위한 중심적인 역할을 할 수 있게 되었다.

합일학교(현 합일초등학교)

선교 초기에 설립된 교회들이 우리나라 근대사에 미친 영향들 가운데 가장 큰 것은 지역민들을 깨우는, 즉 계몽운동의 일환으로 어떤 형태로든 교육을 실시한 일이다. 당시 전국 대부분의 교회들은 학교를 운영했다. 비록 그것이 학교로서 제대로 된 시설은 갖추지 못했을지라도 마을의 아이들을 가르쳤다. 강화중앙교회의 경우도 다르지 않다.

합일학교의 역사는 잠두교회(현 강화중앙교회) 역사와 함께 한다. 잠두교회가 1901년 4월 지금의 위치(잠두)로 옮기면서 교육 사업을 선교와 계몽을 목적으로 시작한 것이 합일학교가 시작되는 계기가 되었기 때문이다. 잠두교회 교세가 커지면서 자리가 비좁아 현재의 위치로 옮기면서 기와집과 초가집을 구입하여 예배당과 학교 건물로 사용할 수 있게 되어 시작된 것이 합일학교의 시작이다.

특별히 이 학교를 주목하게 되는 것은 강화읍내 선교와 함께 시작되었다는 역사적인 의미와 당시 인천 지역을 담당하고 있었던 선교사

합일여학교 졸업기념

현 합일초등학교

존스(George. H. Jones)가 이 학교를 설립하도록 했다. 존스 선교사는 사역을 감당하는 동안 여러 학교를 설립하는데 공헌을 했다. 강화도의 경우 읍내가 크지 않기도 하지만, 이러한 관계로 합일학교는 잠두교회와 지척에 자리하고 있다.

합일학교는 1901년 잠두의숙(蠶頭義塾)이라는 이름으로 시작했다. 요즘으로 말하면 야학과 같은 학교였다. 하지만 공립학교가 없었고, 국민교육을 위한 제도가 없었기 때문에 학교라는 곳이 생소하던 시대에 세워진 학교다. 그런데 잠두의숙은 교회가 운영하는 학교 이름이라기보다는 당시 사회적으로 사용하고 있던 일반적인 이름인 것이 특징이다. 1908년에 이르러서 잠두합일학교로 이름을 바꾸었다. 한일병탄 이후에는 조선총독부가 식민지 탄압을 위한 방편으로 교회들이 운영하고 있는 학교들을 폐쇄시키려는 정책을 시행함으로써 합일학교는 살아남기 위한 몸부림을 쳐야 했다.

당시 일본은 조선을 완전한 식민지로 만들기 위해서 종교, 교육, 경제, 사회, 외교, 정치, 군사적으로 모든 영역을 지배하려는 정책을 펼쳤다. 모든 것을 자기들 뜻대로 할 수 있었지만, 다만 교회와 교회가 운영하는 학교들을 뜻대로 할 수 없었고, 그것이 식민지 통치에 있어서 가장 어려운 장애물임을 깨달았다. 따라서 1차적으로 교회가 운영하는 학교를 폐교시키기 위한 정책을 내놓았다. 그것이 천황의 신민(臣民)을 만들기 위한 교육칙령(1911)이다. 천황의 교육칙령은 식민지 국민을 교육하기 위한 것이라는 명분을 앞세워 사실상 선교부와 교회들이 운영하는 학교들, 그리고 민족교육을 하는 사학들을 폐쇄시키려는 데 숨겨진 목적이 있었다.

이때 선교부와 교회가 운영하는 대부분의 학교들이 더 이상 가르칠 수 없게 되었고, 운영하던 매일학교들을 문을 닫을 수밖에 없었다. 합일학교도 이 과정에서 폐교할 수밖에 없었지만, 당시 총독부가 요구하는 요건을 갖추어서 폐교를 면하고 지금까지 그 역사를 잇고 있으니, 당시 잠두교회와 지역 유지들의 교육에 대한 필요성을 얼마나 느끼고 있었고, 민족의 미래가 교육에 있다는 책임을 다하기 위해서 얼마나 많은 노력과 희생을 했었는지를 알 수 있게 한다.

최상현 교장 흉상과 시혜기념비

설립 당시 교장은 잠두교회의 목회자였던 박능일이었고, 그 후에 손승용, 김현호, 최상현 등이 이 학교를 이끌어오면서 신앙을 바탕으로 하는 신교육을 위한 노력을 했다. 1919년 3·1만세운동 이후에는 더욱 박해가 심해졌다. 그러나 그만큼 교육의 필요성을 확신하게 된 교회와 지도자들은 합일학교를 위해서 많은 헌금을 해서 2층 양옥건물을 새로 지었다. 1924년에는 6년제로 바꾸면서 교명을 강화합일보통학교로, 1937년에는 합일여학교와 합병을 했으며, 1938년에는 일본에 의해서 강제로 교명을 일본식으로 강화합일심상소학교, 1941년에는 합일국민학교로 바꾸었어야 했다.

합일학교는 이렇게 강화도의 신교육의 효시, 나아가 민족정신에 의한 국민교육을 목표로 하는 험난한 환경에서도 살아남았다. 일본의 신민교육을 위한 정책으로 사립학교들을 폐교할 수밖에 없도록 하는 상황에서도 뜻을 모아 살아남았다. 하지만 저 출산의 여파와 초등학교 운영을 위한 재원의 한계는 1984년에 이르러서 공립학교로 개편될 수밖에 없었다. 그러나 교정에는 설립자 최상현 교장의 동상이 여전히 자리하고 있다.

강화도의 바울 이동휘

강화중앙교회에서 생각하게 되는 특별한 인물이 한 사람 있다. 왜 그가 강화도에 등장했는지 모를 만큼 의외의 인물이다. 왜냐하면 그는 함경도 단천 사람이고, 훗날 대한민국 임시정부에서 국무총리를 역임한 사람이기도 하기 때문이다. 그는 함경도 단천 사람인데 어떻게 강화도에서 기독교 신자가 됐고, 어떻게 훗날 임시정부에서 요인으로 활동하게 되었을까?

이동휘에 대해서 깊은 관심을 가지고 찾아보기 전에는 다가오지 않는 이야기이다. 하지만 그가 독립운동과 임시정부의 요인이 될 수 있

성재 이동휘

었던 것은 강화도에서 개종을 함과 동시에 항일정신으로 강화도를 깨우는 일을 하면서부터 그에게 주어진 소명에 대한 응답이었다는 것을 이곳 강화중앙교회에서 비로소 알 수 있다.

이동휘는 우리나라 근대사에서 독립운동가로 알고 있다. 그는 주로 만주를 중심으로 활약했던 것으로 사람들은 기억하고 있다. 하지만 그가 독립운동가로 활동하게 된 계기가 이곳 강화도에서부터 시작되었다는 것과 그가 독실한 크리스천으로서 기독교 신앙을 통한 민족의 미래를 소망하며 복음을 전파하는 것과 교육만이 민족이 살길이라는 생각을 하면서 강화도의 바울로 불릴 만큼 전도자로서, 계몽운동가로서 이곳에서 활동을 했었다는 것은 그리 잘 알려지지 않았다.

또한 아쉽게도 이곳 강화도에 그를 기억하게 하는 것은 아무것도 남아 있지 않다. 그가 세웠던 학교도 역사를 잇지 못했고, 그를 기억하려는 어떤 것도 남겨져 있지 않다. 그러한 아쉬움에도 불구하고 강화도에 가면 그를 생각하게 되는 것은 비록 남겨진 유적이나 역사의 현장은 없지만 기록에 의해서 보이지 않는 그의 자취를 찾아볼 수 있기 때문이다.

그는 강화도에서 서울 외곽을 경비하는 최전방의 지역 사령관 격인 조선군 참령(參領)이었다. 본래 함경도 단천 사람으로 민족의식이 강한 군인(武人)이었다. 26세에 참령이 되어(1902) 강화부 진위대장으로 부임했지만, 조선의 몰락을 보면서 관군으로서 그의 한계를 확인할 수밖에 없었다. 그 후 기독교로 개종하면서 강화중앙교회를 중심으로 하는 교회 지도자들(박능일, 김경일, 권신일, 김우제)과 서울의 전덕기, 윤치호, 이상재, 이승만, 김정식 등 기독교 지도자들과의 교제를 가지면서 기독교를 통한 민족의 미래를 내다보았다.

그는 청일전쟁(1894)과 러일전쟁(1903)을 겪으면서 자신의 한계를 절감했다. 자신의 신분에 더 이상 미련을 가지지 않고 황제를 찾아가 사임을 청원하고 돌아와 잠두교회의 전도사였던 김우제를 만나 죄를 고백하고 크리스천이 되었다. 그의 회심은 자신뿐만 아니라 읍내의 많은 사람들에게 감명을 주었다. 선교사 케이블(E. M. Cable)은 그의 회심에 대해서 "그는 즉시 술과 담배를 끊었고, 곧 바로 옛 동료들에게 가서 자기가 그 동안 잘못한 것을 고백하며 용서를 빌었으며, 자신이 찾게 된 마음의 평화가 어떤 것인지를 간증하면서 그들도 자기와 같은 평화를 얻도록 권면하였다. … 그가 개종한 직후 읍내 귀신 사당들이 파괴되었고, 예부터 섬겨오던 먼지투성이 우상들이 길거리에 내동댕이쳤다는데, 이는 마치 귀신들조차 강화의 바울에게는 굴복할 수밖에 없음을 보여주는 것 같다."고 할 만큼 그의 회심은 전격적이고 결정적인 것이었다.

따라서 케이블 선교사는 그를 강화의 바울이라고 했다. 그는 민족과 국가를 구하는 방법으로 강화도 전 지역에 기독교 정신으로 신교육을 할 수 있는 학교를 세우는 일이라고 생각했다. 그러한 생각으로 그가 직접 세운 것이 보창학교이다(1904). 그리고 강화도 전 지역에 보창학교의 지교(支校)를 세웠다. 그러나 모교인 보창학교가 그랬던 것처럼, 일본의 정책에 의

보창학교(출처:blog.naver.com.〉tracymacl/)

이방청-일제가 박해하는 중에 임시교사로 사용했던 건물인데
현 건물은 복원된 것이다.

해서 모두 폐교 내지는 공립학교로 흡수되고 말았다. 따라서 지금은 그 학교들의 자취를 찾아볼 수 없다.

하지만 이동휘의 보창학교는 강화도의 신교육 열기를 불러일으켰으며, 민족의식을 고취시켜 항일운동을 촉진시켰다. 그 결과 일본은 보창학교와 이동휘에 대한 감시와 탄압을 시작했고, 1907년 진위대의 해산과 더불어 의병운동이 일어나게 되자, 일본군은 보창학교를 접수하여 작전본부로 사용했다. 그리고 이동휘는 체포되어 서해안 외딴 섬에 유배되었다가 풀려난 후 함경도로 피신하여 그리어슨(R. G. Grierson) 선교사 밑에서 전도사로 사역하기도 했다. 그 후 1912년 만주 간도로 망명하여 이국땅에서 일생 동안 독립운동을 했다.

이동휘가 시작한 보창학교는 의병진압이 끝난 후에도 학교는 돌려받지 못하였고, 경로당, 금융조합, 이아영(貳衙營) 등의 건물을 빌려 쓰면서 지역 유지들에 의하여 겨우 명맥을 이어오다가 일제의 방해와 탄압에 이기지 못하고 3·1운동 이전에 폐교되고 말았다. 그 중에 보창학교가 사용했던 그 흔적을 찾아볼 수 있는 것은 이아영(현 고려궁지 내의 이방청 건물) 뿐인데, 이 건물은 1654년(효조 5년) 강화유수 정세규가 지은 것으로 임시로 사용했던 것이고 학교 소유의 건물은 아니다.

십자산 묘지

강화읍내를 벗어나기 전에 한 곳을 더 찾아보아야 할 곳이 있다. 그곳은 읍내에서 마니산 방향으로 가다가 왼쪽에 있는 산이다. 행정구역으로는 선원면 창리에 있다. 단지 공동묘지라고 하면 찾아야 할 이유가 없겠지만, 이곳은 성공회교회의 초기 사역자들이 잠들어있는 곳이다. 그리 높지 않기에 관심만 가지면 쉽게 찾을 수 있는 곳이다. 지금은 나무들이 자라서 시야를 가리고 있지만, 당시에는 강화읍내가 한눈에 들어오는 전망이 좋은 곳이었다.

기억해야 할 인물들이 잠들어 있는 곳은 산 정상부근이다. 정상에 이르기까지는 성공회 신자들의 주검이 누워있는 곳들이 드문드문 있다. 소나무들 사이로 만들어진 오르는 길은 정상까지 어렵지 않게 이를 수 있다. 가파르지 않은 오르막길을 걷노라면 솔향기와 함께 그곳에 잠들어있는 이들의 사역과 삶을 생각하며 산책하는 기쁨도 얻을 수 있다.

정상에 이르면 성공회강화읍성당에서 보았던 기념비의 주인공인 알마 수녀의 묘를 제일 먼저 만날 수 있다. 그녀는 1892년 11월 영국 성공회 성 베드로수녀원에서 파송한 수녀 6명 가운데 한 사람으로서 간호사였다. 그녀는 한국에 도착하자 곧바로 이곳 강화도에 와서 의사인 로스(盧仁山. A. F. Laws) 선교사와 함께 진료와 여성들을 대상으로

십자산 묘원 표지석과 묘원 전경

알마와 로다 수녀의 묘

선교와 교육활동을 했다. 하지만 1906년 3월 꽃다운 나이에 열병에 걸려 요절했다. 그녀는 다시 고향에 돌아가지 못한 채 지금도 이곳을 고향으로 삼아 자신이 사역하던 관청리를 내려다보면서 잠들어 있다. 요즘 들어서 강화도를 찾는 사람들이 많이 있지만 이곳 십자산묘원을 찾는 사람은 거의 없다. 그만큼 알려지지 않았기 때문이기도 하고, 이곳까지 찾아보기 위해서는 낮은 산이지만 신발정도는 채비를 해야 할 필요가 있다.

다음 묘지는 로다(Rhoda) 부인의 것이다. 그녀도 역시 간호사로 1896년에 입국하였는데, 1898부터 강화도에서 사역을 시작했다. 그녀는 로스와 힐러리 선교사의 사역을 도왔다. 후에 그녀는 힐러리 신부와 결혼하여 의료사업과 여성을 대상으로 하는 선교에 공헌하였고, 힐러리와 항상 동행하였다. 또한 알마 수녀일행과 함께 우상타파를 위한 계몽운동과 학생들을 지도하는 일을 했으며, 구도자들을 양육하는 일과 여자 신자들의 신앙생활을 훈련시키면서 지도하는 일을 함으로써 이 지역 선교를 위해 큰 역할을 했다. 하지만 그녀도 1909년 8월 22일 이질에 걸려 이곳에서 별세했고, 고향으로 돌아가지 못한 채 여기에 잠들어 있다.

평온하기만 한 묘역에서 잠들어있는 이들을 생각하면 우리가 얼마나 많은 하나님의 사랑을 그들을 통해서 받았는지, 그리고 얼마나 많은 사랑의 빚을 지고 있는지 느끼게 된다. 말 없이 잠들어있는 그들은 그리스도의 사랑을 대신 전해주었던 이들이다.

나란히 있는 묘지들 가운데 규모나 장식이 다른 것이 하나 있다. 그것은 우리나라 최초의 성공회교회 신자였으며, 우리나라 사람으로서 최초로 신부가 된 김희준(마가)의 묘이다. 그는 1897년 우리나라 성공회교회 최초로 세례를 받았으며, 1914년 6월 7일 당시 한국 성공회교회의 주교였던 트롤로프 신부로부터 부제 서품을 받음으로써 최초의 한국인 신부가 되는 기록을 가지게 되었다. 그는 성공회교회 신자가 된 후에 일생을 강화읍성당의 역사와 함께 했다고 할 수 있을 만큼 그의 삶과 사역은 이곳 강화도에 있었다. 1915년 사제 서품을 받고 잠시 충북 음성교회 주임신부로 발령을 받아 그곳에서 사역을 했던 적은 있지만, 그가 마지막까지 일하고 사랑했던 곳은 그의 고향이며, 한국 성공회교회의 못자리인 강화도와 함께였다.

한국인 초대 서제
김희준 흉상과 묘소

김희준 신부는 1925년 5월부터 은퇴한 1934년 9월까지도 강화읍 성당에서 사역을 했다. 그리고 해방을 맞은 이듬해인 1946년 5월 11일 이곳 강화도에서 별세했다. 그는 강화도 선교를 위해 생애를 다해 희생하다가 먼저 간 선교사들이 잠들어 있는 이곳 십자산 정상에 그들과 함께 잠들어 있다. 넓은 묘원에 나란히 잠들어 있는 모습을 보면서 잠시 과거로의 여행을 할 수 있는 곳이기에 기회가 있을 때면 이곳을 찾게 된다. 한 여름에도, 한 겨울에도 올라보았지만 그때마다 울림이 있는 것은 잠들어있는 이들의 헌신이 고귀하기 때문이라는 생각을 하게 된다.

상도리교회(현 홍의교회)

강화도에 복음이 처음으로 전해진 것은 양사면 교산리가 고향인 이승환이 제물포(인천)에서 예수님을 믿게 된 것을 계기로 자신의 고향에 복음을 전한 것이 효시이다. 그에 의해서 교산리에서 시작된 시루미(甑山)공동체가 강화도의 모교회인 교산교회(1893)이다. 그런데 오늘 찾아가는 교회는 그 교산교회로부터 처음으로 독립해서 세워진 역사적으로 강화도의 두 번째 교회이다. 현재는 홍의교회(송해면 상도리 943)이나 초기에는 상도리교회(1897)라는 이름을 가지고 있었다.

상도리교회는 이 마을 서당의 훈장이었던 박능일(朴能一)이 개종을 함으로써 시작되었다. 그의 개종에 대해서는 두 가지 견해가 있다. 하나는 박능일이 감리교회의 존스 선교사의 전도를 받고 예수님을 영접하게 되었다는 설이다(1894). 또 하나는 교산리의 김상임이 당시 유학자로서 강화도에서 명성을 가지고 있었는데, 그가 기독교로 개종했다는 소식을 전해 듣고 분노하여 김상임(初試)에게 그럴 수 없다고 따지기 위해 찾아갔다가 오히려 김상임으로부터 전도를 받아 자신도 개종을 하게 되었다는 설이다(1896). 어떤 것이 정확한 것인지는 확인할 수 없으나 박능일에 의해서 상도리 공동체가 시작된 것은 분명하다.

홍의교회 전경

　훈장이었던 박능일이 1896년경 자기 집(상도리 958)에서 서당의 학동들 20여명을 중심으로 예배를 드리기 시작한 것이 상도리교회의 시작이다. 그가 자신의 집에서 예배를 시작하기 전까지는 교산교회까지 (약 9km) 걸어 다니면서 신앙생활을 했다. 거리도 멀고 복음을 전해야 한다는 생각에 자신의 집에서 학동들을 중심으로 예배를 하면서 마을 사람들을 전도했던 것이 상도리 공동체의 시작이다.
　훈장의 개종과 전도는 마을에 엄청난 변화를 가져오게 했다. 불과 1년여 만에 80여 명의 회중이 모이게 되었고, 그 중에는 강화도 복음화를 위해서 큰 역할을 하게 되는 종순일, 권신일 등과 같은 인물들이 초기 신자들이었다. 이렇게 급속하게 성장한 상도리교회는 1897년 12월 계삭회(Quart early conference)를 조직함으로써 교회의 면모를 외적으로도 갖추게 되었다.

　그 후 상도리교회는 선교사들의 도움이 없이 토담집이지만 예배당을 마련하여 예배를 했고, 상주하는 목회자가 없기 때문에 멀리 인천에

박능일의 묘

서 순회하는 전도사의 생활비를 부담하기까지 하면서 공동체의 신앙을 지키려는 노력을 했다. 또한 훈장이었던 박능일은 서당을 현대식 교육장으로 바꾸었다. 이러한 의식의 전환은 생활과 문화적인 면에서도 마을 사람들에게 영향을 주었으며, 실용적이지 못한 생활습관을 바꾸는 일에 신자들이 앞장서서 생활의 변화를 이끌었다. 예를 들어 흰옷은 생활하기에 불편하기 때문에 검은 물감을 들여서 입기 시작했다. 그러다보니 주일에 검은 옷을 입은 사람들이 모여드는 곳이 예배당이었고, 그러한 모습을 마을 사람들은 비아냥거리기도 했다. 상도리에서 검은 옷을 입은 사람들은 곧 그리스도인이었기 때문이다.

홍의교회 아름다운 이야기를 담은 비석

복음을 통해서 개종한 사람들 가운데는 많은 변화들이 일어났다. 그 중에도 상도리교회에서 특별하게 찾아볼 수 있는 것은 신자들이 대부분 개명(改名)한 일이다. 개명의 이유는 "한날한시에 믿었으니 같은 형제"라는 의미에서 이름의 끝 자를 모두 한 일(一)자로 바꾼 것이다. 즉 성은 그대로 사용해야 하는 것이고, 끝 자는 일자로 결정되었으니 가운데 자만 선택하면 되었는데, 그것도 성경의 교훈을 한문으로 이해한 단어를 주로 사용했다. 예를 들어 신(信), 애(愛), 은(恩), 혜(惠), 능(能), 경(敬), 충(忠), 성(聖), 선(善), 천(天) 등과 같은 글들이다. 따라서 상도리의 신자들은 이름만으로도 구별할 수 있었다. 그러나 이러한 개명은 양반을 자처하는 사람들에게 엄청난 충격을 주기도 했다. 그들을 문중의 항렬을 무시하고 신자라는 이유로 돌림자를 같이 쓰게 되니 쌍놈들이라는 소리를 들을 수밖에 없었다.

이름 끝자리를 일(一)자로 개명한 상도리교회 신자들은 남녀 구별 없이 모두 같은 일자 이름을 가지게 되었다. 그러한 영향은 상도리교회에서 그치지 않고 후에 강화도 다른 지역의 교회들에게까지 미쳤다. 강화읍교회(잠두교회), 교산교회, 고부교회, 삼산교회, 장곳교회, 망월교회, 옹암교회 등 초기에 형성된 여러 교회의 신자들이 같은 일(一)자 돌림을 선택하여 이름을 짓거나 개명을 했다. 이러한 영향을 받은 교동교회 신자들은 신(信)자를 돌림자로 해서 개명했다. 이것은 상도리교회가 미친 영향이 얼마나 컸는가를 증명해 준다.

뿐만 아니라 상도리교회에서는 많은 일화들을 찾아볼 수 있는데, 이러한 이야기들은 강화도 복음화와 관계가 깊다는 것을 알 수 있다. 그만큼 상도리교회가 강화도에 복음이 전해지고, 교회가 형성되는 초기에 영향을 크게 미쳤음을 의미한다.

그 중에도 종순일(種純一)이 남긴 일화는 신실했던 초기의 신앙을 엿보기에 충분하고, 실제로 그들의 신앙이 강화도 복음화에 얼마나 크게 영향을 미쳤는지를 알 수 있다. 그 역시 개명운동에 참여해

종순일

서 순일이라는 이름을 가지게 되었다. 그가 성경을 읽던 중 마태복음 18장 23-35절의 말씀을 통해서 자신의 모습을 돌아보게 되었다. 임금에게 1만 달란트의 빚을 탕감 받은 신하가 자신에게 1백 데나리온의 빚을 진 사람을 감옥에 가두었다는 이야기를 듣고 임금이 그 신하에게 진노하여 엄히 다스렸다는 이야기다. 종순일은 그 말씀을 보던 중 자신이 그러한 사람이 아닐까 하는 생각에 견딜 수 없었다. 그는 당시 상도리에서 꽤나 인정받는 집안의 사람이었고, 재력도 있어서 마을 사람들이 그에게 급전을 빌려 쓰곤 했다.

자신이 예수님을 믿고 구원을 받았다는 사실을 1만 달란트를 탕감 받은 것으로 이해했고, 자신에게 돈을 빌려간 사람들을 1백 데나리온을 자신에게 빚진 사람들이라고 생각했다. 그래서 어느 날 그는 자신에게 돈을 빌려간 사람들을 자기 집으로 모두 불러 모았다. 불려온 사람들은 긴장과 함께 걱정스러움을 떨쳐버릴 수 없었다. 하지만 종순일의 이야기를 듣고 있던 사람들은 도저히 믿기 어려웠기에 다시 놀라야 했다. 그는 자신에게 빚을 진 사람들에게 자신이 깨닫게 된 성경을 읽어주고 자신의 신앙을 설명한 다음에 그들이 보는 앞에서 채무자들의 빚 문서를 불태워버렸다.

예상하지 못했던 상황을 접하면서 마을의 채무자들이 더 놀랐다. 채무자들은 빚을 모두 탕감 받게 되었기 때문이다. 그 후 그는 마태복음 19장 16-22절의 말씀대로 자신의 재산을 모두 처분하여 교회에 연보로 드렸다. 그리고 부인과 함께 아무 것도 지니지 않은 채 전도하는 일에 전념하게 되었다. 그가 전도자가 되어서 강화도 남쪽지방을 비롯해서 강화도 인근 도서지방(석모도, 주문도, 서검도, 볼음도, 매음도, 말도, 영종도)등에 복음을 전했고, 멀리는 경기만 끝에 위치한 덕적도까지 복음을 전했다. 그의 이와 같은 사역은 사실상 강화도를 복음화하는데 결정적인 역할이었다.

이렇게 홍의교회에서 변화된 사람들 가운데는 홍의교회를 세우는 것만이 아니라, 강화도 전체를 복음화하고 기독교로 개종한 사람들로 하여금 변화된 삶을 살아가도록 하는 동기를 만들어주는 일들이 많았다. 검정 옷을 입고, '일(一)'자 돌림의 이름을 가지고 있는 사람들은 강화도 일원에 복음을 전하고, 거듭난 사람으로 살아가도록 하는 변화의 운동을 일으키는 주인공이 되었다.

멀리 지나는 길에서 상도리교회를 보노라면, 여니 도심의 예배당과 다르지 않다. 다만 전원에 있다는 것만 다를 뿐, 마을 한 쪽에 치우쳐서 자리하고 있는 예배당은 답사여행을 하는 사람들에게는 관심을 살만한 건물이 아니다. 답사여행을 하는 사람이 기대하는 옛 모습이나 특별한 것을 기대할 수 없는 그런 모습이다.

김경일의 묘

하지만 상도리교회를 찾아 주변을 돌아보면 다른 곳에서는 보기 어려운 것을 발견하게 된다. 목사관 마당에 잇대어 있는 예배당 뒤편 언덕에 자리하고 있는 산소들이 그것이다. 산소들이 자리한 곳은 상도리교회가 설립되던 당시 최초의 신자인 김경일(金敬一)의 가족묘원이다. 이러한 정경은 우리나라에서는 흔하지 않다. 예로부터 묘지와 거리를 두기 원했기에 북망산은 언제나 마을로부터 멀리 떨어지고, 사람들이 잘 오가지 않는 곳에 두었다. 그런데 여기 상도리교회는 묘원과 함께 있어 선배 신자들과의 만남이 자연스럽다. 언제나 예배당에 오면 믿음의 조상들을 만나게 되기 때문이다.

더 정감이 가는 것은 묘원이 특별하지 않기 때문일 것이다. 위엄 있는 장식도 없고, 비석이라 할지라도 규모가 크거나 묘원을 크게 꾸며놓지도 않았다. 요즘은 공동묘지에 가더라도 상석이나 비석을 거대하게 꾸며놓은 것들을 볼 수 있는데, 이곳의 묘지들은 그러한 모습이 아니다. 봉분도 없이 평장으로 바꾸었고, 비석이라야 이름 석 자 외에는 다른 표기가 없는 소박한 것들이다. 이곳은 바로 김경일이 소유하고 있던 땅이고, 그 일부를 교회에 기부함으로써 예배당과 목사관을 지을 수 있었기 때문에 묘원과 교회가 함께 있게 되었다.

그 가운데 제일 앞에 눈에 띄는 무덤이 있다. 김경일(1873-1953)의 것이다. 그는 개명을 한 초기 상도리교회 신자들 가운데 한 사람으로서 고향을 떠나지 않고 본처 전도사(Local preacher)[4]의 자격으로 고향 교회를 지켰던 인물이다. 김경일은 이 교회의 두 번째 평신도 목회자였다. 초대는 박능일(朴能一)이었는데, 그도 단기 신학교육을 받고 초

---

4) 우리나라 감리교회 초기에 있었던 직제임. 그 교회 평신도로서 직업을 가지고 사실상의 목회를 했던 사역자, 장로교회에서는 영수라는 제도를 두었음.

대 교역자로 봉사를 했다. 이 박능일의 전도를 받은 김경일이 두 번째 교역자로서 사역을 시작한 것은 1905년이다.

그는 목회를 시작하면서 초가 20칸 예배당을 지었으며, 100여 명의 신자로 성장하였다고 한다. 불과 4년여 만에 성장한 교회의 모습은 주변의 사람들로 하여금 놀라게 하기에 충분했다. 하지만 배척하는 세력들의 도전도 만만치 않았던 것도 사실이다. 그러나 그가 이곳에 예배당을 지을 수 있도록 하고, 터를 닦기 위한 작업을 하던 중에 작은 토굴이 발견되었고, 그 토굴에서 사금(砂金)이 다량 채취하게 되면서 화제가 되었으니, 땅을 하나님께 드리니 몇 배로 갚아 주셨다는 이야기가 전해지고 있다. 물론 지금은 토굴을 메워 더 이상 사금채취를 하지 않는다고 한다.

현재 이 교회에 출석하는 신자들은 예배당에 올 때 마다 그와 조우하게 된다. 처음 찾는 길손에게도 그의 존재는 정겹기만 하다. 지금도 소박한 모습으로 그 자리를 지키면서 신앙의 대를 잇고 있는 후손들을 바라보는 모습이라고 할지. 찾는 이들의 마음을 여유롭게 하고 있는 그의 모습은 당시나 지금이나 변함이 없다.

시루미(甑山)공동체(현 교산교회)

필자가 처음 이곳을 찾았던 것은 1976년 여름이었다. 당시 교산리까지 가는 길은 쉽지 않았다. 읍내를 벗어나 송해면에 이르면 이미 검문을 시작했고, 교산리까지 가려면 3번 정도의 검문이 있었던 기억이다. 그러나 당시에는 강화도 교회사를 전혀 모른 채 여름 봉사를 위해서 찾았었다.

그런데 후에 강화도 교회역사를 살피다보니 당시 찾았던 곳에 강화도 첫 번째 교회가 있다는 사실을 알게 될 때 놀라지 않을 수 없었다. 강화도에서도 가장 북쪽에 위치한 곳이고 포구라고 할만한 곳도 없으며, 큰 마을이 있는 것도 아닌데, 그곳에 제일 먼저 복음이 전해졌다는 것이 믿기지 않았다. 그러나 복음이 이곳에 전해지는 과정을 알게 되면 또 한 번 놀라야 한다.

필자가 이곳을 답사를 목적으로 처음 찾았을 때는 현재 예배당으로 사용되는 건물을 짓기 훨씬 전이다. 현재 강화선교역사관으로 사용되고 있는 석조건물을 예배당으로 사용하고 있었다. 또한 현재 예배당이 자리한 곳은 커다란 노송들이 가득한 숲이었다. 그리고 그 숲에는 작은 구 예배당이 있었다.

교산교회(양사면 교산리 201)는 강화도의 모(母)교회이다. 이제는 강화도에서 그렇게 부르는 것이 자연스러울 만큼 사람들에게 알려졌다. 하지만 현재도 강화도에서 가장 외진 곳인데, 어떻게 강화도 선교의 출발지가 되었을까? 왜 이곳에서 제일 먼저 교회가 시작되었는가? 궁금증을 더하게 한다. 그것은 당시 강화도의 상황을 조금만 알면 쉽게 이해가 간다.

강화도에 감리교회 선교사가 처음으로 선교를 시도한 것은 1892년

김상임과 존스 선교사 - 기념관 內

말이다. 인천 구역을 맡아서 부임한 존스 선교사가 처음으로 강화도를 찾았던 것이다. 하지만 선교사들이 강화도에 발을 들여놓는 것 자체가 불가능했다. 강화도는 신미양요(1871)와 병인양요(1866)의 현장이었기 때문이다. 즉 선교사들이 들어오기 전 짧게는 10여 년 전, 길게는 30여 년 전 일로써 강화도 주민들에게는 두려움과 공포의 기억이고, 두 전쟁의 현장을 목격한 사람들이었기 때문에 양인(洋人)들이 어떤 목적으로 들어오든 그것과 관계없이 두려웠고, 경계의 대상이 아닐 수 없었다. 그러므로 선교사들이라고 해도 강화도에 들어오는 것 자체를 허락하지 않았다. 당시 관아(官衙)에서도 서양 선교사들이 읍성 안에 들어오는 것은 물론 강화도 지역을 왕래하는 것도 허락하지 않았기 때문이다.

감리교회 선교사로서 인천으로 완전히 이주하여 활동을 시작한 존스(G. H. Jones, 趙元時)가 1892년 강화도를 선교지역으로 삼기 위해서 방문했을 때, 당시 강화 유수(留守)는 존스가 강화읍내에 들어오는 것을 엄히 금했고, 침략자로 규정하여 강화도를 속히 떠나도록 강요했다. 신미양요를 기억하고 있었던 당시 강화수군과 주민들은 양인들이 다니는 것을 신기하게 보는 것이 아니라, 두려움과 경계의 대상으로 생각했기 때문이다. 따라서 존스는 남문 밖에서 쫓기듯 인천으로 돌아갈 수밖에 없었다.

그러한 상황에서 존스 선교사가 목회하고 있는 제물포공동체(현 내리교회)에 한 사람이 출석하게 되는데, 그가 이 마을(시루미 甑山) 출신 이승환이다. 그가 교회에 나오게 된 동기에 대해서는 분명하지 않지만, 내리교회에 다니는 사람들이 재산증식의 방법으로 계(契)를 조직했는데, 이에 관심을 가졌던 그가 교회에 나왔다는 이야기가 전해지고 있다. 은행이 없었던 시대에 돈을 증식시킬 수 있는 전통적인 방법이 계였다. 하지만 계가 잘 되지 않았고 계원 가운데 한 사람이 곗돈을 가지고 도망하는 사건이 발생하므로 계 때문에 교회에 모였던 사람들이 모

강화복음전래기념비

두 흩어지게 되었다. 하지만 어쩐 일인지 이승환은 교회에 남게 되었는데, 이것이 그가 개종하게 되고, 후에 이곳 시루미 마을에 복음이 전해지게 되는 동기가 되었다.

계가 깨진 후에도 그가 교회에 계속 나오자 선교사는 그에게 세례를 받도록 권했는데, 이 때 이승환은 두 가지 이유로 세례를 받을 수 없다는 입장을 밝혔다고 한다. 하나는 자신의 직업 때문인데, 그는 당시 인천 용동 번화가에서 주막을 경영하면서 돈을 많이 벌었다고 한다. 그러므로 자신의 직업이 술장사를 하는 입장에서 세례를 받는 것이 합당하지 않다는 것이었다. 또 하나는 고향에 어머니가 계신데, 어머니는 구원받지 못했는데 자신만 구원받을 수 없다는 효심 때문이었다고 한다.

이승환은 이 문제를 스스로 해결하지 않으면 안 되었기에 주막을 처분하고 고향에 가서 어머니에게 복음을 전하고, 어머니가 세례를 받도록 해야겠다는 생각을 하고 이곳 고향에 돌아온 것이 시루미 마을에 복음이 전해지는 계기가 되었다. 이렇게 신앙을 실천하는 그가 강화도에 최초로 복음의 씨앗을 심게 했고, 교산교회가 형성되는 기초를 만들었다.

즉 이승환은 어머니의 세례를 위해서 선교사와 함께 강화도에 왔으나 강화읍내에서 서양 사람이 강화도에 들어올 수 없다는 관청의 결정에 따를 수밖에 없었다. 하지만 어머니에게 세례를 받게 해야 한다는 일념으로 존스 선교사와 함께 배를 타고 섬을 돌아서 강화도의 가장 북쪽인 자기 고향 마을 앞으로 왔다. 그곳은 배를 댈 수 있는 포구가 있는 곳이 아니었기 때문에 마을에서 가장 가까운 갯벌에 배를 대고 선교사는 배에서 이승환의 어머니를 기다렸다. 그리고 이승환은 갯벌을 지나 마을에 들어가서 어머니를 모시고 나와 배에서 선상 세례를 행함으로 강화도 최초의 세례식이 되었다.

이승환이 고향에 돌아와서 어머니에게 복음을 전하고 세례를 받도록 하겠다는 생각이었으나 문제는 마을의 어른이면서 영향력이 있었

선상 세례 기념상

던 김상임(金尙壬)이라고 하는 사람의 반대에 부딪쳤다. 김상임은 당시 과거시험을 준비하면서 젊은 시절을 보내다가 강화승부에서 실시한 초시(初試)에 합격한 인재였다. 하지만 그는 관직(官職)에 나가지 않고 고향에서 후학을 가르치면서 영향력을 행사하고 있었던 사람이다. 그의 집은 다리목(橋項)이었는데, 현재 교산교회에서 맞은편으로 건너다보이는 곳이다.

그는 마을에 서양오랑캐가 들어오는 것을 용납할 수 없다는 강력한 입장이었다. 그의 판단은 곧 마을의 판단이고, 그가 결정하면 곧 부정할 수 있는 사람이 없던 시대이기에 선교사는 시루미 마을에 들어올 수 없었다. 특히 김상임의 집과 땅이 마을 입구에 있었기 때문에 서양 오랑캐가 자신의 땅을 밟고 마을로 들어가는 것을 용납할 수 없다는 입장에 이승환은 절망할 수밖에 없었다.

그러나 이승환은 어머니에게 세례를 받도록 하는 것을 포기할 수 없었다. 하는 수 없이 어머니를 모시고 김상임의 집 뒤에 있는 작은 재를 넘어 바닷가로 나갔다. 그리고 어머니를 등에 업고 갯벌을 건너기 시작했다. 배가 정박한 곳까지 먼 길은 아니지만, 갯벌에서 어머니를 업은 채 걷는 일은 쉬운 것이 아니었을 것이다. 그렇게 어머니를 구원시키겠다는 일념으로 선교사가 타고 있는 배에 도착을 했을 때는 깊은 밤이었다. 달이 있었던 날이었기에 어둡지는 않았지만 선상(船上)에서 역사적인 세례식이 행하여졌다. 지금도 그 장면을 상상해보면 감동하지 않을 수 없다.

이 사건은 단순히 이승환의 어머니에 대한 사랑이라고 할 수 있지만, 이를 계기로 해서 강화도에는 커다란 변화가 일기 시작했다. 이승환의 어머니는 사실상 강화도의 첫 번째 세례교인이고, 강화도에 복음이 전해지는 씨앗이 되었기 때문이다. 이렇게 어머니에게 세례를 받게 한 이승환은 그것으로 만족하지 않고, 선교사가 마을에 들어올 수 없으니 인천에서 활동하고 있었던 내리교회 출신 전도부인 이명숙과 서울에서

교산교회 전경

인천으로 파송을 받은 백헬렌을 마을에 오게 했다. 물론 이것은 전적으로 존스 선교사의 계략이며 후원에 의한 것이었다. 그들은 이승환의 집에서 예배를 시작했고, 마을에 전도를 시작했다. 그들의 사역은 이내 마을의 여인들(천민을 중심으로)을 교회로 나오게 했으며, 공동체를 형성시켜 나아갔다.

이것이 시루미공동체의 시작이며, 곧 현재의 교산교회의 시작이었다. 하지만 그 후 이승환에 대한 종적은 알 수 없다. 그와 그의 어머니로부터 시작된 공동체로서 강화도의 모(母)교회의 역할을 해왔지만, 정작 그 태동의 주인공에 대해서는 알 수 있는 것이 없다. 다만 몇 가지 설(說)이 전해질 뿐 그에 대해서 정확하게 전해지는 것은 현재까지 없는 것 같다.

이렇게 시루미공동체는 이승환과 그의 어머니의 선상 세례를 계기로 그의 집에서 모임을 가지기 시작한 것이 그 기원이다. 그러나 시루미에 있는 이승환의 집에서 모이던 공동체가 크게 발전할 수 있는 계기가 있었다. 그것은 역설적이게도 선교사는 이 마을에 결코 들어올 수 없다고 반대하던 초시(初試) 김상임이 개종했기 때문이다. 김상임은 이 마을뿐만 아니라 강화도에서 유력한 인사였다. 그만큼 그의 영향력도 있었다. 따라서 그의 개종은 강화도 전역에 큰 사건이 아닐 수 없었다. 그의 개종 소식을 듣고 당시 강화도에서 양반행세를 하던 유생(儒生)들은 분노하기도 했다고 한다.

초시 김상임이 개종을 하게 되는 데는 이미 시루미공동체를 형성하고 있던 이들이 주로 이 마을의 천민들이기는 했지만, 그들이 예수님을 믿은 다음에 변하는 모습을 보면서 신앙에 대한 매력을 느낄 수 있었기 때문이라고 전해진다. 그러나 그의 신분은 천민과 함께 할 수 없었기에 쉽게 개종할 수 있는 것이 아니었다. 그만큼 그의 개종은 어렵고 특별한 것이었다. 김상임이 개종하게 된 것은 존스 선교사와의 긴 교제와 기독교 신앙에 대한 깨달음이 있었기에 가능한 일이었다. 시루미에 복음이 전해진지 1년이 지난 1894년 10월에 김상임 그 자신도 존스 선교사로부터 세례를 받고 개종을 하게 되었다.

초대 김상임 전도사 공덕비

주변에서 그의 개종에 대한 우려의 목소리가 컸지만 그의 마음은 흔들리지 않았다. 나아가서 그는 개종한 것으로 만족하지 않고, 신학에 대한 관심을 가지고 적극적으로 기독교 신앙을 배우면서 성경을 공부했다. 그의 열정은 우각리(현 인천 창영동)에서 열리는 감리교 선교부가 주최하는 신학회(계절 학기)에 참석하여 본처 전도사(local preacher)의 자격을 얻어서 사실상 시루미공동체의 첫 번째 목회자가 되어 교회를 돌보면서 주변의 인물들에게 전도하는 일을 했다. 그의 개종과 함께 지도자로서 교회를 이끌어가며 성장시키는 일은 마을 전체를 변화시키는 감동이었다.

김상임 전도사
- 출처(흥천교회백년사)

그의 신분이나 그의 땅을 빌려서 농사짓는 소작인들이 대부분이었기 때문에 그의 영향이 적지 않았다. 그의 영향으로 그와 직간접적으로 관계가 있는 사람들은 그와 함께 개종하게 되었고, 공동체가 커짐으로써 이승환의 집에서 모이는 것도 한계가 있었다. 따라서 김상임은 자신의 집 마당에다 12칸 규모의 예배당을 지었고, 거기에서 예배 모임을 시작했다. 시루미(천민 마을)의 이승환의 집에서 시작된 모임이 이를 계기로 다리목(양반 마을) 김상임의 마당에 새로 마련한 예배당에서 모임을 가지게 되었다. 이 때 모이는 신자들이 50여 명에 이르렀다고 하니, 작은 시골 마을에 엄청난 역사가 일어났다고 할 것이다.

그의 둘째 아들(金宇濟)도 아버지와 같이 개종하여 당시 본처 전도사로서 잠두교회(현 강화중앙교회)에서 목회를 했으며, 그가 목회하는 동안 일제에 저항운동과 계몽운동을 주도했던 이동휘(李東輝)를 전

김상임 전도사의 묘

도하였다. 그리고 그는 우리나라 최초의 이민선을 타고 하와이로 건너가 이민 사회를 돌보는 목회를 하면서 미국에서의 독립운동에도 동참했다.

교산교회를 찾으면, 이 교회의 역사를 생각하면서 돌아볼 곳이 많다. 현재 교산교회는 새로운 예배당을 마련했고 찾아오는 답사자들을 맞이할 수 있는 준비를 하고 있다. 교회 경내에는 100주년 기념비가 세워져있고, 다리목 마을엔 김상임의 집이 있으며(신축함), 김상임의 집 뒤를 돌아 오르면 김상임의 묘가 있다. 흩어져있던 묘를 근년에 이장을 해서 조금은 낯선 느낌이지만, 그곳에 잠들어 있는 김상임도 만날 수 있다. 묘지를 둘러보고 등성이에 올라서면 건너편으로 황해도 연백평야가 지척이다. 그리고 바로 눈앞에 펼쳐진 바닷가 어딘가가 이승환이 자신의 어머니를 업고 존스 선교사가 타고 있던 배까지 갔던 갯벌이고 선상 세례를 베풀었던 곳이기에 감회가 깊다.

현재의 위치로 예배당을 옮겨서 신앙을 이어온 교산교회는 같은 자리에서 세 번 건축을 했다. 그 중 처음 예배당은 현재 사용하는 예배

역사관으로 사용되는
옛 예배당과
역사기념관 입구와 내부

당을 짓는 과정에서 헐렸고, 두 번째 예배당은 강화기독교선교역사관으로 사용되고 있다. 강화도의 기독교 역사는 근대사와 함께하는 것이었기 때문에 강화군의 지원으로 예배당을 선교역사관으로 만들어서 강화도의 기독교 역사, 특별히 교산교회가 성립되는 과정과 함께 강화도 선교 역사를 알 수 있도록 해놓았다.

길직3·1만세운동

3.1만세운동을 생각하면 장터, 사람이 많이 모이는 곳에서 일어났다는 생각을 자연스럽게 한다. 그런데 현재 강화도에서 길직이라는 곳은 아무리 보아도 그렇게 인구가 밀집한 곳이 아니다. 길직3.1만세운동의 현장을 찾아가는 길은 평범한 농촌 마을길이다. 물론 특별한 이정표도 없다. 하지만 초대교회 주차장에 이르면 새롭게 조성된 건물과 비석을 만날 수 있다. 그러나 주변에 사람이 모일만한 곳은 보이지 않는다.

"강화3.1운동역사기념관"은 2020년 3월에 만들어졌다. 이곳도 필자가 처음 찾았을 때와는 많이 달라졌다. 그러니까, 1990년대 말 즈음 어느 해였을 것이다. 당시에는 지금 주차장이 조성된 곳이 밭이었던 기억이고, 기념비석은 길 건너에 있는 무덤과 함께 자리하고 있었다.

길상면 길직리에 자리하고 있는 초대교회 앞에는 커다란 기념비가 세워져있다. 초대교회는 본래 길직(吉稷)에서 처음으로 예수님을 믿은 장윤백이라는 사람의 집에서 예배를 드리는 데서부터 시작되었다. 원래의 지명은 피뫼라고 했으며, 한자로 길직이다. 이 교회는 1997년에 교회 이름을 바꾸어 초대교회로 불려진다. 지리상 길상면 북부, 양도면 동부, 불은면 남부에 위치하며, 이 지역의 선교 중심지 역할을 해왔다. 이 교회는 홍의교회를 답사하면서 찾아보았던 종순일이 성경적인 삶을 실천하기 위해서 전도하는 과정에서 처음으로 복음을 전하는 것이 그 시작이었다.

홍의교회 종순일은 이곳에 처음으로 복음을

초대교회(길직교회)

복원된 길직교회 목사관(강화3.1운동기념관)

전하고, 교회를 세우는 일과 함께 강화도 주변에 있는 여러 섬들에 복음을 전한 전도자였다. 홍의교회에서 일어났던 개명운동과 말씀의 문자적 실천을 통해서 강화도에 충격적인 영향을 주었던 그가 전도자로 자원하여 그의 삶을 살기 원했다. 그의 전도자로서의 여정 가운데 첫 번째로 결실을 얻은 것이 현재의 초대교회이다. 그는 길직에 교회를 세우는 것을 시작으로 해서 석모도, 주문도, 서검도, 볼음도, 매음도, 말도, 영종도, 멀리는 덕적도에 이르기 까지 복음을 전하여 교회를 세우는 일을 했다.

현재 초대교회 예배당은 새로 지은 것이라 역사적 자취를 느끼기에는 아쉬움이 있다. 하지만 예배당 앞에 세워진 3·1만세운동기념비와 복원한 초가 예배당은 답사자들의 발길을 멈추게 한다. 복원된 예배당은 3.1만세운동을 계획한 장소이기도 하다. 이곳에서 1919년 3월 9일 유경근과 조종환 선생 등 20여 명이 모여서 3.1만세운동을 계획했다. 당시 연희전문학교 재학생인 황도문이 서울에서 독립선언서를 가지고 와서 이 교회 담임 목사인 이진형과 구체적으로 만세시위를 계획했고, 3월 18일 강화읍 장날에 만세운동을 전개했다.

기념비가 현재 위치로 옮겨진 것은 초가 예배당을 복원하면서이다. 그 이전에는 길 건너에 그리 크지 않은 묘지가 하나 있는데, 바로 그곳에 있었다. 이 묘에는 1919년 3월 18일 강화 만세운동의 중심적인

피뫼(초대)교회 앞
3.1만세운동기념비와
강화초대교회 백주년기념비

역할을 했던 길상면 출신 신앙의 선배들 가운데 후손이 없어 돌볼 수 없는 형편에 있는 이들이 함께 잠들어 있다.

강화도에서 일어난 만세운동은 읍내에서 시작된 것이 아니라 이곳 길직에서 시작되었는데, 피뫼(현 초대)교회에서 목회를 하고 있던 이진형(李鎭亨)목사와 온수리에 살던 유봉진(劉鳳鎭)권사, 다로지(선두)교회 본처 전도사였던 황유부(黃有富), 그리고 다로지교회 신자로서 당시 연희전문학교에 다니던 학생인 황도문(黃道文)이 중심이 되어 3월 8일 이진형 목사의 집에서 모의하고, 이튿날인 3월 9일(주일) 예배 후 피뫼교회에서 10명(합 14명)이 구체적인 시위계획을 세웠다. 3월 11일 다시 모여서 거사 일을 강화읍내의 장날이었던 3월 18일로 잡고 장소도 강화읍으로 정했다.

조직적인 준비와 치밀한 전달을 통해서 거사 당일에는 강화도 전역과 인근의 섬에서까지 모두 만세 시위에 동참하게 되어있었다. 길상에서 올라온 결사대원들(14명)이 주동이 되어서 강화읍내 신문리 장터에서부터 독립만세를 외치면서 태극기를 흔들었다. 거센 군중들의 물결은 일본 경찰들이 손을 댈 수 없을 정도였다. 당시 경찰의 추산으로 1-2만 명이라고 하니 작은 섬에서 엄청난 결집력을 보여준 것이 아닐 수 없다.

초대교회 전경

결국 일본경찰들은 이튿날 일본군 1개 소대의 지원을 받아 주동자 색출하기 시작했고, 이때 모두 65명이 체포를 당하게 되었다. 그들은 모진 고문을 받게 되는데, 만세운동의 주동자들이었던 길상면 출신 14명의 결사대원들은 모두 고통을 당해야 했다. 따라서 이곳 길상면 출신 결사대원들을 중심으로 강화도에서 전개되었던 만세운동을 기억하게 하는 기념비가 이곳에 있음은 당연한 것이 아닐까.

성공회 온수리성당

강화도 3.1만세운동 시발지인 초대교회에서 온수리는 멀지 않다. 온수리는 강화도 남부의 중심지이다. 북쪽은 읍내의 장을 중심으로 상권과 경제권이 형성되어있고, 남쪽은 온수리장이 그러한 곳이다. 강화도의 지리적 특성상 형성된 지역의 중심지인 셈이다. 따라서 이곳에 초기 성공회교회 선교사들의 활동이 있었던 것은 당연한 일이다.

성공회 온수리성당(길상면 온수리 505)은 인근에 위치한 난저울(골)이라는 곳에서 시작되었다. 트롤로프(M. N. Trollope, 趙馬可), 힐라리(F. R. Hillary, 吉康俊), 피어슨(H. B. Pearson), 베드콕(John S. Beadcock, 박요한) 등 선교사들이 1900년 읍내에서 이곳 온수리를 왕래하면서 복음을 전하기 시작했다. 이미 읍내에 교회를 세운 선교사들은 같은 방법으로 이 지역에 선교하기 시작했다. 특히 의사인 로스(A.F. Laws, 盧仁山) 선교사가 강화도에서 사역을 시작하면서 온수리에 진료사업을 추진하였다. 그는 강화읍내에서 만이 아니라 이곳 온수리에서도 같은 진료가 이루어질 수 있으면 좋겠다는 생각으로 적극적인 진료사역을 추진했다. 따라서 그는 난저울에 집 한 채를 구입하고 그곳에 진료소를 준비했다.

그가 난저울에 진료소를 마련하고 선교거점으로 삼은 것은 1900년경이다. 그런데 그곳 난저울은 본래 1860년대에 육지에서 천주교 신자들이 조선정부의 박해 때문에 박해를 피해서 찾아들어와 집단적으로

로스(Laws) 선교사가 운영한 진료소 -출처(대한성공회 100년)

온수리 진료소

마을을 형성하고 있었던 곳이다. 그들은 난저울에서 옹기를 구워서 팔아 생계를 유지하고 있었다. 이러한 천주교의 숨은 신자들 모습은 조선시대 정부의 박해를 피해서 신앙을 지켜가기 위한 것이었다. 난저울에 신앙을 숨긴 채 살고 있던 천주교 신자들은 성공회교회가 천주교회와 같이 미사를 기본으로 하는 신앙을 가지고 있었기 때문에 그들의 입장에서는 거부감이 없었고, 공식적으로 선교하고 있는 성공회성당에 나가는 것에 대해서도 크게 주저할 이유가 없었기 때문에 성공회교회가 난저울에서 실시한 포교활동은 비교적 순탄했다.

로스가 의료선교를 위해서 난저울에 자리를 잡고 진료를 시작하면서 읍내에서 활동하고 있었던 간호사들도 이에 동참하였다. 마가레타, 알마, 로다 등과 같은 간호사들이 함께 로스의 사역을 도왔고, 이러한 그들의 헌신적 봉사는 강화도 전역에 알려졌다. 이러한 소문을 듣고 찾아오는 환자들이 점점 많아지면서 로스 선교사 혼자서 감당하는 것은 무리였다.

그러한 과정을 통해서 그의 이름이 강화도민들에게는 유명하게 되었다. 로스와 간호사로 수고하는 수녀들의 보살핌을 통해서 치료를 받은 사람들은 한국인의 정서상 체면치례로라도 교회에 나와야 했다. 자연스럽게 모이는 사람들이 점차 많아지게 되었다. 그렇지만 그 이후 현재까지 강화도 어디에도 성공회교회가 운영하는 진료기관이 없다는 것은 아쉬움이다.

난저울에서 진료사업이 성공적으로 진행되면서 성공회교회와 선교사들에 대한 인식이 좋아지면서 온수리 지역에 선교를 적극적으로 하려는 성공회의 입장은 효과적이었다. 이 때 힐라리 신부는 교회와 학교를 새롭게 시작했다. 진명학교는 현존하지 않지만 온수리 지역에서

구 온수리성당 후경과 측면

처음으로 시작된 신교육의 효시이다. 또한 학교에 나오는 학생들이 자신의 부모들을 전도해서 교회에 나오도록 하는 경우가 많았다.

교회가 성장하면서 일손이 부족했기에 강화도 출신으로서 최초의 성공회 신부가 된 김희준이 온수리에 내려와서 함께 일손을 도왔다. 또한 인근 불은면 출신이면서 1901년 힐라리 신부로부터 세례를 받은 구건조(具健祚)도 선교활동에 동참했다. 구건조는 이 지역 사람으로서 한학자였기에 주민들에게 지대한 영향을 미쳤다. 그는 힐라리를 통해서 믿음을 가지게 된 뒤 온수리의 유력한 양반들과 유지들에게 복음을 소개했다.

구건조의 전도는 온수리에서 가장 유력한 양반 집안이 교회에 나오게 만들었다. 구한말 온수리에서 가장 세력이 있었던 광산 김씨의 문중이 성공회온수리성당에 나오는 사건은 이 지역의 판도를 바꾸는 결과를 가져왔다. 구건조의 전도를 통해서 지금의 성공회온수리성당이 이곳으로 옮겨지는 것은 물론 지역의 신앙적 구심점이 되었다.

1900년에 시작된 온수리성당은 난저울에서 이곳으로 옮겨오면서 현재의 건물을 짓게 되었다. 온수리 구 성당은 힐라리 신부가 중심

구 온수리성당 정면

새로 개설한 성당 진입로

이 되어 1906년에 준공한 것으로 알려져 있는데, 현재는 이 건물이 지방유형문화재(15호)로 지정하여 관리되고 있음이 다행이다. 교회의 입장에서는 경제적인 문제와 함께 토지 이용의 유용성에 대한 이해관계가 대두되기 때문에 성당을 유지하고 관리하는 일은 쉽지 않은 일이다. 성당 내에 있는 설교대, 성수대는 초기의 것이 그대로 사용되어지고 있다.

온수리성당은 강화읍성당과는 대조적인 모습이다. 정감 있는 건물이 포근한 느낌마저 든다. 필자가 처음 이곳을 찾았던 날은 촉촉하게 비가 내리는 날이었다. 마치 고향집을 찾아드는 것 같은 느낌이어서 오래 머물고 싶었던 기억이다. 화려하게 치장을 하지 않았고 높은 용마루를 이고 있지 않지만, 단아한 느낌의 양반행색을 하고 있는, 그러나 품위 있는 모습을 하고 있는 기품이 느껴지는 집이었다. 함부로 대할 수 있는 모습도 아닌 것이 호기심을 더하게 하는 건물이었다. 감히 올려다 볼 수도 없는 위엄을 가지지 않았지만, 단아하고 절제된 품위를 가지고 있는 모습은 살며시 옷깃을 여미게 하는 경건한 아름다움을 가지고 있는 건물이다. 또한 시기심을 느끼게 할 만큼 웅장하지도 않기에 다가가

성당 정문 겸 종각(솟을대문)

기에 부담이 없다.

현재는 새로운 성당을 지어서 사용하고 있어서 구 성당으로 들어가는 길목이 바뀌었지만, 일부러 온수리 시장 쪽에서 옛길을 따라 걸어 들어가면 입구를 알리는 높은 솟을대문이 인상적이다. 대문의 품위를 가지고 있는 것이 왠지 그냥 지나칠 수 없도록 하는 분위기를 만들어 주고 있다. 지체 높은 양반집의 솟을 대문과 같은 대문이지만 마을의 사람들로 하여금 찾는 기쁨을 더하게 하는 모습을 하고 있다. 대문도 강화읍성당과 비교하면 큰 차이라고 할 수 있다. 즉 강화읍성당은 절간 천왕문인 반면 여기 온수리성당은 그 모습이 양반집 솟을대문이기 때문이다.

온수리성당에는 또 하나의 건물이 있다. 지금은 교회의 사무실과 교육관으로 사용되는 붉은 벽돌로 지은 건물이다. 이 건물은 1935년 이 교회신자들의 헌금으로 지어진 유치원 건물이다. 당시로서는 꽤나 고급스러운 모양으로 지은 건물이다. 또한 이 건물은 온수리 지역의 유

온수리 유아교육의 효시(1936)(옛 건물 그대로 복원함)

아교육의 모체 역할을 했던 곳이다. 하지만 지금 만날 수 있는 것은 본래의 것은 아니다. 본래의 건물은 붉은 벽돌의 내구력이 다해서 벽돌이 떨어져 나가기 시작했고, 지붕도 함석이었기 때문에 눈에 띄게 마당 가운데 허름한 모습을 하고 있었다. 따라서 옛 건물을 헐어버리고 같은 모양, 같은 크기로 새로 지은 것이다. 그밖에 넓은 경내의 구석구석에 눈길이 멈추는 곳이 많다.

성공회교회는 온수리성당을 중심으로 진명학교, 성모마리아여학교 등을 운영했었는데, 성모마리아여학교의 역사에 대하여는 알 길이 없다. 다만 진명학교는 현재 길상초등학교(공립)로 1920년 3월 합병됨으로써 그 역사를 잇지 못하게 되었다. 1906년 시작하여 15년간 운영을 하다가 일제에 의해서 강제합병의 일환으로 공립학교가 되고 말았다.

필자가 처음 온수리성당을 찾았던 날 발걸음이 많이 무거웠던 기억이다. 귀한 역사의 발자취인데 왠지 귀하게 여겨지지 못하고 있는 것 같기 때문이었다. 언제나 시간 속에 묻혀가는 사실들을 살아있는 역사로 후대에 증거가 되도록 할 수 있을지···. 내리는 비는 그칠 줄 모르고 찾아드는 땅거미는 여행자의 발걸음을 무겁게 했었다.

주교들의 공덕비

하지만 근년에 들어서 지역 활성화와 도시재생 프로젝트를 시행하면서 새로운 길을 만들고, 지역 홍보를 하면서 찾는 이들이 많아진 것은 퍽 다행이다.

지금은 주변에 높은 건물들이 들어서서 성당의 위치가 높은 곳에 있는 것으로 보이지 않지만 실상은 온수리 마을을 내려다 볼 수 있는 곳에 위치한 것이 온수리성당이다. 이 성당은 주변의 지형과 잘 어울리게 지어진 건물이고, 한국의 고유한 건물터잡기와 일치하게 지어졌다. 아마도 영국 선교사들의 생각은 강화읍성당과 같이 더 높은 언덕 위에 자리를 잡으려 했을 것이다. 그런데 이 건물을 지을 때 언덕 위에는 무덤들이 많이 있었다고 한다. 이 또한 우리네 정서로는 지나칠 수 없는 일이었던 것이다. 무덤을 파내고 그 위에다 성당을 짓는다는 것이 정서상 용납되지 않았을 것이기 때문이다. 따라서 영국인들의 생각으로는 언덕 위가 좋겠지만 무덤이 없는 곳으로 비켜서 건물을 짓도록 했다고 한다. 하지만 지금은 새로운 성당을 그 언덕 위에 지음으로써 그러한 형세를 느낄 수 없게 되어 아쉽다.

온수리성당 입구에는 정통 양반가옥의 솟을대문과 같은 형태로

새로 지은 성당(2004)

지어진 정문이 있다. 솟을대문이긴 하지만 어딘가 다른 것을 느끼게 하는데, 그것은 나무기둥이 아니라는 것과 지붕이 조선시대의 성곽의 망루와 같은 우진각으로 처리했기 때문에 단순한 솟을대문과는 다르기 때문이다. 이 정문은 솟을지붕(누각 같은) 아래에 종을 매달아서 사용했다. 솟을지붕 아래는 기둥만 있고 사방이 터져있다. 종소리가 멀리 퍼질 수 있도록 한 구조인 셈이다. 원래 이곳에는 영국해군이 기증한 종이 있었다고 한다. 하지만 일제말기에 징발을 당함으로써 다시는 들을 수 없는 것이 되고 말았다. 그러니, 솟을 대문이지만 종각이도 한 셈이다.

소박함을 느끼게 하는 구 성당은 정면 3칸 측면 9칸인 긴 직사각형 전통 한옥구조이다. 지붕은 단층 팔작지붕으로 단아한 모습을 하고 있다. 이 건물이 성당인 것을 알게 하는 것은 용마루 끝(치미)에 십자가 장식과 지붕 양쪽 끝 합각 면에 벽돌로 새겨놓은 십자가뿐이다. 십자가 장식이 없다면 누구도 성당이라고 생각하기 어려울 만큼 평범하고 소박

기념비와 솟을대문

한 한옥이다. 이 건물이 지어질 당시로서는 엄청나게 큰 건물이었을 것이지만, 단아한 외양은 찾는 일들에게 접근하기 용이했을 것이라는 생각이 든다.

구 성당 간판

구 성당 내부

내부구조는 강화읍성당과 같이 '바실리카' 양식이다. 열두 제자를 상징하는 기둥으로 회중석과 제단을 구분했고, 가운데 있는 복도를 통해서 남녀의 자리를 구분했다. 제단이 차지하는 비중이 강화읍성당과는 비교되리만큼 작다는 것도 특징이다. 또한 실내는 회를 칠해서 서까래를 드러나게 했다. 깔끔하면서도 한옥의 자연미를 그대로 드러나도록 한 장식은 실용적이면서도 한옥의 멋을 그대로 유지하고 있다. 그런가 하면 건물의 중요한 역할을 하는 들보와 서까래까지 다듬지 않고 생긴

김여수의 묘와 순국기념비

대로 사용함으로써 자연스러움이 더하다.

　　강화읍성당에서 느꼈던 것과는 많이 다른 건물이다. 전해지는 말에 의하면, 이 건물은 이곳 산에서 필요한 재목을 조달했고, 이곳의 흙으로 구운 기와를 사용했으며, 이곳 사람들이 힘을 모아서 지은 건물이라고 한다. 그래서인지 이곳 사람들만큼이나 소박하고 질박한 모습을 그대로 간직하고 있기에 찾는 이로 하여금 정감을 더하게 한다.
　　1906년에 축성된 이 건물은 당시 주교였던 트롤로프(조마가) 신부가 집례를 했다.

　　온수리성당에는 돌아볼 것이 더 있다. 구 성당과 사제관 사이, 곧 솟을대문 옆에는 하나의 무덤과 두 개의 비석이 있다. 그 중에 하나는 김여수의 독립운동순국비이다. 김여수는 온수리 528번지에서 1922년 태어났다. 일제 말기인 1936년부터 1944년까지 항일독립운동을 하다가 1944년 7월 13일 충청북도 영동경찰서에 연행되었다. 10월 2일 대전지방법원 검사국에 송치되어 구금상태에서 조사를 받다가 해방 직전인 1945년 2월 25일 미결수 상태에서 옥사를 했다. 온수리성당은 2000년에 그의 공적을 기리기 위해서 이곳에 김여수(마태) 독립운동순국비와 그의 무덤을 조성했다.

조광원 신부
독립운동기념비

　　그렇지만 이 무덤이 본래부터 여기에 있었던 것은 아니다. 김여수의 무덤은 본래 공동묘지에 있었던 것인데, 지난 2013년 11월에 이곳으로 이장하여 순국비와 함께 이곳을 찾는 이들로 하여금 그의 신앙과 희생을 기억하게 하고 있다.

흥천교회

　흥천교회는 강화도에서 서쪽에 위치한 양도면 소재지에 있다. 지금은 강화도를 순환하는 도로가 만들어져서 교회 앞을 지나지 않게 되었지만 과거에는 반드시 이곳을 지나야 강화도를 한 바퀴 돌 수 있었다. 전등사가 있는 화도면 쪽에서 외포리 방향으로 가기 위해서는 반드시 이 교회 앞을 지나야 했다.

　강화도 지역에 근대교육이 시작된 것은 잠두교회에서 시작한 합일학교가 그 효시다. 하지만 강화도 전 지역에 신교육을 위한 학교가 세워지는 것은 이동휘가 개종한 이후 민족의 미래가 교육에 있음을 주창하면서 학교 세우는 운동을 전개하면서다. 이동휘는 보창학교를 읍내에 세워서 강화도 전역에 보창학교 지교(枝校)의 형태로 운영하게 했다. 따라서 한 때 강화도 전역에 교회가 세운 학교가 72개교였다는 기록이 전해지는 것을 보면, 그의 노력과 영향력이 얼마나 큰 것이었는지를 가늠할 수 있다.

　하지만 강화도에서 현대교육을 시작한 동기가 민족 교육만이 미래를 열 수 있다는 의식에 기초한 것이기 때문에 일제가 그냥 보고만 있을 이가 없었다. 1910년 한일병탄을 강행시킨 일본은 완전한 식민지 지배를 위해서 가장 방해가 되는 것이 무엇인지 알았다. 그것은 교회였고, 그 가운데서도 교회의 지도자들을 중심으로 민족 교육이 교회가 운영하는 학교들을 통해서 이루어지고 있다는 것을 알았기 때문에, 교회가 운영하고 있는 학교들을 어떻게든 폐쇄시키는 계략을 꾸몄고, 그 계략은 차질 없이 진행되었다.

　강화도에 있는 학교들도 예외일 수 없었다. 대부분의 학교들이 문을 닫아야 했다. 문을 닫게 하는 방법은 천황의 교육칙령을 통해서 학교설립을 위한 법을 강화함으로써 사실상 그 법 조항에 부적합한 학교들을 강제로 폐교하도록 했고, 또 하나의 방법은 지역에 공립학교를 지

흥천합일학교 제14회 졸업식

어서 무상으로 교육을 시키는 것이다. 이것은 몇 푼의 교육비라 할지라도 교육비를 받는 사립학교보다는 무상으로 공부를 시키는 공립학교를 선호하게 만들어서 교회가 운영하는 학교에서 스스로 전학하도록 유도함으로써 고사시키는 방법을 택했다.

그럼에도 이동휘의 보창학교를 시작으로 강화도에서 근대교육은 많은 박해를 받으면서도 그 역할을 감당했다. 하지만 집요하고 강력한 일제의 박해는 세워진 학교들을 하나씩 둘씩 폐교 내지는 공립학교와 합병시키는 방법으로 사라지게 했고, 이제는 그 흔적을 찾는 것조차 어렵게 되었다. 그 가운데 유일하게 살아남은 것이 강화읍내에 있는 합일학교이다.

흥천교회와 흥천학교는 1908년 김용하(金容夏)와 전병규(田炳奎)가 개종을 한 후에 세운 것이다. 교회와는 별도로 초가 6칸을 빌려서 '보창학교' 지교(枝校)로 학교를 시작했다. 이 학교가 문을 열자 배움에 굶주렸고, 미래에 대한 소망이 없었던 지역의 아이들이 몰려들기 시작

흥천교회 100주년기념비

했다. 그들을 수용할 수 없을 정도로 많이 몰려드는 상황이 되자 교장인 전병규는 자기 소유의 토지 300여 평을 학교부지로 내놓았고, 주민들의 기부금을 모아 이듬해인 1909년 9칸짜리 초가 한 채를 지었다.

흥천교회는 이러한 상황을 보면서 학교운영에 적극적으로 나섰다. 그리고 학교명칭도 흥천합일학교로 개명했고, 미국 감리교회 해외여선교회의 도움을 받아 학교와 교회를 유지할 수 있었다. 일제의 강력한 법적용에서도 겨우 살아남을 수 있었던 것은 미국 감리교회 해외여선교회의 지원으로 조선총독부가 요구하는 것에 대처함으로써 6년제 학교로 정식 인가를 받기도 했다. 1918년 학교 명칭을 흥천학교로 바꾸었고, 1920년에는 인천영화학교 교장인 오버만(L.B. Overman) 선교사가 교장직을 겸하기도 했다. 이렇게 해서 학교를 폐교시키지 않고 지켜낼 수 있었다.

그러나 학교를 강제로 폐교시킬 수는 없게 되자 이번에는 조선총독부가 바로 옆에다 1929년 양도공립보통학교를 세움으로써 흥천학교

흥천교회 구 예배당은
역사관으로 사용되고 있다.

를 고사시키는 정책을 택했다. 결국 조금이라도 월사금을 내야하는 흥천학교와 달리 무상교육을 천명한 일본은 양도공립보통학교로 전학을 하면 무상으로 교육을 받을 수 있다고 함으로써 대부분의 학생들이 공립학교로 전학을 하니 자연스럽게 흡수되고 말았다. 다른 학교의 상황과는 달리 재정자립도, 교사, 학생 수가 모두 법적으로 충족되었기 때문에 폐교시킬 수 없었던 총독부는 바로 옆에다 공립학교를 세움으로써 흡수되도록 하는 정책을 썼던 것이다. 매우 아쉬운 일이지만, 우리의 아픈 역사를 양도의 흥천교회와 바로 이웃해있는 양도초등학교를 바라보면서 몸으로 느낄 수 있다. 흥천교회를 찾으면 구 예배당에서 그 사료들을 만날 수 있다. 그러므로 먼저 흥천교회를 둘러보고 바로 접해있는 양도초등학교를 찾는다면 좋을 것이다.

교동읍교회 址

　이제까지 강화도를 돌아보았다. 이번에는 강화도에 속한 부속 섬을 찾아보고자 한다. 사실 본도에도 찾아보아야 할 곳들이 더 있지만, 아쉬움으로 남겨놓고 섬 안의 섬을 찾아가고자 한다. 필자가 교동을 처음 찾았을 때는 배를 통해서만 갈 수 있었다. 하지만 지금은 연륙교가 만들어져서 자동차로 쉽게 접근할 수 있다.

　2014년 이전까지 이 섬에 가기 위해서는 창후리에서 출발하는 배편을 이용해야 했다. 하지만 2014년 7월 1일 개통된 교동대교 덕에 더 이상 섬이 아니라고 할 수 있게 되었다. 개통 이후에도 오랫동안 다리 입구에서 초병들이 검문과 출입신고를 해야만 입출도가 가능했다. 하지만 지금은 검문소 통과 절차도 별도로 하지 않고 쉽게 오갈 수 있다.

　섬에 들어서면서 관심을 가지고 보면 작은 섬이지만 예사롭지 않음을 느끼게 한다. 역사적 흔적들이 산재해 있기 때문이다. 그럼에도 언제나 이러한 흔적을 대할 때면 아쉬움이 앞선다. 그것은 아직도 우리나라의 현실이 유적들에 대한 조사, 연구, 관리가 제대로 되지 않고 있는 부분이 많기 때문이다. 교동은 지리적으로 군사적 관심을 배제할 수 없는 곳이며, 서울에서 멀지 않으면서도 확실한 격리가 가능한 곳이기 때문에 조선시대에는 정적(政敵)들을 유배시키는 곳이기도 했다.

　교동에서 처음 찾으려는 곳은 옛 교동읍교회의 터이다. 교동에 복음이 전해지는 것은 1899년, 그러니까 강화의 모교회인 교산교회로 발전한 시루미(甑山)공동체가 시작된지 6년 만의 일이다. 그후 홍의교회가 세워지고 복음의 영향력을 발휘하게 되면서 적극적인 전도가 시작되었다. 그 일을 주도했던 것은 홍의교회 신자들이었다. 교동에 복음을 전한 것도 홍의교회 출신인 권신일이며, 그의 전도는 이곳 교동사람들에게 영원한 소망을 가지게 하는 것이었다. 그는 부인(브리스길라)과 함

교동읍성 남문

께 이곳을 찾았으며 인천, 강화읍, 연안지방의 교회들로부터 모금한 돈으로 교동읍내에 집회를 위한 초가 한 채를 마련했다.

하지만 이 지역민들의 배타적인 성향은 전도하는 일이 결코 녹록하지 않았다. 권신일은 부인과 함께 섬을 돌면서 전도했지만, 유교적인 사고와 가문의 전통에 대한 자긍심이 강한 이곳 사람들에게 복음을 받아들이게 하는 데는 어려움이 많았다. 그럼에도 권신일은 포기하지 않고 전도를 했다. 전도자 권신일을 못마땅하게 여긴 주민들이 급기야 교동군수에게 탄원을 하기에 이르렀다. 권신일을 섬에서 추방시켜달라는 것이었다. 하지만 시대적인 상황을 인식하고 있었던 군수는 한양의 임금님이 사는 궁궐 옆에도 교회가 있는 것을 보아 임금님도 교회를 부정하지 않고 받아들이고 있는 것으로 보이니, 일개 섬에서 교회를 세우지 못하게 하는 권한은 없다고 말했다는 것이다. 그만큼 열정적으로 복음을 전한 권신일의 수고는 헛되지 않아서 오늘의 교동교회가 세워지는 초석이 되었다.

교동교회의 옛 터는 읍내리 253번지의 "연산군 유배지"를 알리는 표지 앞에 우물(石井)을 지나 조금 올라가면 무너진 성벽(石城)이 있는데, 그 앞에 있는 공터가 교동교회와 옛 동화학교가 있었던 자리로 알려져 있다.

인사리교회

교동을 찾으면서 아쉬운 것은 초기의 예배당들이나 신앙의 유적으로 남겨진 것이 없다는 것이다. 교동의 모교회라고 할 수 있는 교동교회의 처음 모습도 만날 수 없기에 더욱 그렇다. 겨우 초기에 세워졌던 예배당이나 학교터를 확인하는 정도로 만족해야 하는 것이기에 아쉽기만 하다.

하지만 교동에는 무형의 신앙유산이 전해지고 있다. 방씨 성을 가진 마리아라는 여인의 신앙과 그녀와 관련된 신앙의 뿌리가 인사리교회를 통해서 전해지고 있기 때문이다. 그녀가 남긴 신앙은 인사리에 복음

인사리교회 전경

이 뿌리를 내리도록 하는데 결정적인 것이었기에 참으로 귀하다.

그녀의 신앙에 관한 이야기는 [신학월보, 1903년]에서 확인할 수 있다. 방씨 여인은 교동도의 한 양반가문의 딸로 태어나 인사리의 양반 황철신과 결혼을 하였는데, 1899년경에 복음을 접하고 예수님을 믿게 되었다. 하지만 그녀가 예수님을 믿게 되면서 어려움에 직면하게 된 것은 제사문제이었다. 그녀는 그리스도인으로서 제사를 거부했고, 이로 인해서 당시 사회적 통념상 용서받을 수 없는 처지가 되었다. 남편에게 무수히 매를 맞았지만, 그녀의 입장이 바뀌지 않으니 결국 소박을 맞게 되었다고 한다. 소박을 맞아 친정으로 쫓겨 가는 방 여인을 남편은 죽도록 때렸다고 한다.

신학월보에 실린 기사는 다음과 같이 쓰고 있다 - "황철신씨는 방씨를 무수히 따리며 군욕하대 방씨는 조곰도 마암을 동치 아니하고 날마다 가진 고초를 당하야도 변치 아님을 보고 친가로 쫏쳐 바릴새 남편이 분심에 악심이 발하야 가라대 예수교 바리지 않고 의저시 가랴느냐 하며 몹시 따리대 종시 화평한 말로 가장을 권면하며 순종하니 20리 동안에 다섯 번을 두다려 맞고 친가에 맥김을 당하니 다행히 회당이 갓가온지라…"

이렇게 소박을 맞고 친정으로 돌아왔으니 친정집에서도 부끄러운 일이고, 그녀의 행동을 정상으로 생각할 수 없었다. 친정에서도 정신이상이나 귀신들린 자로 생각할 수밖에 없었다. 그러한 딸을 어떻게 해서든지 고쳐보려고, '미친병에는 똥이 좋다'는 말을 맹신하여, 그녀에게 단술에다 똥물을 타서 먹이기도 했다고 한다. 그러나 예수님 믿는 병이 낫기는커녕 더 열심히 교회에 다니기를 힘쓰니 어찌할 수 없었다고 한다. 본인도 나중에 자신에게 가족들이 똥을 먹인 사실을 알고, 오히려 가족들에게 예수님을 믿어야 한다고 종용했다고 한다.

이렇게 그녀의 신앙은 무엇으로도 돌이킬 수 없었기에 남편은 다시 그녀를 데려감으로써 그녀의 신앙이 승리하게 되었다. 시집으로 돌

야간 그녀는 시가의 작은 집 식구들과 친정 부모님, 그리고 자신의 남편까지 모두 예수님을 믿게 하였다고 한다. 그 과정에 대해서는 자세히 알 수 없지만, 그녀는 자신에게 주어진 벗어날 수 없는 상황에서도 신앙을 지켰고, 그 열매를 얻을 수 있었던 것이다.

하지만 아쉽게도 그녀의 삶은 길지 못했다. 시집으로 다시 돌아간 후 겨우 1년이라는 시간이 지나서 무슨 병인지 알 수 없지만, 병에 걸려서 1904년 7월 30일에 홀로 별세의 길을 갔다. 당시 그녀의 나이 30살이니 꽃다운 나이에 삶을 다한 것이다. 짧은 생애를 살았지만 그녀는 인사리의 시댁인 황씨 집안에 신앙의 뿌리를 확실하게 내리도록 했다.

지금 인사리에서 그녀와 관련해서 직접적으로 만날 수 있는 것은 없다. 다만 시댁인 황씨 집안의 후손으로 예수님을 믿고, 1920-30년대에 인사리교회를 이끌었던 황봉익 전도사의 고택이 남겨져있다. 솟을대문 형태를 하고 있는 황전도사의 집을 찾아 방 마리아의 짧은 생애를 돌아보는 것은 여행자의 마음을 뭉클하게 한다.

상룡리 예배당

이번에는 교동교회 두 번째 예배당인 상룡리 예배당과 그곳에서 이어지고 있는 '박씨' 문중의 신앙 이야기를 찾아가려고 한다.

상룡리 예배당은 강화도 창후리에서 가장 가까운 곳에 위치해 있다. 하지만 지금까지 찾아본 것처럼 교동도에 복음이 제일 먼저 들어온 것은 이곳이 아니다. 앞에서 찾아본 것처럼 읍내리에서 교동교회가 형성되었고, 예배당도 그곳에 먼저 세워졌다. 그런데 교동교회가 이곳 상룡리로 예배당을 옮기게 된 것은 1920년대 교세의 변화 때문이었다. 읍내리를 중심으로 교동교회의 신자들이 많이 있었는데, 일제에 의한 박해가 가해지면 신자들이 교회에 출석하는 것을 꺼리게 되었고, 한 편으로는 이 지역에 성공회교회가 포교를 시작하면서 일부 신자들이 성공

교동교회 상룡리 예배당과 종각

회교회로 옮겨감으로써 교동교회의 신자들이 급격하게 줄어들었다. 이에 반하여 상룡리 지역의 신자들은 어려움 가운데서도 교회에 적극적으로 출석하면서 이쪽 지역의 신자들이 많아졌다.

이렇게 상룡리 지역의 신자들이 교회의 중심이 되자, 이곳의 유지였던 '박씨' 문중의 한 사람이 예배당터를 기증함으로써 1928년 이곳으로 옮기게 되었다. 이 때 옮겨서 지은 예배당은 지금도 그대로다. 다만 1970년대에 와서 초가지붕을 함석지붕으로 바꾼 것만 달라진 것일 뿐이다. 17칸 규모의 예배당이니까 적지 않은 크기이기도 하고, 지붕은 갈았지만 원형을 보존하고 있다는 점에서 귀하기도 하다. 외형적으로는 좀 큰 농가(農家) 같은 모습이고, 예배당으로서는 소박하기 그지없다. 건물의 높이가 높은 것도 아니고, 특별한 디자인을 한 것도 없다. 여늬 농가와 마찬가지로 함석지붕에 파란색 페인트칠이 되어있다. 다만 예배당으로 구별되는 것은 합각 벽면에 새겨진 십자가와 마당에 세워진 종각 때문이다. 파란색 지붕을 이고 있는 건물에 유난히도 빨갛게 느껴지는 십자가, 그리고 오랜 세월의 인고를 이겨낸 모습을 하고 있는 종각은

현 교동교회 전경

변함없이 이곳에서 찬양과 복음의 소리를 퍼지게 했던 곳임을 느끼게 한다.

한편 교회의 종각에 달려있는 종은 일제 말기에 강제 징발을 당했던 것으로 전해지고 있다. 이 종은 일제에 의해서 징발을 당해 뭍으로 가져가려는 과정에서 풍랑이 일어 가져갈 수 없게 되었고, 교회의 종을 가져가는 두려움이 있었기에 이 종을 다시 돌려주었다고 한다. 따라서 징발의 위기에서 현존할 수 있게 되었다는 이야기가 전해지고 있다. 예배당의 역사만큼이나 오랜 세월동안 교동도의 심령을 깨우는 소리를 들려주고 있는 종각은 지금도 상룡리 예배당의 상징이다. 종각이 있는 곳에서 예배당을 바라보노라면 특이한 것이 출입구가 남녀의 것으로 구별되어 양쪽 기둥에 위치하고 있다. 아직 유교적 의식이 강했던 시대에 지어진 건물로서 시대적 배경을 느끼게 한다.

이렇게 상룡리로 교동교회가 옮겨지고 지금까지 예배당 원형을 보존하여 남겨주었을 뿐만 아니라, 교동 지역의 영혼을 구원하는 일에 앞장 설 수 있었던 데는 이 마을 최초의 신자인 '박씨' 문중의 박성대

(朴成大)라는 사람의 역할이 컸다. 또한 그 문중에서 교회의 많은 지도자들이 배출됨으로써 이 마을만이 아니라 한국 교회에 매우 큰 기여를 했다.

특별히 박성대라는 사람은 개종한 후 그 후손들 가운데 약 60여 명의 목사가 배출되었다고 하니 대단한 것이 아닐 수 없다. 또한 다음에 찾으려고 하는 한국 시각장애인들에게 세종대왕으로 인식되고 있는 송암 박두성 선생도 바로 이곳에서 태어났으며, 박성대의 후손이니 짐작할 수 있는 일이 아닐까.

교동교회는 1899년에 시작된 이래로 교동 지역의 모교회로써 역할을 감당하면서 지금은 교동 안에 12개의 교회가 형성되어 있다. 교동교회는 인사리(인현리), 서한리, 상룡리 사람들이 중심이 되어서 읍내리에서 시작되었다. 하지만 인사리와 서한리는 지리적으로 20여리를 걸어다녀야 하는 불편이 있었다. 따라서 1904년에 두 지역에서 나오는 신자들을 중심으로 해서 인사리(서풍신, 방족신)와 서한리(황한신, 황복신)에 각각 예배당을 마련하고, 교회를 분립함으로써 최초로 교동지역에서 자체적으로 선교가 이루어졌다. 이는 교동에 선교가 시작된지 불과 5년 만의 일로써 놀라운 일이 아닐 수 없다.

하지만 이렇게 급속히 성장했던 교회들이 일제의 박해가 심화되면서 일제 말기에 이르러서는 폐쇄되는 어려움을 겪어야 했다. 그나마 그러한 상황에서도 신앙의 명맥을 이었던 것이 교동교회였다는 것도 이 교회를 찾는 이들에게 의미를 더한다.

일제의 박해로 인해서 교회들이 폐쇄되고 선교의 생명력이 끊어진 것 같았지만 해방 이후 다시 생명의 불씨가 살아났으며, 교회의 성장률이 가장 높았던 70년대 이후에 교동도에는 복음의 생명력이 넘치기 시작해서 오늘에 이르기까지 작은 섬마을이지만 12개의 교회가 복음을 전하며 약 23%의 복음화를 이룩했고, 진리를 살아가는 공동체로서의 모습을 잃지 않고 있다.

　교동교회의 역사를 찾아보는 과정에서 강화도의 홍의교회를 생각하게 된다. 당연한 것은 교동에 복음의 선구자인 권신일 부부가 홍의교회 출신이기 때문이다. 지도자가 가지고 있는 신앙과 의식을 전달받는 것은 자연스럽다고 할 것이지만 쉽지 않은 일이며, 많은 갈등과 어려움이 따르는 것도 감수해야 했다.

　교동교회는 복음만 전달 받은 것이 아니라, 홍의교회에서와 마찬가지로 이곳 교동교회의 신자들도 개종과 함께 개명(改名)을 했다. 홍의교회와 다른 것은 홍의교회는 이름의 끝 자가 한 일(一)자였는데, 교동교회 신자들은 믿을 신(信)으로 통일시켰다. 따라서 교동도에서 이름의 끝 자가 신(信)자이면, 그는 교동교회 신자임을 스스로 증명하는 것이다. 초기 교동교회와 관련된 인물들은 한결같이 '신'자를 이름에 가지고 있다는 것은 이런 역사가 있었기 때문이다.

　초기 교동교회는 예배당을 세우는 일만이 아니라 교회 옆에 1904년 동화학교(東化學校)를 세웠고, 이듬해인 1905년에는 동화여학교도 세워서 운영했다. 이것은 역시 교동 지역의 신교육의 효시였다. 그러나 교동 지역에 공립학교를 세워서 식민지를 확정하고 강화하려는 일제의 계략이 미치게 되면서 1925년에 폐교를 해야만 했다. 동화여학교의 경우는 미국감리교회 해외여선교회에서 지원하여 1920년 난정리에 교사(校舍)까지 마련했지만, 가난했던 당시 사회적 상황은 경제적 한계를 넘지 못하고 역시 공립학교로 전학을 감으로써 폐교할 수밖에 없었다. 교동 지역의 선교 전성기라고 할 수 있었던 1907년 어간에는 교동지역에 1천 명을 헤아릴 만큼 많은 신자가 있었다고 하니 놀라지 않을 수 없는 일이다.

　1928년 읍내리에서 상룡리(달우물)로 옮기면서 교동교회는 초가 24평의 예배당을 마련했다. 교동교회가 상룡리로 옮기면서 처음으로 교동 지역에 복음을 전하기 위해 마련했던 터와 동화학교가 있었던 곳은 더 이상 어떤 흔적도 찾을 수 없게 되었다. 물론 그곳이 교회와 학교가 있었던 것으로 기억하는 사람들도 이제는 거의 없다.

한편, 상룡리로 옮겨진 교동교회는 1979년 두 교회로 분립되었다. 따라서 같은 마을 다른 곳에 교동제일교회라는 이름으로 세워진 예배당과 상룡리(달우물)의 교동교회 예배당이 각각 예배의 처소로 사용되었다. 하지만 다행히 11년이 지난 1990년 두 교회가 다시 교동교회라는 이름으로 하나가 되어 현재의 상룡리 628-2에 새로운 예배당을 마련하여 신앙생활과 역사를 이어가고 있다.

현재의 예배당은 교동을 드나들던 선착장이 있던 곳으로 옮겨서 붉은 벽돌로 예쁘게 지었다. 달우물에 있는 교동교회의 옛 예배당은 이제는 사용하지 않는 건물이다. 답사자의 발걸음은 그 예배당 앞에서 얼마나 머물러야만 했다. 아무도 찾지 않는 예배당, 그러나 역사가 말하듯 그 예배당을 드나들며 신앙했던 수많은 이들의 기도와 찬양소리, 발걸음소리가 들리는 것 같기 때문이다. 현재의 예배당보다 소박하고 아담하며, 파란 함석지붕과 지붕에 설치된 빨간 십자가는 지금도 찬송과 기

서한교회 전경-출처(오산샘물교회 홈페이지)

도의 소리가 들리는 듯 깨어있는 교회의 모습이다.

하지만 그냥 둔다면 언젠가는 무너질 수밖에 없다. 아직은 옛 모습을 잃지 않고 답사자의 마음을 사로잡을 만큼 오랜 세월을 지켜왔던 신자들의 체취가 느껴진다. 하지만 머지않아 무너질 것이라는 생각에 아쉬움을 금할 수 없다. 교동에서 가장 오래된 예배당 건물이건만, 관심을 가진 사람은 없으니 언제 다시 찾을 수 있을지 돌이키는 발걸음이 무겁기만 하다.

그나마 다행인 것은 최근에 이 예배당 바로 앞에 송암 박두성 선생의 생가가 복원되면서 주변을 유적지로 조성하는 공사와 함께 교동대교를 건너와서 바로 송암 선생의 생가로 진입할 수 있는 길도 새롭게 만들고 있어서 상룡리 예배당도 어떤 형태로든 관리가 되지 않을까 하는 기대가 된다.

송암 박두성 생가

박두성 선생의 고향인 교동에서 선생의 자취를 찾아야겠다는 생

복원된 박두성 생가(2021)

각은 이미 오래전부터 가지고 있었다. 씨족사회가 강하게 형성되어 있는 섬마을에서 박씨 문중을 찾는 것은 어렵지 않다. 상룡리로 예배당을 옮기는데 결정적인 역할을 했고, 당시 교동교회의 지도자 였던 박성대와 그의 아들 박형남은 교동교회의 기둥이었다. 그러나 박성대, 박형남의 갑작스러운 죽음(1934)으로 한때 위기를 맞지만 박형남의 동생 박이남과 작은 아버지 박기만에 의해서 교회가 지켜졌다.

박두성 흉상

그 중 박기만의 아들로 태어나서 우리나라 시각장애인들에게 세종대왕으로 존경받고 있는 사람이 송암 박두성(朴斗星 1888-1963)이다. 바로 그 박두성의 생가를 이곳에서 만날 수 있다. 비록 최근에(2021)에 복원된 건물이지만, 그의 존재를 아는 이들도 적은데 생가를 복원함으로써 송암의 존재와 업적을 기억할 수 있게 된 것은 다행한 일이다. 그러고 보면 상룡리 516번지(상룡리예배당 앞마당 앞)에서 만날 수 있는 박두성의 생가는 동시에 교동교회를 지켜왔던 사람들, 즉 박씨 문중의 사람들이 이 집과 무관하지 않다는 것도 잊어서는 안 될 일이다.

박두성에 대한 소개는 박두성을 직접 다루는 곳(미추홀구 송암기념관과 남동구 송암의 묘)에서 할 것이기 때문에 여기서는 그에 대한 소개는 간단하게 지나치겠다. 송암 선생은 일찍이 서울로 유학을 떠나 한성사범학교를 졸업하고 시각장애인 교육기관인 제생원의 교사로 발령(1913)을 받은 것이 계기가 되어서 시각장애인을 위한 사명을 깨닫게 되었고, 평생을 이 나라 시각장애인을 위한 삶을 살았다.

그가 남긴 업적이라면 무엇보다도 우리 글 점자이다. 점자의 개발은 시각장애인들의 세계에서는 새로운 글을 창제한 것과 다름없다. 글을 읽을 수 없었던 시각장애인들에게 글을 만들어 줌(1926년 11월 4일)으로써 광명한 눈을 가지게 했다. 뿐만 아니라 시각장애인들에게도 복음을 전할 수 있는 기회를 만들어주었다는 것은 참으로 귀한 일이다.

또한 그는 시각장애인들이 성경을 읽을 수 있도록 직접 신구약성경을 점자로 번역함으로써 시각장애인들에게 성경을 선물했다. 평생 시각장애인들을 위하여 살았던 그의 삶은 지금도 잊을 수 없기에 그를 기억하는 이들(주로 시각장애인들)은 이곳 박두성의 생가를 찾는다. 아쉬운 것은 정작 그를 기억하고 있는 사람들이 많지 않다는 것이다.

박두성의 생가는 강화도에서 쉽게 접할 수 있는 여느 농가와 다르지 않은 규모의 소박한 집이다. 초가집의 특징이 대체적으로 높이가 낮은 것도 다른 집과 다르지 않다. 그의 명성이 높기에 잔뜩 기대(?)를 하고 찾는다면 실망하게 될 수 있을 만큼 수수한 농가주택이다. 하지만 집 안을 살펴보면 비록 초가지붕이지만, 당시 교동교회를 이끌었던 박씨 문중의 집으로서의 품위를 느끼게 한다.

박두성의 한글점자 창제 기념벽

외진 섬이기에 찾는 사람도 거의 없지만 가끔씩 박두성의 자취를 찾아오는 시각장애인들이 있기에 외롭지 않게 느껴지는 그의 생가는 교동을 답사하는 마지막 코스였다. 근년에는 교동교회에서 그를 기리는 조촐한 행사도 하면서 그를 기억하려는 노력이 보이기도 한다. 또한 기념사업회가 활동을 하고 있는 것도 다행이다. 그가 너무 신격화되는 것은 안 되겠지만 꼭 기억되어야 할 사람인 것은 분명하지 않은가. 교동도를 찾을 때 사전에 박두성에 대한 조금의 지식을 가지고 찾는다면 의미를 더할 것이다.

서도중앙교회

서도중앙교회가 위치한 곳은 주문도라는 섬이다. 강화도 남단에 있는 선수항에서 하루 3회(계절에 따라서 다름) 왕복한다. 과거에는 외포리항에서 운행을 했었는데 선수항으로 바뀐 다음 이용하는데 있어서 장단점은 있다. 주문도에 가기 위해서는 배편을 이용할 수밖에 없기 때문에 미리 시간표와 출항여부를 알아보고 출발하는 것이 좋다.

강화도에는 많은 섬이 있다. 강화도 서쪽에 에는 석모도, 교동도, 외에도 주민이 살고 있는 섬들만도 주문도, 볼음도, 아차도, 서검도, 미법도, 남섬, 말도 등이 있다. 그중에 오늘 찾아가는 서도중앙교회는 주문도에 있다. 주문도는 석모도 서쪽에 자리한 세 개의 마을을 가지고 있는 작은 섬이다. 주문도는 아직 때 묻지 않은 자연 그대로의 정경을 경험할 수 있는 일석이조의 여행이 될 수 있기 때문에 여유를 가지고 찾을 수 있다면 좋을 것이다.

이 섬은 지리적으로 해상 방어에 요충지이기 때문에 작은 섬이지만 예로부터 군량미와 무기를 보관할 수 있는 창고가 있었다. 따라서 이 섬에 있는 마을 이름들이 이에 무관하지 않음을 느낄 수 있다. 즉 대빈창(待濱倉), 진촌(鎭村)이라는 마을 이름은 진지와 창고가 있었기

왕 대인(란도) 신부

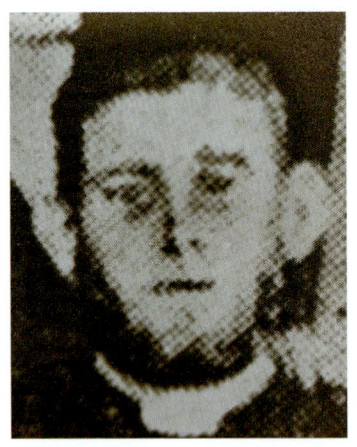

때문에 얻어가진 것이다.

비록 외지고 작은 섬이지만, 이곳에서 만나게 되는 신앙의 역사는 감격적인 것이기 때문에 어느 곳 보다 기대가 크고 영적으로 풍성함을 느끼게 된다. 이 섬에 복음이 전해지는 것은 1893년이다. 그렇다면 강화도에 복음이 전해지는 것과 같은 시기라는 의미에서 관심을 가지게 된다. 강화도 본섬이 아닌 이 작은 섬에 복음이 그렇게 일찍 전해졌다는 것은 놀라운 일이 아닐 수 없다. 1893년 여름, 본도에서 사역하고 있던 성공회의 신부 왕대인(Leonard O. Warner)과 갈대인이라는 또 다른 외국인, 그리고 매음리(梅音里)에서 사역하고 있던 윤정일 전도인 등이 함께 주문도에 들어와 복음을 전했다. 하지만 당시에는 복음을 영접한 사람이 없었다고 한다.

그 후 많은 시간이 흘러 1902년 5월에 윤정일이 다시 찾아와 복음을 전하는 것이 계기가 되어 비로소 이 섬에 교회가 형성될 수 있었다. 10년 전에 윤 전도사가 처음 이곳에 들어왔을 때는 성공회교회 소속 전도인 이었는데, 이번에는 감리교회의 전도인 신분으로 들어와 복음을 전했다. 여름이면 응개지나루가 성시를 이루는데, 이 지역에서 고기가 많이 잡히기 때문에 전국 각지에서 몰려온 사람들로 인해서 북적였고, 술집과 기생집이 많았다고 한다. 바로 이 나루에 등장한 것이 윤 전도사였다. 그는 응개지나루에서 회개할 것을 외치면서 천국을 소개했다고 한다. 그러한 그의 모습은 영락없이 미친 사람이 아닐 수 없었다. 그러나 그는 광야에서 외치던 세례 요한과 같은 존재였다고 상상이 된다.

그의 전도하는 모습이 미친 것으로 밖에는 보이지 않았으니, 복음을 받아들이는 사람이 없었던 것은 어쩌면 당연한 것일지도 모른다. 하지만 씨앗이 뿌려지는 곳에는 열매가 있는 법, 김근영(金根永)이라고 하는 사람이 처음으로 복음을 받아들였다. 그는 개성을 오가는 일을 하던 사람으로서 이미 개성에서 천주교와 접촉을 했던 인물이다. 그런데 이곳에서 윤 전도사의 전도를 받고 신앙을 고백하게 되었다.

신앙을 고백한 후에 그는 자신이 섬기던 신주와 사당을 모두 제거하고, 개종한 사람으로서 거듭난 생활을 했다. 결국 마을 사람들은 물론 집안에서까지 많은 따돌림과 멸시가 있었다. 그러나 그는 굴하지 않고 신앙을 지켰으며 서도중앙교회의 초석이 되었다. 윤정일의 전도와 김근영의 개종은 서도중앙교회의 시작이었고, 시간이 지나면서 외딴 섬 주문도에도 복음의 바람이 불게 되었다.

미친 사람으로 취급받던 김근영이 1905년 2월 정부로부터 진촌의 군영지(軍營地)를 불하받아서 영생학교를 세워 신교육의 장을 만듦으로써 그에 대한 인식이 바뀌기 시작했다. 섬 중에 섬인 주문도, 고작 세 개의 마을이 전부인 작은 섬에서 신교육이란 꿈에도 생각할 수 없었던 상황인데, 그에 의해서 신교육이 이루어지는 것을 보면서 외면만 할 수 없는 처지가 된 주민들의 입장이 바뀔 수밖에 없었다.

김근영의 끈질긴 전도는 어느 날 진촌의 세도가인 박승형(1837-1912)과 승태 형제가 개종을 선언하고 교회에 나오게 되었다. 박승형은 무반(武班) 종 3품으로 조선정부의 벼슬을 지낸 인물이다. 그런데 그가 이 외딴 섬인 주문도에 들어온 연유는 알 수 없다. 다만 당시의 정세가 매우 혼란스러웠기 때문에 어떤 일인가에 의해서 이 섬으로 피신하여온 것이 아닐까 하는 추측이다. 그의 아들 박순병(1861-1938)도 종 9품의 감역(監役)으로 주문도의 정부소유 토지를 관리하는 벼슬을 하고 있었기 때문에 주문도에서는 박씨 문중에 필적할 만한 가문이 없었다. 그러한 문중의 어른인 박승형이 개종을 하니, 집안은 물론 마을 사람들도 눈치를 보면서도 교회에 나갈 수밖에 없었다. 또한 김근영이 세운 영생학교에 아이들을 보내도록 권면했기 때문에 마을 사람들이 자녀들을 학교에 보내는 것을 꺼려하면서도 보내지 않을 수 없었다고 한다.

이러한 박씨 문중의 개종은 마을에 많은 변화를 가져왔다. 개화문명을 받아들이는 것은 물론 상투를 자르는 일과 마을에서 굿하는 모습이 사라지기 시작했다. 현대식 교육을 받으면서 생각하는 것이 변하니 생활습관이 달라지는 것은 당연했다. 또한 신앙생활을 하면서 깨닫게 되는 성경의 가르침을 실제로 생활에 적용하므로 서로 용서하고, 어려움을 나누는 일을 하게 됨으로써 어려운 형편에 있었던 사람들에게 소망을 주었다. 섬마을에서 세도가인 박씨 문중의 신세를 지지 않은 사람이 없었기에 그들의 변화는 많은 사람들에게 필연적으로 영향을 주었다.

특별히 많은 빚을 지고 있던 어떤 사람이 그 빚을 갚지 못하고 죽었다고 한다. 당시 거금의 빚을 갚지 못하고 죽으니 그 아들에게 승계되었다. 이에 박두병은 1917년 정월에 그 빚을 모두 탕감해주었다. 결코 쉬운 일이 아니었지만 종순일 목사 앞에서 탕감을 선언했다. 종순일 목사 자신도 홍의교회에서 개종을 하였을 때, 마을 사람들에게 빚을 탕감하여 줌으로써 맹목적으로 교회를 비판하고 박해하던 사람들을 조용하게 만들었고, 홍의교회와 강화도 선교에 결정적으로 영향을 주었던 인물이다. 그 장본인이었던 종순일 목사지만 박두병의 결정을 강요할 수는 없었다. 그런데 박두병은 모두의 기대에 부응하는 결정을 함으로써 주문도 복음화에 결정적인 역할을 하게 되었다.

주문도가 복음화 될 수 있었던 것은 이처럼 개종한 사람, 특히 이 섬의 세도가라고 할 수 있는 사람들의 개종과 변화된 모습이 많은 사람들에게 영향을 주었기 때문이다. 박씨 문중의 유력한 사람들의 개종과 함께 이 섬의 주민들은 교회에 대한 호감을 가지게 되었다. 이처럼 주문도가 유난히 복음화율이 높은 것은 우연한 일이 아니었다. 1893년에

서도중앙교회 구 예배당

基督教大韓監理會
鎭村敎會

1902년에 다시 전도가 시작되어 교회가 성립되면서 10년의 세월이 지났을 즈음 당시 주문도 주민의 75%가 교인이라는 통계는 놀라지 않을 수 없다. 하지만 이 놀라움은 당시의 것만이 아니다. 현재에도 섬 주민의 90% 이상이 신자라고 하니, 이 섬에는 술집도 노래방, 다방도 없는 것은 결코 이상한 일이 아니다.

서도중앙교회의 예배당을 처음으로 대할 때 느껴지는 것은 강화읍내에 있는 성공회 강화읍성당과 온수리성당과 너무나 흡사하다는 것이다. 그곳을 아는 사람이라면, 혹시 이곳도 성공회성당이 아닌가 하는 착각을 할 만큼 비슷하다. 아마 당시로서는 섬의 특성상 강화읍성당이 가장 이상적인 것으로 받아들여졌을 것이라는 생각을 해본다. 그렇기 때문에 이 작은 섬에서 쉽지 않은 일인데, 그 성당을 모델로 해서 건축했다는 것은 그만큼 강화읍성당이 선망의 대상이 아니었을까?

처음으로 서도중앙교회의 예배당을 보는 순간 감탄사가 절로 나온다. 어떻게 이 작은 섬에 이렇게 웅장하고 멋진 한옥의 아름다움과 품위를 느끼게 하는 예배당을 지을 수 있었을까? 고풍스러운 기와가 그

서도중앙교회 전경

역사를 말하고 있고, 한옥 구조의 팔작지붕이 품위를 더해주고 있다. 정면에서 바라보면 배의 고물과 같은 모습을 하고 있는 누각(종각)은 특별한 느낌을 준다. 누각의 모양을 하되 정면은 두 칸으로 옆면은 한 칸으로 지어졌으며, 특이하게 창을 달아 모양을 냈다. 그 모습은 사대부집의 솟을 대문 같으니, 들고나는 사람들이 출입구임을 알 수 있게 한다. 하지만 이고 있는 지붕도 아담하면서 멋을 한껏 내고 있으니, 한참이나 그 자리에서 말을 잃게 한다.

정면에서 보면 서도중앙교회의 또 다른 이름 진촌(鎭村)교회라는 간판이 누각의 처마 밑에 걸려있다. 화려하지도, 그렇다고 초라하지도 않은, 글방이나 서원에 걸려있는 작은 현판과 같은 느낌이다. 어느 누각에서 볼 수 있는 검정색 목판에 새겨진 흰색 글씨가 옛 멋을 더하게 한다. 돌멩이를 박아서 쌓은 벽채 하단부분은 기와집 벽채를 그대로 옮겨 놓은 것 같고, 정면에 네 짝의 대문은 금방이라도 "이리 오너라!"하는 소리가 들릴 것 같다. 대문 아랫부분을 받치고 있는 대리석은 이 작은 섬에서 이 예배당을 짓기 위해 얼마나 많은 수고와 희생을 했을까 하는 생각을 지울 수 없다.

구 예배당 기둥과
벽(물고기 모양)

창문에 만들어 넣은 십자가

흰색의 회벽은 정갈함을 더한다. 기와에 잘 어울리지 않을 것 같은 색깔이지만, 수수한 기와에 흰 벽채는 정결하고 단아한 맛을 더하여 준다. 어디를 보아도 십자가가 보이지 않는 옛 건물, 하지만 건물 뒤로 가면 십자가 모형을 벽면의 창문을 이용해서 만들어 놓았다. 어쩌면 눈높이에서 바라보며 생각하게 하는 배려가 아닐지? 요즘 같은 현실에서는 매우 소극적인 표현이다. 멀리서도 볼 수 있도록 십자가 탑을 올리고, 그것도 부족해서 네온을 달아 밤에도 불을 밝혀서 교회의 위치를 알리려고 한다. 그에 비하면 정말 소박한 표현이 아닐 수 없다.

이 예배당은 1923년에 건축된 것으로 기둥은 물론 기와와 마루, 벽면까지 원형을 그대로 유지하고 있다는 데 의미가 있다. 우리나라 교회에서 현재 사용하고 있는 예배당들 가운데 그 원형이 가장 잘 보존된 건물이 아닐까 하는 생각이다. 지금도 주일이면 이 교회의 교육관으로 사용되고 있는 것은 물론이고, 아름다운 예배당 건물의 모습을 잃지 않고 있다. 이 건물을 지을 때 주문도 신자들이 7,000원을 헌금하여 건축을 했다고 하니, 당시 신자들의 헌신과 희생을 짐작하게 한다.

구 예배당 내부와
강대상 단상

　　정면은 5칸 측면은 7칸의 규모로 지은 예배당은 그 내부를 들여다보면서 다시 놀라게 된다. 나무 마루가 깔려있고 예배당 중앙에 두 줄로 늘어선 기둥은 가톨릭성당이나 성공회성당을 연상하게 한다. 그도 그럴 것이 이 예배당 건축에 영향을 미친 것이 성공회 강화읍성당이라는 것은 누가 보아도 알 수 있을 만큼 닮았기 때문이다.

　　주문도에서 이러한 예배당을 만나리라는 생각조차 하지 못했다. 더욱이 1923년도에 이 건물을 짓기 위해서는 상당한 어려움이 있었을 것이라는 것은 충분히 예상할 수 있는 일이다. 건축자재가 주문도에서 공급될 수 있을 이 만무하기 때문이다. 건축에 필요한 모든 자재를 강화도에서 들여와야 했다. 운송수단이 없었던 당시로서는 달구지(우마차)가 유일한 것이었다. 나루터에서 진촌까지 두 마리의 소가 건축자재를 나르다 쓰러져 죽었다는 이야기가 전해질 만큼 어렵고 힘든 대역사였다.

　　당시로서는 이 작은 섬마을의 격에 맞지 않다고 할 만큼 큰 규모이지만, 사실 단층 건물의 단아함과 자연스러운 색상은 주변과 잘 어울

린다. 비록 한옥구조에 어울리지 않는 유리창이 달렸지만 실용적인 측면과 일제 강점기의 영향이 아니었을까. 자연을 거슬리지 않고, 조화롭게 지어진 예배당에 빠져들게 되는 것은 답사자의 마음을 기쁘게 하는 것이 아닐 수 없다.

　예배당 내부는 온수리성당에서 경험할 수 있는 것이 그대로 옮겨진 것 같다는 느낌이다. 감리교회 예배당임에도 성공회성당과 똑 같은 구조로 지어졌다. 중앙에 회중석이 있고, 두 줄로 세워진 12개의 기둥, 그리고 양쪽의 회랑이 한국 교회의 예배당에서는 볼 수 없는 구조다. 전형적인 성공회성당의 구조라고 할 것이다. 하지만 성공회교회와 같이 제단이 없다. 그리고 필요에 의해서 후에 만들었지만 강대상 뒤에 벽채에 만들어진 십자가 모양의 두 개의 창은 아쉬움이 느껴진다.

　성공회 강화읍성당과 달리 단층으로 지은 이 예배당은 전기가 없던 시대에 어두운 것이 흠이었기에 1960년대에 벽을 뚫어서 창문을 만든 것이란다. 건물에도 어울리지 않을 뿐 아니라 밝은 빛이 강대에 선 설교자 뒤에서 비치니 설교자의 얼굴이 어두워져서 매우 불편하게 되

이른 봄날 서도중앙교회 전경(사진-박형복)

었다.

이 예배당을 지었던 당시 이곳 사람들은 아마도 강화도에 지어진 성공회성당들이 가장 이상적인 것으로 받아들였을 것이라는 생각이다. 자신들의 신앙과는 관계없이 그러한 예배당을 가지고 싶었을 것이다. 그리고 그들은 자신들의 힘으로 그러한 예배당을 짓겠다는 일념으로 힘을 모았을 것이다. 순수한 신앙이라는 점에서는 아름답고 대단했다는 생각을 지울 수 없다.

예배당 내부는 마루와 함께 드러난 서까래를 그대로 살린 한옥의 멋이 다른 장식을 필요로 하지 않게 한다. 사이사이를 흰색의 회를 발라서 깨끗한 멋을 더하게 했다. 그러한 내부에 다른 어떤 장식을 한다

편액들

면 오히려 어울리지 않을 것이다. 또한 눈에 띄는 것은 편액(扁額)이 세 개가 걸려있는 것인데, 우리나라 어느 예배당에서도 접할 수 없는 특별한 것이다. 조선시대의 누각이나 정자에 걸려있는 편액이 예배당 안에도 걸려있는 것이 특별하기 때문에 그냥 지나칠 수 없게 한다.

하나는 이 교회가 운영하던 영생학교의 교사인 신원철(申元徹)과 모태정(牟泰貞)이 1926년에 지은 "영세기념사"(永世記念辭)로 교회가 힘을 모아 영생학교 교사(校舍)를 신축했다는 내용을 적은 것이다. 당시 거금 2,400원을 헌금하여 학교건물을 지었다는 것은 놀라운 일이 아닐 수 없다. 또 하나는 1927년, 당시 담임 목사였던 김성대(金成大)가 쓴 기념서(紀念書)로 윤정심이라는 전도부인이 50원을 헌금해서 예배당 종을 구입하고 그것을 기념하여 남긴 편액이다. 먼저 사용하던 종도 그의 아버지가 기증한 것인데, 사용하던 중 깨져서 소리가 나지 않아 새로운 종을 마련해야 하는 상황에서 딸인 윤정심이 기증하게 되었다는 내용이다. 하지만 일제 말기에 전쟁 물자를 조달하기에 혈안이 되었던 일본 경찰에 의해서 강제로 징발되어서 지금은 접할 수 없는 것이 되었다. 마지막 하나는 1993년 이 교회 100주년을 기념하여 당시 이 교회에 시무했던 이기삼(李起三) 목사가 지은 회두시(會頭詩)로 "서도중앙교회백주년기념축시"이다.

여니 건물에서 맛볼 수 없는 것, 아니 우리나라 어느 교회 예배당에서도 경험할 수 없는 것이 여기 서도중앙교회에서는 경험할 수 있으니, 작은 섬마을에서 한국 교회의 또 다른 일면을 보는 기쁨이란 답사자만의 것이리라.

강화기독교역사기념관

수도권에서 기독교 역사의 보고라고 할 수 있는 곳이 강화도가 아닐까. 중세와 근현대로 이어지는 한반도 역사에서도 중요한 곳이지만,

강화기독교역사기념관(2022)

조선 말기에 한반도를 둘러싸고 일어났던 전란들이 이곳에서 일어났으며, 그 과정에서 많은 희생과 아픔은 오롯이 강화도민들의 몫이 되었다. 그만큼 강화도 사람들에게 외국인은 경계와 증오의 대상이 될 수밖에 없었다.

그럼에도 불구하고 선교 초기 역사에서 강화도는 한반도 선교의 발상지라고 할 수 있을 만큼 많은 역할을 했고, 특별히 감리교회와 성공회교회에 있어서는 그렇게 표현해도 될 만큼 중요한 조선 선교의 모판이 되었다. 그러한 의미에서 강화도의 기독교 역사를 찾아보는 것은 초기 한국 교회 선교현장을 경험할 수 있는 기회가 되기에 충분하다.

강화기독교역사기념관이 코로나가 가장 성했을 때인 2022년 3월 21일 준공과 동시에 개관하여 일반인들에게 관람할 수 있게 되었다. 이 기념관은 김포에서 강화도 방향으로 강화대교를 건너자마자 우측에 자리하고 있다. 어떤 의미에서 강화도 기독교 신앙의 유산을 찾아보기 전에 이곳에 들러서 먼저 강화도의 기독교 역사와 신앙의 유산들을 살펴본 다음에 실제로 답사를 한다면, 더 많은 은혜를 받을 수 있는 기회가

기념관 입구

되지 않을까 하는 생각이다.

처음 이런 시설을 만들고자 했던 것은 강화기독교선교100주년을 맞았던 1993년에 기념사업으로 추진을 했었지만 재정적인 어려움으로 표류했던 것인데, 그 후 30년이 지나서야 완성되었다. 2020년부터 지역의 교회들이 뜻을 모아 "강화기독교역사기념사업회"를 조직하고 사업을 추진한 결과 연면적 579평으로 기념관이 완성될 수 있었다.

기념관에는 강화도 최초 기독교 복음의 전래과정과 초기 선교사역, 그리고 교회들이 설립되는 과정과 함께, 그 과정에 등장했던 역사적인 인물들, 사건들, 그리고 있었던 많은 은혜의 이야기들까지 찾아볼 수 있도록 전시와 체험을 할 수 있는 공간들까지 갖추고 있어서 찾는 이들로 하여금 배움과 함께 은혜가 넘치게 한다.

공간마다 강화도 교회들을 통해서 드러내신 하나님의 뜻과 은혜가 어떤 것이었고, 그 과정에서 응답했던 신앙의 선배들이 남긴 신앙의 유산이 어떤 것인지 보고, 확인하고, 체험하고, 고백과 결단의 길로 나아갈 수 있도록 꾸며져 있다. 그러한 의미에서 개인은 물론 교회들이

전시관 1층

신앙교육의 장으로 사용하는 것도 적극 추천하고 싶다.

꼭 그리스도인이 아니더라도 전시된 내용들이 우리나라 근대사와 뗄 수 없는 것이기 때문에 교육적인 의미에서도 충분히 활용할 수 있는 공간이다. 특별히 1층 전시장에는 근대화와 독립운동에 나섰던 이곳 강화도와 관련한 인물들과 사건들을 만날 수 있다. 예를 들어서 성재 이동휘(임시정부 국무총리, 강화중앙교회), 강화도 3.1만세운동을 이끌었던 유봉신 선생(일직교회), 더리미에서 순직한 김동수 3형제, 성공회온수리성당의 김여수 등 모두 그리스도인들이 강화도는 물론 조국의 독립을 위해서 고귀한 희생을 한 신자들이다.

기념관 1층은 기획전시실, 집회실, 사무실 외에 부대시설이 있고, 2층에는 상설전시실로 1, 2 전시실이 있고, 어린이 체험실, 그리고 수장고와 기계실 등이 있다.

에필로그

　지금까지 강화도에 뿌려진 복음의 씨앗들이 각지에서 뿌리를 내리고 역사를 잇고 있는 곳들을 찾아보았다. 섬 곳곳에 뿌려진 씨앗들은 뿌리를 내리는 과정에서 많은 어려움이 있었다. 하지만 어려움이 많은 만큼 은혜도 많았다는 것을 확인할 수 있었다. 강화도는 한반도 역사와 함께 선교 역사를 포함한 근대사의 현장이다. 이곳이 감리교회와 성공회교회의 못자리가 될 수 있었던 것도 하나님의 특별한 섭리와 간섭하심이 있었다는 것을 확인하게 될 때 놀랍지 않을 수 없다.

　1988년 해외여행 자유화가 시행되면서 우리는 해외로 동시에 그리스도인들은 성지순례를 나섰다. 프로테스탄트교회 신자들에게 있어서 성지순례의 개념은 가톨릭교회와는 전혀 다른 의미이다. 그럼에도 해외여행에 편승해서 성지순례에 나섰다. 하지만 정작 국내 여행도 제대로 경험하지 않은 채 해외여행부터 시작한 격이었다.

　지난 이야기지만 정작 우리는 수도권 근교에 이렇게 많은 신앙의 유산들이 남아있다는 것을 몰랐고 관심도 없었다. 코로나 사태가 길어지면서 해외에 나갈 수 없게 되자 국내로 눈길을 돌리게 되었고, 그리스도인들도 국내에 여행할 수 있는 곳을 찾기 시작하면서 기독교 유적지를 답사하는 데 관심을 가지게 되었다는 생각이다.

　강화도는 등잔 밑이 어둡다는 말을 실감하게 하는 역사의 현장이다. 그만큼 찾아보아야 할 곳이 많다. 사실은 아직 발걸음이 닿지 않은 곳들도 있다. 또 언젠가 기회가 된다면 기꺼이 마을마다 걸으면서 선교사들과 신앙의 선배들이 남긴 유산들을 찾아보고, 만나보고 싶은 마음이다.

2. 계양구

프롤로그

인천은 현재 우리나라 전체 도시들 가운데 세 번째(인구 중심)로 큰 도시이다. 수도권에 있는 도시로써 머지않아 모든 지표에서 부산을 추월할 것이라고 하니, 사실상 두 번째 도시가 될 것이라는 예측들이 이미 나오고 있을 만큼 대도시이다. 하지만 선교사들이 입국할 당시에는 중심이 되는 고을조차 없었다면 현재를 상상하기 어려운 일이다.

현재의 인천이라는 대도시는 1893년 개항과 함께 이어지는 식민지시대를 거치면서 전국에서 생계를 해결하기 위해서 일거리를 찾아 모여드는 사람들에 의해서 성장하기 시작했다. 또한 1945년 일제로부터 해방은 우리의 의지와는 무관하게 한반도가 38도선을 기준으로 분단되었고, 그와 함께 북한 지역에서 월남한 사람들과 여러 가지 이유와 목적으로 일제 강점기 동안 해외에 체류하던 사람들이 귀국하면서 그 중 일부의 사람들이 인천에 정착했다. 이어지는 6.25사변으로 피난민들이 집중되었고, 미군을 중심으로 하는 UN군이 주둔하게 되면서 인천 병참기지 역할을 했다. UN군과 미군의 주둔은 일자리를 제공하게 되었고, 당장 식량을 구해야 하는 사람들이 전국에서 모여들면서 성장한 도시이다.

즉 인천은 본래 도시가 형성되어있던 곳이 아니었다는 의미이다. 인천항도 본래 항구가 아니었다. 작은 어촌에 어선이 자리하고 있던 포구에 지나지 않았다. 그러므로 초기 선교역사에서 인천에 설립되는 교회들이 현재 행정구역상 집중되어있지 않고 여기저기 흩어져 있게 된 이유이기도 하다. 다시 말하면 당시에는 현재와 같이 큰 도시를 상상할 수 없었다는 의미이다.

그러다보니 두 번째로 설립된 교회가 인천의 동쪽에 자리한 담방리교회(만수교회), 그리고 북동쪽 끝에 위치한 선주지교회, 현재 인천으로 편입된 강화도의 교산교회를 예로 말할 수 있을 것이다. 도시의 중간지역에는 지금과 같이 사람들이 밀집해서 살고 있지 않았다는 의미이고 사람이 살 수 있는 지리적 환경이 아니었다는 의미이다. 주안공단 지역과 같이 현재는 도시 공간이 된 많은 지역은 간척이나 매립에 의해서 넓어진 곳이다.

따라서 인천의 기독교 역사는 도시가 처음으로 형성되기 시작한 중구와 동구에 집중되어 있고, 감리교회와 성공회가 자리를 잡게 된 강화도에 집중되어 있다. 그러한 결과 그 이외의 지역은 후에 형성된 교회들이다. 이러한 사실을 전제로 계양지역을 살펴본다면 경험하게 되는 현장에 대한 이해에 도움이 될 것이다.

부평읍교회(계산중앙교회)

제물포교회(내리교회)가 시작된 이래로 인천 지역에 복음이 확산되는 것은 아직 도시라고 할 수 없는 환경적인 요인 때문에 어려웠다고 할 수 있다. 인천은 개항 이후에 성장하기 시작한 도시이기 때문에 현재로써는 상상조차 어려울 만큼 작은 곳이었다. 따라서 중구 내리에서 출발한 복음 전파는 담방마을(현 만수6동)과 부평(현 계산동)으로 이어졌다. 인천에서 가장 서쪽에 내리, 북동쪽에 부평, 동쪽에 담방마을이 각각 위치하고 있다.

반드시 마을이 크기 때문에 먼저 복음이 전해진 것도 아니다. 오히려 그렇지 않은 경우들이 많이 있기 때문이다. 어떻든 인천에서는 중구의 내리교회에 이어서 남동구의 담방리교회(만수교회), 그리고 계양지역의 선주지교회와 부평읍교회(계산중앙교회)가 설립되었다.

하지만, 아쉽게도 부평읍에 설립된 교회 역사를 찾아보는 것이 쉽지 않다. 역사적 과정을 정리한 문서를 아직 찾지 못했기 때문이다. 자세한 역사를 발굴하는 일이 미진했고, 또한 교회들도 적극적으로 관심 가지고 찾는 노력을 하지 않은 것인지 정리된 역사를 찾을 수 없다는 것이 아쉽다.

부평읍교회 예배당(1955)〉

부평읍교회라는 이름은 생소하다. 하지만, 부평지역에서 가장 먼저 세워진 교회들인 계암(박촌)교회, 선주지교회 등과 함께 선교초기의 교회들 가운데 하나이다. 현재는 계산중앙교회라는 이름으로 그 역사를 계승하고 있다. 지역 명칭을 교회의 명칭으로 하는 것은 바람직하다. 지역 명칭이 많이 바뀌었으니 부평읍교회라는 명칭은 사용하기 어려울 것이다.

계산중앙교회는 1900년 1월 20일 이영순을 중심으로 하여 예배를 시작한 역사를 가지고 있다. 현재 계산중앙교회의 연혁에는 그 이상의 어떤 기록도 확인할 수 없는 것이 현실이라는 안타까움이 있을 뿐이다. 전해지는 사진 몇 장도 자세한 내용을 모른 채 짐작하게 하는 것뿐이다. 그만큼 교회의 역사를 정리하는 것조차도 어려웠던 것이 아닐까. 그 후 몇 차례의 예배당 건축이 있었고, 1938년 4월 28일 이경산(李敬山)기념예배당을 봉헌한 사진은 정치, 경제적으로 매우 어려웠던 시대에 예배당을 지은 것으로 의미가 크다. 또한 이경산이라는 사람이 어떤 인물인지 알 수 없지만 상당한 영향력을 주었던 인물임에는 틀림이 없으나 그 이상 알 길이 없다. 어떻든 오늘의 계산중앙교회가 있기 까지는 지금은 알 수 없고, 잊혀진 사람들과 역사를 통해서 계승된 신앙의 과정들이 있었다는 것은 분명하다.

이 사진에 담긴 교우들의 수를 보아 당시에 부평읍교회의 교세도

부평읍(현 계산중앙)교회

상당했음을 알 수 있다. 여러 가지로 어려웠던 시대인데 그만한 공동체를 형성하고 있었고, 예배당도 지을 수 있었던 것은 당시 부평읍교회의 신앙과 그 열정이 어떤 것이었는지 짐작할 수 있다.

아마 6·25동란을 겪으면서 예배처를 잃어버리는 것과 사료들도 모두 잃어버린 것이 아닌가 하는 짐작을 해본다. 동란이 끝날 무렵인 1953년 4월에는 당시 부평읍사무소에서 예배를 했다는 기록을 남기고 있기 때문이다. 이는 전쟁과 격변기를 거치면서도 신앙을 지키려고 했다는 증거임이 분명하다. 아무리 어려운 환경이라고 해도 거기가 어디가 되었든 신앙을 지키고, 하나님을 중심으로 하는 삶을 일구었던 신앙의 선배들의 모습이 그려진다. 그러나 사료가 될 만 한 것들은 모두 잃어버리고 말았다.

지금의 계산중앙교회를 찾아보면 웅장한 예배당 건물과 함께 계양산 밑에서 몇 차례 이전을 했고, 평야지대인 고속도로 부평나들목 인근에 위치하고 있다. 또한 주변에 빌딩숲이 부평평야를 대신하고 있다는 것은 과거의 부평읍내의 자취를 느껴보려는 것 자체가 어리석은 정

계산중앙교회 역사관(사진-안규석)

도가 되고 말았다.

계산중앙교회는 긴 역사를 가지고 있으나 그 역사의 자취를 확인할 수 있는 것들이 없다는 사실은 안타깝기 그지없는 일이다. 언젠가 부평읍교회의 역사를 정리할 수 있고, 신앙의 역사를 확립할 수 있는 위치를 확보하는 계산중앙교회가 되었으면 하는 것이 답사자의 바람이다.

본래 부평은 계양산 자락 남쪽에 읍내가 형성되었고, 현재 계산초등학교가 있는 곳에 관아가 있었다. 계양산 북쪽은 멀리 김포가 들녘을 중심으로 자리를 잡고 있으며, 계양산과 김포읍내 사이에 위치한 곳이 선주지와 박촌이다. 선주지는 한강으로 이어지는 수로가 발달한 곳이어서 육로가 없었던 당시로는 선착장이 있었던 교통의 요충지였다고 할 수 있고, 박촌의 경우는 계양산 자락에서 전형적인 농사를 짓는 지역이었다. 그곳에 각각 교회가 설립되었다.

선주지교회

계양지역에 가장 먼저 설립된 교회를 말할 때 설립 기점을 언제로 볼 것인가 하는 문제가 대두된다. 공적인 기준을 가지고 일관되게 적용

선주지교회 머릿돌

하면 될 것이지만, 언제나 유리한(?) 입장을 취하고자 하는 것이 일반적이기 때문에 여의치 않음이 있다. 어쩌면 그것은 이 지역만의 문제는 아니다. 전국에서 같은 문제로 다툼이나 이견이 있어서 정확하게 말하지 못하는 경우들이 많이 있다.

근본적인 것은 차치하고 사실로만 말하자면 선주지교회의 역사는 출발과 단절이 있었고, 다시 역사를 이어서 오늘에 이르고 있다. 따라서 무엇을 기준으로 할 것인가에 따라서는 시작점이 달라질 수 있다는 의미이다.

선주지교회의 출발점에는 1896년 내리교회 이영순 속장이 굴재(당산면 굴재)의 자기 집에서 성경반을 운영하면서 예배(굴재공동체)를 드린 것이 효시이다. 이때 이영순은 무급으로 전도부인의 역할을 하면서 굴재공동체를 이끌었다. 하지만 1900년 이영순 속장이 부평읍(계산동)으로 파송되어 그곳에서 새로운 공동체를 형성하는 일에 전념하게 되면서 굴재공동체는 흩어지게 되었다. 따라서 부평읍교회(현 계산중앙교회)는 1900년 1월 20일 이영순 속장이 예배를 인도하면서 시작된 역사를 가지고 있다.

이 과정에서 1899년부터 선주지 사람으로서 굴재공동체에 출석하

선주지교회 전경

던 김윤삼이라는 이가 있었다. 그런데 1899년 말 굴재공동체가 흩어지는 상황에서 일부의 사람들과 뜻을 같이하여 굴재공동체에 동참하던 신자들이 선주지로 옮겨서 김윤삼의 집에서 예배를 드리기 시작했다. 이어서 김윤삼은 선주지의 신자들을 중심으로 힘을 모아 1902년 자력으로 8칸 규모의 예배당을 지었다. 이렇게 볼 때 선주지교회의 시작이 1896년으로 볼 것인지, 1899년으로 볼 것인지 하는 의견이 있다.

이렇게 시작된 선주지교회는 형성되는 과정에서 보여준 당시의 상황은 놀랍다. 굴재공동체에 모인 인원이 1898년 성탄절에 52명이었고, 이 공동체가 흩어지게 되는 1899년 말경 주변의 7개 마을에 64명의 신자가 있었다고 하니, 적지 않은 사람들이 굴재공통체에 모이고 있었다는 의미이다. 또한 그 중에서 선주지로 옮겨온 신자들을 중심으로 새롭게 시작하여 1902년 예배당을 마련했을 때는 이미 입교인 22명, 학습인 135명 등 총 157명이나 되었다고 하니 놀라운 일이 아닐 수 없다. 그리고 이때부터 굴재공동체라는 말은 사용하지 않고 대신 선주지교회로 명칭을 사용하게 되었다.

그렇다면 굴재공동체를 그대로 교회로 세웠어야 하지 않았을까?

그런데 왜 굳이 이영순 속장을 부평읍으로 옮기게 했을까? 혹 옮겨야만 했다면 굴재공동체를 살리는 일이 선행되어야 하지 않았을까? 등의 생각을 하게 된다. 알 수 없지만 결과적으로는 부평읍교회가 세워지고, 이렇게 시작된 선주지교회는 또 새로운 지역에서 복음의 전진기지로써 역할을 감당할 수 있게 되었으니 선한 열매가 아닐까.

권신일 목사

1902년 예배당을 마련하고 김현도 전도사가 부임하여 선주지교회를 이끌었으며, 1903년 정시몬 전도사, 1904년 방족신 전도사, 1907년 권신일 전도사 등이 이어서 선주지교회를 맡아서 목회를 했다.

황어장터 3.1만세운동과 선주지교회

선주지교회 지척에 황어장터가 있다. 이곳은 1910년대에 장날이면 잡화, 곡물이 대량으로 거래되었고, 특히 우시장이 컸기 때문에 하루 500~600두의 소가 거래될 정도였다고 한다. 장날이면 장꾼이 1,000여명에 달했다고 하니 황어장의 규모를 짐작할 수 있다.

황어장터 3.1만세운동기념비

그렇기 때문에 이곳에서 일어난 만세운동은 파급력이 컸다. 황어장에서 만세운동이 일어난 것은 1919년 3월 24일 오리울의 청년 심혁성(32세)의 선창으로 촉발되었다. 장에 모인 사람들이 모두 대한독립만세를 외치면서 시위를 했다. 이 과정에서 일본 경찰과 만세 시위대와의 충돌이 있었고, 또한 희생자가 나왔다. 선주지 사람 이은선이 경찰의 칼에 현장에서 즉사했다. 이 사건을 계기로 계양면의 여러 마을에서 주민들과 천도교인들, 선주지교회 성도들이 가해자 처벌을 요구하면서 경찰서와 면사무소 앞에서 시위를 했다.

황어장터3.1만세운동기념관

이은식 권사

황어장터에서 있었던 만세운동에 참여한 선주지교회 신자들 가운데 이은식, 김영권, 박문칠, 전원순 등은 체포되어서 징역을 살았거나 도망쳐 숨어서 살았다. 이들의 삶은 피폐할 수밖에 없었다. 옥고를 치르는 과정에서 어려움도 컸지만, 가족들 또한 늘 감시를 받고 죄인 취급을 받아야 하는 고통의 나날을 살아야 했다. 그 중에서도 이은식은 선주지교회 권사이면서 동시에 황어장터3.1만세운동 현장에서 순직한 이은선, 2년간 투옥되었던 이담 등은 모두 전주이씨 일가로서 종가(宗家)였다. 따라서 이은식과 선주지교회 신자들은 일본경찰의 감시 대상이었다.

교회적으로도 어려움을 당했다. 우선 3.1만세운동 이후에 교회는 6개월 동안 아예 예배를 드릴 수 없었다. 그러다가 주일 낮 한 시간만 허락을 받고 겨우 예배를 드릴 수 있었다. 저녁집회는 물론이고 새벽 기도회도 가질 수 없었다.

이은식 권사는 1905년경에 신자가 되었는데, 현재 선주지교회가 자리하고 있는 터(선주지리 112-1)인 밭 282평을 예배당 대지로 봉헌했고, 이 터에 1954년 석조예배당을 지어서 오늘에 이르고 있다.

계암교회(박촌교회)

19세기말 조선의 현실은 풍전등화와 같았다. 특히 동학혁명(1894~1895)과 청일전쟁(1894~1895)이 같은 시기에 기간만 조금 달리 일어나면서 국권이 크게 흔들리는 상황이 되고 말았다. 이것은 조선이 몰

박촌교회 설립50주년 감사예배(1948)

락하는 과정이었으며, 동시에 새로운 시대가 열리는 계기이기도 했다. 이러한 상황에서 일제에 저항하기 위한 몸부림이 의병이라는 이름으로 각처에서 일어났지만 이미 기울어진 국운을 회복시키기에는 역부족이었다.

이러한 시대적 상황에서 기독교의 복음은 사람들의 마음에 파고들었다. 1897년경부터 담방리(만수)교회를 세운 복정채 전도사와 나인태 청년이 이 지역에 찾아와서 복음을 전했다. 또한 내리교회에 속한 김기범이 제물포구역 순회 전도인의 신분으로 이 지역에 와서 복음을 전했다. 그러니까, 복정채, 나인태, 김기범이 계암지역 최초의 전도인들이라고 할 수 있다.

그 과정에서 박촌에 사는 박선익이 자원하여 자신의 집(박촌리 92)에서 박촌리기도처를 마련하고 마을 사람들과 함께 예배를 드리는 것이 이 교회의 시작이다.

박선익은 본래 창덕궁 무관으로 일하던 사람인데, 그의 고향인 이곳 박촌으로 낙향한 사람이다. 그런데 그가 개종함과 동시에 부인과 수양 어머니까지 예수님을 영접했다. 그가 낙향하였을 당시 박촌에는 교회가 없었는데, 어떤 계기로 김포읍 북변리 어느 집에서 모이는 장로교 공동체(이것은 김포제일교회의 모체로 짐작됨)에 참석하게 되었다. 그 후 본인만이 아니라 가족들은 물론이고, 이곳 박촌 사람들 가운데서도 개종하여 동행하게 되었다. 이렇게 볼 때 박촌교회가 설립되는 과정에서 초기 신자들은 김포제일교회, 즉 언더우드 선교사에 의해서 설립된 공동체에 그

박촌교회 설립 주역
박선익 전도사

박촌교회 주일학교 수료식(1942년)

뿌리가 있다고 추측할 수 있다.

그리고 박촌에서 개종하는 사람이 많아지자 박선익은 그들과 함께 박촌에서 따로 예배를 드리기 시작했다. 그것이 1899년 4월 8일이었으며, 현재 박촌감리교회의 시작이다. 그렇다고 박선익이 교회에서 특별한 직분을 받은 것은 아니었다. 하지만 그 자신이 먼저 예수님을 믿고 난 후 아마도 은혜에 충만해서 직분이 없으면서도 하나님께 예배하는 기쁨으로 공동체를 이끌지 않았을까? 모일 때마다 음식으로 섬겼고, 열심히 복음을 전하는 일도 게을리 하지 않았다. 다만 이 과정에서 박선익은 어떻게 김포에서 독립된 박촌 공동체를 만들 때 감리교회와 관계를 갖게 되었는지에 대한 사실은 풀어야 할 과제이다.

그 후 1912년 사재를 털어서 박촌리 92번지에 6칸 규모의 예배당을 마련했다. 사실상 평신도 지도자로서 공동체를 이끌면서 1919년 황어장터에서 일어난 3.1만세운동에도 참여하면서 시대를 이끄는 것이 쉽

계암교회60주년기념(1960)

지 않은 일이다. 그렇지만 그는 교회를 이끎에 있어서 진심이었고, 1922년에 이르러서 전도사가 되었을 때는 이미 그의 나이 54세였으니, 당시로서는 노년에 이르러서였다. 이는 그가 평생 복음을 통해서 살고자 하는 진심어린 신앙을 보여주었다고 할 수 있을 것이다. 그러한 의미에서 박촌교회를 찾았을 때 박선익에 대한 기억은 꼭 해보아야 할 것이다.

한편, 박촌교회는 6.25사변을 겪으면서 특별한 고통을 이겨야 했다. 이것은 박촌교회만의 일은 아니었지만, 특별히 인천 지역에서 교회가 겪은 특별한 경우였기 때문에 박촌교회를 찾을 때는 숙연한 마음이 든다. 1951년 1.4 후퇴 당시 이 교회 담임 김연호 목사는 신자들 일부를 인솔해서 제주도로 피난을 갔다. 그 기간 동안 예배당은 공산당원, 보도연맹원들에 의해서 황폐화되었다. 그 과정에서 공산당원에 동조할 수밖에 없었던 사람들이 있었고, 그런 이들 중에서는 숨어서 지냈던 이들도 있었다.

몇 개월 지나지 않아서 유엔군에 의해 다시 수복이 되면서 숨어서 지냈던 신자들도 나왔다. 그 중에 한 사람이 이 교회의 조임술 집사였다. 그는 수복과 함께 교회를 복구하는 것을 최우선으로 했다. 피난을 갔던 사람들도 돌아왔다. 하지만 이때부터 고통이 시작되었다. 공산당에 동조했던 마을 사람들과 교인들이 검거되면서 상호불

조임술 장로(사진:계암교회110년사)

신이 생겼고, 증오가 커지면서 전쟁의 2차 피해가 있을 수밖에 없는 상황에 직면했다. 이때 조임술 집사를 계양면 지도자로 세우고 사실상 면 행정을 맡겼다. 그런데 문제는 그가 해야 하는 일 가운데 가장 큰 것이 소위 부역자를 색출하는 일이었다.

하지만 그는 군인에 의한 색출이 아니고, 경찰권이 회복되면 절차에 따라서 해야 한다고 하면서 군인들의 강력한 요구에도 굴하지 않고, 힘이 없어서 억울한 일을 당해야 하는 또 다른 희생을 막기 위해서 끝까지 응하지 않음으로써 무고한 생명들을 구해냈다. 조임술 집사의 신실함과 생명을 존중하는 믿음은 박촌교회만이 아니라 이 지역 사람들의 생명을 지켜냈다. 그는 후에 이 교회 장로가 되어 당시의 상황에 대해서 "그 당시 교회가 당한 수난의 모습들을 생각조차 하고 싶지 않을 뿐 아니라, 교회와 성도들에게 은혜가 안 되겠기에 언급은 생략한다."고 마지막 까지 자신이 알고 있는 사실을 침묵함으로써 더 이상 또 다른 희생자를 만들지 않을 수 있었다. 전쟁의 참상과 2차로 가해지는 말할 수 없는 고통을 혼자서 가슴에 묻음으로써 다른 사람들에 위로와

계암교회 100주년기념

소망을 가지게 하는 길을 선택한 그의 마음은 얼마나 힘들었을까 하는 생각을 하게 된다.

휴전이 된 후 조임술 집사는 1천여 평의 농지를 예배당 지을 부지로 하나님께 드림으로써 교회가 성장할 수 있는 터를 마련했고, 그 자신은 1958년 장로로 임직을 받아서 이 교회의 초석의 역할을 다했다. 처음에 박촌교회라(1899)는 이름으로 시작해서 1959년까지 사용하다가 1959년 계암교회로 이름을 바꾸어서 현재까지 사용하고 있다.

에필로그

　현재 계양구는 기본적으로 과거 인천 북구 지역이 인구가 늘어나 분구되면서 북구가 없어지고, 계양구와 부평구로 나뉘어졌다. 경인고속도로를 기준으로 북쪽이 계양구, 남쪽이 부평구로 생각하면 될 것이다. 그만큼 인구가 많이 늘어나면서 도시가 커진 결과이다.

　계양구는 계양산을 중심으로 남,동,북쪽에 형성된 도시라고 할 수 있다. 인천에서는 일찍 복음이 전해진 곳이지만 중구를 중심으로 보면 가장 변방에 위치한 곳이었기 때문에 과거에는 한산한 곳이었고, 인천에 속했지만 김포나 서울문화권에 가깝다고 할 수 있다.

　따라서 선교 초기에 형성된 신앙의 유산들도 상대적으로 많지 않은 것도 사실이다. 그렇지만 이 지역에 남겨진 신앙의 유산은 귀한 것들이다. 비록 그 자취가 많이 남겨진 것은 아니지만 선조들이 남긴 신앙은 여전히 우리에게 울림을 준다.

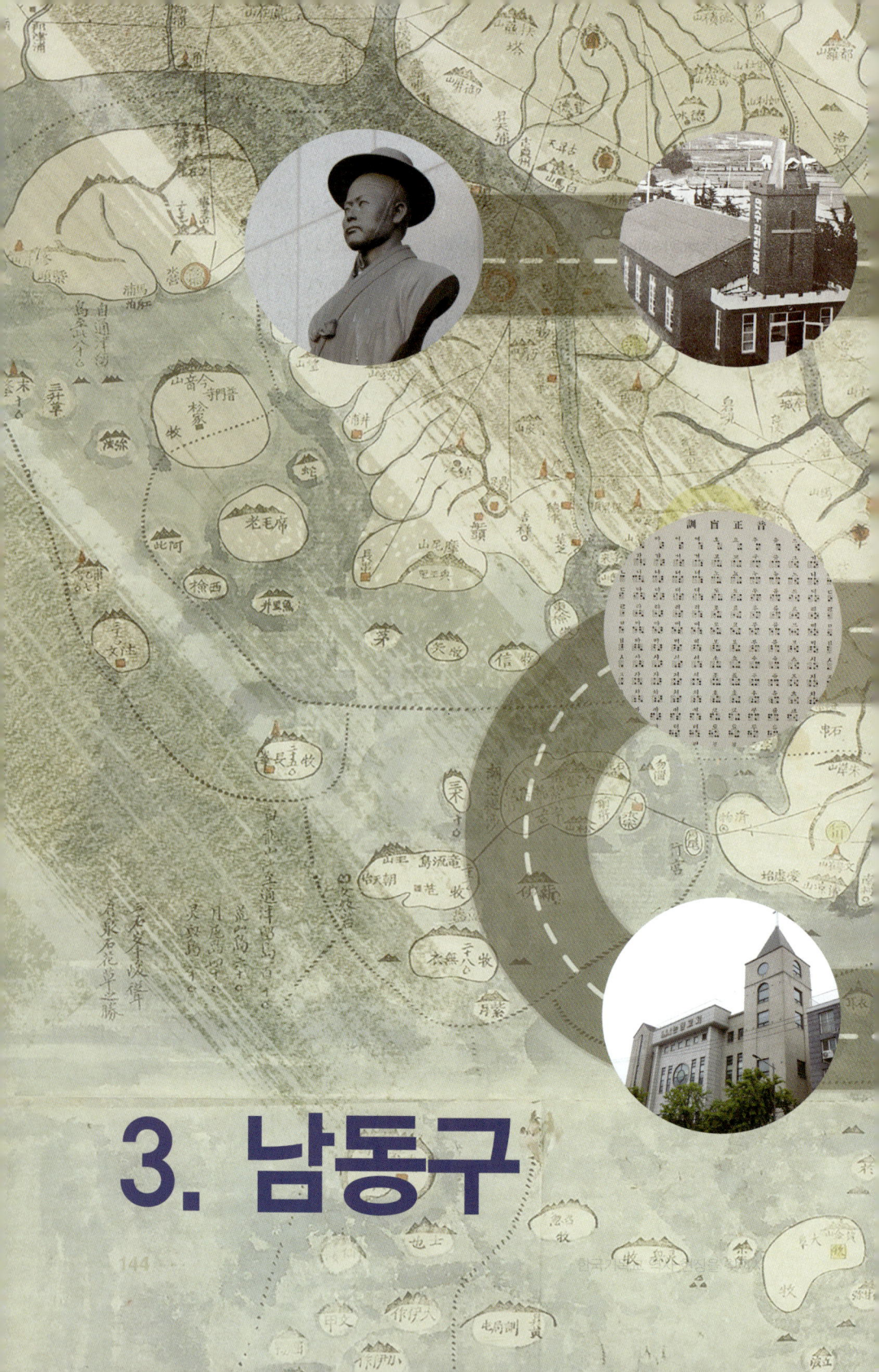

3. 남동구

프롤로그

　　지역마다 지명이 만들어지는 과정에서 일제 강점기의 영향을 받았고, 그것이 오늘날까지 이어지는 경우가 많다. 대부분의 대도시는 시청을 중심으로 동서남북 방위에 따른 명칭, 즉 중구, 동구, 서구, 남구, 북구 등으로 표현하는 행정구역은 모두 일제 강점기에 편리상 만들어진 명칭들이라고 할 수 있다.

　　인천의 경우도 다르지 않다. 따라서 근년에 남구가 미추홀구로 명칭을 바꾸었고, 중구와 동구는 2026년부터 제물포구로 바뀌게 된다고 한다. 하지만 남동구의 경우는 조선말(1896) 조동면(鳥洞面)과 남촌면(南村面)이 이 지역이었는데, 1914년 부천군이 만들어지면서 이때 두 면의 명칭 가운데 한자씩 선택에서 남동면(南洞面)이라 칭하게 되었다가 부천군과 인천시의 행정구역이 조정되면서 인천시에 편입되었고, 다시 인천이 직할시로 승격되면서 1988년에 시세 확장과 함께 남동구라는 명칭을 살려내서 오늘에 이르고 있다.

　　이 지역은 지리적으로 제물포항이 있는 중구에서 볼 때 동쪽 끝에 자리한 곳이다. 또한 인접한 시흥시와 경계를 이루고 있는 곳이기 때문에 구도심에서는 가장 먼 곳이다. 그런데 이곳에 인천의 두 번째 교회가 세워지는 것은 왜일까?

만수(담방리)교회

담방리교회(현 만수교회)

　인천 지역은 1893년부터 시작된 감리교회와 장로교회 선교부가 맺은 선교지 분할 협정에 따라서 감리교회가 선교구역으로 확보한 지역이다. 따라서 해방 이전까지는 인천 지역(1995년 인천으로 편입된 백령도를 비롯한 일부 도서지방은 장로교회 선교구역이었음)에 설립된 장로교회를 찾아볼 수 없었다는 것을 이해하는 것도 인천 지역의 기독교역사를 이해하는데 도움이 될 것이다. 따라서 해방 이전까지는 인천에 장로교회가 전혀 없었다는 것을 이상하게 생각해서는 안 될 일이다.

　담방리교회(만수감리교회)는 역사적으로 인천 동부지역과 시흥시 일부의 모(母)교회이다. 그런데 이 교회는 당시 담방마을에 살고 있던 복정채(훈장)가 황해도 해주에 다니러 갔다가 그곳에서 선교사에게 복음을 받아들이게 된 것이 그 시작이다. 그것이 1890년경이라고만 알려졌는데, 그는 마을에 돌아와서 자신이 가르치고 있는 서당의 학동들에게 성경과 기도를 가르쳤다고 한다. 따라서 담방리에 복음이 전해진 루트는 구도심에 자리한 내리교회로부터가 아니다. 그렇지만 복정채의 신앙생활과 지속적인 성장에 있어서는 내리교회와 관계는 필연적이었다. 어떻든 그가 복음을 받아들이고 개종한 사건은 그 자신에게 결정적으로 많은 손해와 어려움이 닥쳐왔다. 즉 마을 사람들은 아이들을 서당에 보내지 않게 되었으며, 서당은 결국 문을 닫고야 말았다.

**담방리교회 설립주역
복정채 흉상**

하지만 복정채는 가족들과 처가, 그리고 복음을 영접한 몇 사람을 모아서 자신의 집에서 예배를 드리기 시작했다. 그러다가 존스 선교사가 인천에 주재하게 되면서 제대로 된 가르침과 예배가 아쉬웠던 신자들은 새벽밥을 지어먹고 선교사가 목회하고 있는 제물포교회(내리교회)까지 가서 예배를 드렸고, 존스 선교사에게 지도를 받으면서 신앙생활을 이어갔다. 또한 존스 선교사의 사역에 동참하여 복정채는 전도인 역할을 감당함으로 감리교회 선교에 있어서 탁월한 역할을 이어가면서 여러 지역에 전도인으로서 그의 발자취가 남아있다. 하지만 그에 대해서 더 이상 알려진 것이 없어서 아쉽다.

이 교회는 설립 년도를 1896년으로 지키고 있다. 그것은 복정채에 의해서 시작된 공동체가 정식으로 교회로 설립한 것을 의미하는 것으로 이때 제물포(내리)교회는 담방리교회의 예배처소를 마련하도록 하기 위해서 10엔을 연보하였다고 한다. 그 돈으로 예배당을 마련한 담방리교회는 불과 3년이 지난 1899년에 이르러서 114명(세례교인 27명 원입교인 92명)의 신자들이 공동체를 이룰 만큼 크게 성장했다.

이때 담방리교회의 신자들은 단지 담방마을에 사는 사람들만이

옛 만수교회
(1976~1990)

아니었다. 복음을 전해들은 갈급한 영혼들이 인근각처에서 모여들었기 때문이다. 현재의 시흥시 미산동, 신천동, 안산시의 안산동, 인천 남동구 고잔동, 남촌동, 수산동, 장수동, 구월동 등지에서 몰려왔다. 멀리는 50리 밖에서부터 찾아온 신자들이 모인 교회이다. 그리고 훗날 그 지역마다 담방리교회에 출석하던 신자들이 중심이 되어서 교회가 세워졌으니, 남동구 지역은 물론이고, 시흥시 일원에 1900년 초기에 세워진 교회들 대부분 이 교회와 역사적 뿌리를 같이 하고 있다고 할 수 있다.

예를 들면 해방 이전에 세워진 교회로 시흥시 미산교회(1900), 방산교회(1909), 신천교회(1916), 매화교회(1910), 그리고 안산시의 안산교회(1901), 남동구의 고잔교회(1904)등 이다. 해방 이후에 세워진 교회는 남동구의 남촌교회(1947 현 남촌장로교회), 오봉산교회(현 도림사랑교회), 수산교회(1948), 구월교회(1951), 장수교회(1955), 서창교회(1978), 등이다. 이렇게 담방리교회는 현재의 시흥시와 안산시의 일부를 포함하는 인천동부 지역의 선교거점으로써 역할을 감당해왔다.

송암 박두성의 묘

담방리교회(만수교회)에서 멀지 않은 곳에는 또 하나의 특별한 곳이 있다. 인천뿐만 아니라 대한민국 국민이라면 기억해야 할 한 인물이 잠들어있는 곳이다. 인천이 낳은 한국기독교회사와 한국 현대사의 인물들 가운데서 남동지역에서 만날 수 있는 것이 송암 박두성 선생의 묘지이다. 송암 선생하면 일반인들이 잘 알지 못한다는 아쉬움이 마음을 무겁게 한다. 특별히 그리스도인들조차도 그의 이름을 기억하지 못하는 것은 더욱 아쉬움으로 남는다.5)

박두성 선생

그러나 우리나라 시각장애인들에게 송암 선생이 없었다면, 그들의 오늘은 여전히 문맹인의 모습이었을지도 모른다. 아니면 매우 어려운 외국 수화를 사용해야 하지 않았을까. 선생은 우리나라 최초로 한글점자를 창제하고 보급하는 일에 평생을 받쳤고, 마지막까지 시각 장애인들의 인권과 복지를 위한 삶을 살았다. 해서 시각장애인들은 선생을 세종대왕이라는 호칭을 사용하여 부르고 있다.6) 이에 많이 늦었지만 문화관광부가 2002년 4월의 문화인물로 선생을 선정하여 그를 기억하고자 했다.

---

5) 송암 선생과 관련해서는 미추홀구의 송암 도서관(기념관)과 강화군 교동면 생가를 답사하면서 함께 찾아볼 수 있으니 각각 참고할 수 있으면 좋겠다.
6) 인천일보, 2000. 5. 10. p. 5.

송암 박두성 선생 묘원

이제 그가 잠들어 있는 곳을 찾아가보려고 한다. 그가 잠들어 있는 곳은 현재의 남동구청에서 소래 방향으로 가다가 첫 번째 신호등에서 우회전하면 수산동 경신마을 있다. 그 마을로 우회전해서 들어가다 보면 우측 야산 기슭 양지바른 곳에 자리한 작은 공동묘지가 있다. 그 묘지들 맨 위쪽을 보면 조금 다른 모양의 비석이 세워져있는 묘지가 보인다. 그것이 송암 선생의 묘이다.

송암 선생은 우리나라 시각장애인들의 눈이 되기를 자처하여 평생을 그들과 함께 하는 삶을 살았다. 선생은 본래 강화도 교동면 상룡리(달우물)에서 태어나 일제 강점기에 한성사범학교를 졸업하고(1910), 1913년 제생원 맹아부에 근무를 하게 되면서부터 점자를 알게 되었고, 한글점자의 필요성을 느끼게 되어 그때부터 한글점자 창제와 함께 그것을 보급하는 일과 시각장애인들을 위해 평생을 받치는 삶을 살았다.

1926년 11월 4일은 그의 노력의 결실을 맺은 날이다. 즉 이 날 훈맹정음(訓盲正音)을 반포함으로써 시각장애인들에게 우리글을 읽고 쓸 수 있도록 했다. 또한 성경을 비롯해서 시각장애인들의 의식세계를 넓히는데 필요한 책들을 점역하는 일을 평생에 걸쳐서 감당했다. 글을 읽

박두성 선생 추모비와
문화관광부 이달의 인물
선정비(2002년)

을 수 없고 쓸 수 없었던 시각장애인들에게 배움의 길을 열어주었으며, 인간으로서 자기 의견과 생각을 문자로 전달할 수 있는 능력을 가지게 했다.

해방 이후 정부수립과 함께 1949년에는 그가 창제한 점자가 시각장애인들의 공식 언어로 국회의 승인을 받음으로써 한글 점자가 시각장애인들의 문자로 공식화되었다. 이러한 그의 시각장애인들과의 삶은 1963년 8월 25일 별세함으로써 다하게 되었다.

특별히 송암 선생이 점자에 몰두하게 된 것은 시각장애라는 것 때문에 갇혀있을 뿐 아니라, 영적으로도 하나님을 모르고 절망 가운데 있는 장애인들이 신앙을 가질 수 있도록 돕기 위한 것이 동기가 되었다. 해서, 한글점자를 창제한 이후 그는 바로 성경을 점역(點譯)하기 시작해서 1931년 마태복음 점자본을 완성하는 것을 필두로 1936년에는 찬송가를 점자로 옮겼다. 잠시 인천영화학교 교장으로도 취임을 했었으나(1936) 3년 만에 사임을 하고 성경을 점역하는 일에 전념하면서 일제 말기를 보냈다. 해방을 맞아서 1948년에 신약을 완역했고, 1957년에는 구약까지 직접 완역함으로써 시각장애인들이 성경을 읽을 수 있는 길을 열어주었다. 이렇게 그가 성경을 완역하는데 걸린 시간은 20년이었다. 일제 강점기 말에 한글 말살 정책이 강행되는 과정에서도 "눈은 못 떠도 배워야 산다"는 선생의 의지는 한글점자 교육을 막지 못했다.

한글점자
- 출처(국립한글박물관)

그의 마지막 유언은 "음 ~ 점자책은 쌓지 말고 세워서 꽂아···!"이었다고 하니, 그의 생애는 오직 시각장애인들과 함께 하는 것이었음을 충분히 알 수 있다. 그는 독실한 신자로서, 교육자로서, 그리고 시각장애인들을 위한 봉사자로서 아름다운 삶을 완성한 사람이다. 하지만 그를 기억하는 이들이 많지 않음은 매우 아쉬운 일이다.

기회가 있을 때마다 송암 선생의 묘지를 방문하지만 갈 때마다 아쉬움이 크다. 이제는 새로운 묘지가 조성되지 않는 오래된 공동묘지다 보니 전혀 관리가 되지 않기 때문이다. 물론 추석을 앞두고 유족들에 의해서 벌초는 되지만 주변이 관리되지 않다가 보니 접근할 수 없는 경우가 많다. 최소한 추석을 지난 후라야 방문이 가능하다는 의미이다. 국민적으로 기억해야 할 분인데 찾는 이가 없으니, 인천 사람들의 경우도 선생을 아는 이들이 지극히 제한적이고, 선생의 묘가 지척에 있지만 방문조차 어려운 것이 현실이다.

지난 번 송암 선생을 소개하는 방송프로그램을 만들 때에도 카메라가 올라갈 수 없어서 시도만 하다가 끝내는 묘지를 담을 수 없었던 기억은 못내 아쉬운 마음으로 남았다.

순교자 김규흥 장로

송암 선생의 묘지에서 소래포구로 가자면 포구 가까이에 있는 교회가 논현감리교회이다. 이 교회는 역사적으로 오래지는 않지만 포구의 변천과 함께 형성된 공동체로 기억되어야 할 신앙의 선배가 있다.

지금은 수도권에서 생선을 잡아오는 배를 직접 만날 수 있는 몇 곳 중에 하나로 가장 널리 알려진 곳이 소래포구이다. 그런데 인천에는 소래라는 지명이 없음에도 포구명은 소래이니 왜일까? 본래 이 포구는 더 내륙으로 들어가서 지금의 시흥시 포동(새우개)에 형성되었던 것인데, 일제 강점기에 조선총독부가 1935년부터 1937년까지 염전을 만들면서 제방을 축조하고 수로를 건너기 위한 다리를 놓으면서 어선들이 포동까지 들어갈 수 없게 되었다. 따라서 포동에 선적을 가지고 있는 어선들이 지금의 소래포구로 나오게 되는데 명칭은 그대로 소래로 부르게 된 것이다.

멀리 해상에서 내륙을 바라보면 소래산이 이정표가 되기 때문에 배들은 소래산을 기준으로 항해했고, 포동은 행정구역상 소래면에 속한 리(里)였다. 그러한 의미에서 논현동에는 소래라는 지명이 없지만 포구명은 소래이고, 지금은 그곳이 개발되면서 소래초등학교도 생겼다. 그곳에 있는 논현교회를 찾아가는 길은 남동구청에서 소래로를 따라가다가 포구를 앞두고 우회전하면 된다.

인천의 기독교 역사에 있어서 잊어서는 안 될 김규흥(1897-1950) 장로의 순교의 자취를 찾아가는 길이다. 사실 그의 순교에 대해서 알고 있는 이들이 많이 없는 것이 현실이다. 인천 지역에서도 그가 순교자로 기억되지 못하고 있는 것이 아쉽지만, 분명히 그는 6·25동란의 와중에서 순교의 피를 흘린 인물이다. 다만 그가 처형되는 과정에서 직접 어떤 상황이었는지를 알 수는 없다. 그러나 그가 논현교회를 설립하는 과정에서 중요한 역할을 한 사람으로서, 또한 지역의 유지로서 공산군에 의해서 체포되었고 처형된 것은 사실이다.

김규홍
- 출처(순교자기념관)

그가 신앙을 가지게 된 것은 지주인 아버지가 병중에 예수님을 영접하고 기쁨으로 살아가는 모습과 성경의 진리를 접하면서였다. 그는 영신학교와 배제학교를 졸업하고 아버지를 도우면서 살던 중 19세 때 아버지를 여의었다. 그는 독자였기 때문에 문중으로부터 제사를 강요받았지만 거부함으로써 고난을 자초했다. 결국, 문중으로부터 종손자격을 빼앗기고 농토까지 모두 빼앗긴 채 쫓겨나야만 했다. 문중에서 쫓겨난 그는 협성신학교에서 2년간 공부를 하다가 사업을 하여서 크게 성공하게 되었고, 나름 재력을 가지게 됨으로써 문중의 박해를 이길 수 있었다.

그는 일시 거모리교회(현 군자감리교회)에서 설교하면서 사재를 털어 인근의 월곶과 고잔 등에 교회를 세우기도 했다. 그렇게 어려운 상황에서도 인근에 있는 오이도를 통해서 중국에서 활동하는 독립군을 위한 군자금을 조달하는 일도 했다. 또한 독립을 위해서는 백성이 무지에서 깨어나야 한다는 확신을 가지고 교회에 야학을 개설해서 청년들과 부녀자들을 가르치는 일을 했다. 그리고 협동조합을 조직해서 무지로 인해서 자립하지 못하는 농민들을 깨우치고 경제적으로 돕는 일을 하기도 했다. 당연히 일본 순사들의 감시가 심해지고 자주 연행돼서 심문을 받아야 했다.

결국, 그는 감시를 피해서 잠시 인천의 논현동으로 거주지를 옮겼

논현교회

다. 하지만 그의 신앙은 시흥의 거모리까지 오가기를 마다하지 않았다. 꽤나 먼 길이지만 걸어다니면서 신앙을 지켰다. 그는 해방과 더불어 자신의 피난처였던 논현동에 1947년 지금의 논현감리교회를 세우게 되었다. 당시 논현교회가 있던 곳은 작은 어촌이었다. 길도 멀고 찾는 이들조차 많지 않은 곳이었다. 하지만 포구가 있고, 일제에 의해서 조성된 소래염전과 군자염전에서 생산된 소금을 반출하기 위해서 모아놓는 창고가 있었고, 그 소금을 소래역을 통해서 실어갔다. 뿐만 아니다. 수여선(水驪線) 철도를 만들어서 여주 이천 지역에서 생산되는 최고의 쌀을 일본으로 실어가기 위한 중간 기착지가 소래역이었다. 그렇기 때문에 이곳에는 외지에서 노동자들이 몰려들어서 가난하지만 많은 사람들이 사는 곳이었다.

따라서 김규흥 장로는 이곳에 교회를 세우고, 이 지역을 기반으로 활동을 하게 되었다. 그의 인품이나 활동을 주민들이 이미 알고 있는 터라 동장으로 추대를 받아 지역을 위한 봉사까지 해야 하는 바쁜 생활을 하던 중 6·25라는 동란을 맞았다.

일제에 대한 항거와 해방 후에는 건국을 위한 봉사, 지역민들을 위해서 곳곳에 교회를 세워서 복음 전하는 일과 계몽하는 일을 해왔던 그는 공산당에게 협력할 수 없었다. 따라서 공산당에 협력을 거부하자 남침한 인민군과 지역 공산주의자들에 의해서 1950년 아내인 안재선 권사와 함께 연행되었다. 연행되는 도중에 안 권사를 도망시켰고, 김 장로는 동인천내무서에 구금되었다. 그리고 8월 19일 그곳에서 처형당했다. 그의 시신을 인수한 그의 사위(정운상 목사)의 증언에 의하면 김 장로는 정수리에 관통상을 입어서 사망했다고 하니 총살형을 당한 것임을 알 수 있다.

이렇게 논현교회와 그 주변의 교회들이 그의 손에 의해서 설립되었다는 사실과 그의 고향마을(현 시흥시 정왕동 죽률)에는 그의 존재와 순교를 기억하는 이들이 기념예배당을 짓고 지금도 그 신앙을 계승하고 있다. 필자가 처음 발굴했을 당시(2000년 경)만 하더라도 묘지와

순교자기념관에 있는
김규흥의 순교기념비

기념교회가 같은 장소에 있었지만 지금은 택지개발과 함께 모두 옮겨진 상태이다.

김 장로는 서울에 있는 미션스쿨로 유학을 가서 공부를 하면서 자연스럽게 기독교 신앙에 심취하게 되었고, 일찍이 정치적 사회적인 물정을 깨닫게 되면서 자녀들을 신앙으로 양육하려고 했고, 어려운 가운데서도 서울로 학교를 보내어 지도자들로 키웠다. 하지만 그렇게 키웠기 때문이었을까? 자녀들은 이화여전, 연희전문을 나와 일본제국주의자들이 우리말을 사용하지 못하도록 했을 때 한글을 가르치고 계몽운동을 하다가 일본순사들에게 끌려가 심하게 매를 맞아 골병이 들어 천수를 다하지 못하고 죽음을 당했다고 하니 무엇이 옳은 것인지 고민을 하게 된다. 그러한 선인들이 있었기 때문에 오늘의 우리가 있음을 잊지 말아야 할 것도 다짐하게 된다.

그러나 그의 흔적을 논현교회에서 찾아볼 수 없다는 것은 아쉬운 일이다. 답사자로서 논현교회를 돌아볼 뿐이다.

김규흥 장로의 설교 노트(순교자기념관)

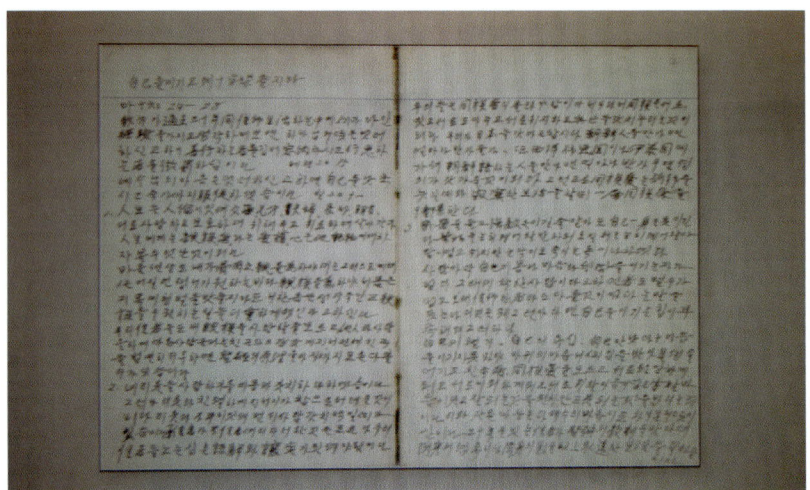

에필로그

　인천광역시 동쪽에 자리한 남동구, 현재의 남동공단이 있는 곳은 갯벌이었고, 내륙까지 깊숙하게 이어지는 갯골이 발달해있었다. 육지와 가까운 곳은 개간을 해서 농사를 짓는 정도로 이용하던 곳이다. 나머지는 갯벌 상태로 버려졌던 곳이다. 일제가 여주와 이천에서 생산되는 쌀과 소래와 군자에서 생사되는 소금을 실어가기 위해서 수려선과 수인선을 연결해서 인천항까지 철도를 놓았던 곳이다. 소래역에서 구송도역 중간 지점이 현재 남동공단지역이다. 저녁나절 협궤열차를 타고 이 지점을 지나노라면 낙조와 함께 갯벌에서 자라는 염생식물들이 갯골과 함께 어우러져서 만들어주는 경치가 특별한 곳이었다.
　공단이 확장되면서 좋았던 자연 환경은 잃어버리고 말았다. 그렇지만 과거 이 지역은 경제적으로 매우 어려웠고, 교통수단도 불편했다. 접근할 수 있는 길이 없었기 때문이다. 문학이나 만수동에서 소래 방향으로 이어지는 길을 이용하는 것이 유일한 길이었다. 같은 맥락에서 복음이 접촉점을 찾는 것도 다르지 않게 어려운 곳이었다. 그러다보니, 이 지역에 복음이 들어가는 것은 선교사들에 의해서가 아니라, 지역에서 또 다른 지역으로 개종하는 신자들이 생기면서 확산되었다고 보는 것이 합리적일 것이다.

4. 동구

프롤로그

　　동구 지역은 중구와 접해있으면서 초기 감리교 선교사들이 선교부를 설치했던 곳이다. 특별히 선교사들이 거점을 확보하고 터를 잡았던 곳이어서 역사적인 의미가 큰 곳이다. 그러나 아쉽게도 선교사들의 족적을 찾아보는 데는 한계가 있다. 그 흔적들을 보존하려는 노력도 부족했고, 그나마 근년에 이 지역에 대한 도시 재개발과 함께 급속하게 사라지고 말았다. 그런 와중에 살아남은 곳이 몇 곳이 있어 찾아볼 수 있음이 다행이라고 해야 할는지 ……

영화학교

　동구 창영동 36번지, 그곳에는 인천 근대교육의 효시인 영화학교가 있다. 현재는 학교법인 영화학원이 운영하는 초등학교와 중·고등학교로 발전해 있다. 이 학교는 북감리교회 선교부가 인천에서 시작한 교육 사업의 열매로써 인천 신교육의 효시이다.
　교문에 들어서면 정면으로 보이는 고풍스럽고 담쟁이넝쿨이 덮여 있는 건물을 만나게 된다. 현재는 인천시가 근대 문화재로 보존 가치를 인정하여 관리하고 있지만, 학교에서는 여러 가지 용도로 사용하고 있다. 방문할 때 마다 관리와 보존상태의 아쉬움을 느끼지만 내부를 살펴보면 꽤나 많은 의미와 멋을 가진 건물임을 알 수 있다.

　영화학교의 시작은 감리교 선교사인 존스(George Heber. Jones)가 인천 선교지부 책임자로 부임하면서 부터이다. 그는 인천으로 오면서 자신의 한국어 선생이자 배재학당에서 일하고 있던 강재형(姜在

영화학교 설립 당시 한 명의 학생과 교사(좌로부터
강재형의 처 세실리아, 존스의 부인 벵겔, 전도부인 백헬렌)

亨) 부부와 동반해서 왔다. 그리고 부인인 마가렛 존스(Margaret. J. Jones)로 하여금 강재형 부부와 함께 학교를 개설하여 교육선교를 하게 하였다. 당시 학교라는 것은 지금과 같이 학교 시설을 갖추고 했던 것이 아니고, 교회나 선교부 건물의 일부를 이용해서 아이들을 불러들여 가르치는 것이 고작이었다.

이때 존스 선교사 부인은 여자 아이들을 교육할 수 있는 기회가 있었으면 하는 마음으로 여자학교를 하기 원했다. 그러나 당시만 하더라도 여자 아이들에게 현대식 교육을 한다는 발상 자체가 놀라운 것이었기에 학생을 모으는 것 자체가 쉬운 일이 아니었다. 그러한 환경에서 1892년 4월 30일 존스 부인은 자신과 함께 사역하는 강재형의 딸을 데려다가 가르치기 시작했는데, 이것이 영화학교의 시작이며 인천에 있어서 신교육의 효시가 되었다.

영화학교는 본래 창영동 현재의 자리에서 시작하지는 않았다. 현재의 장소로 옮기게 되는 것은 1903년의 일이다. 그 이전에는 내리감리교회 부속건물에서 아이들을 모아 가르쳤다. 그 후에는 싸리재(현 경동 131번지)에 대지 120평 건평 26평의 건물을 마련하여 사용하다가 그 건물을 매각하고 현재의 자리로 이전했다. 영화학교를 찾았을 때 만날 수 있는 중앙에 위치한 가장 작고 오래된 모습을 하고 있는 건물은 1910년 3월 30일에 완공된 것이다. 이 건물은 현재 영화학교의 얼굴과 같은 역할을 하고 있다. 건물이 오래되기도 하고 영화학교의 상징적인 의미를 가지고 있기 때문이다.

이 건물의 설계는 독일인이

Mrs 존스 영화학교 설립자

영화학교 본관건물

하고 자금은 미국인이, 노동력은 한국인이 한 합작품이기도 하다. 그런데 당시에 이 건물은 인천의 명물로 볼거리를 제공하는 꽤 유명한 것이기도 했다. 하여 이 건물을 구경하기 위한 발걸음이 쉬지 않았다는 이야기도 전해지고 있다. 멀리 강화도에서까지 도시락을 싸가지고 이 건물을 구경하기 위해서 왔다는 이야기도 있으니, 근대사에 있어서 한국의 실상이 어떤 것인지 느끼게 한다.

　　이곳에 영화학교를 세운 것은 여러 가지 이유가 있었겠지만, 영화학교가 있는 일대가 미국 북감리교회 선교사들의 주거지와 선교부가 자리한 곳이기도 하다. 또한 한국 최초의 철도인 경인선 철도를 이용할 수 있는 곳이기도 하여 교통이 좋았다는 것을 가정해 볼 수 있다. 감리교회 선교사들은 이곳을 중심으로 단기 신학교육을 위한 신학반을 운영했던 것을 보아 이곳은 특별한 의미를 갖고 있다고 생각한다. 그러한 의미에서 존스 선교사는 실제로 감리교회 한국인 지도자를 양성하기 위한 신학반을 이곳에서 시작함으로써 한국인 목회자를 양성하는 일을

한국감리교 최초 신학반 학생들과 존스 선교사

선두에서 이끌었음을 알 수 있다.

1892년에 시작된 인천 최초의 근대교육기관인 영화학교는 1910년 현재의 자리로 옮겨 새로운 교사(校舍)를 마련하여 인천의 여성교육을 주도하는 역할을 감당해 오고 있다. 하지만 당국으로부터 정식으로 학교인가를 받는 것은 1922년 영화여자보통학교로 인가, 1938년 일제에 의해 영화여자심상소학교로 변경, 다시 일제의 정책에 따라서 1941년

휴 앤드 힐 기념으로 지어진 것을 알려주는 석조명패

영화학교 전경

영화여자국민학교로 변경 새롭게 인가를 받아서 교육을 해왔다. 그러한 의미에서 여기까지는 식민지 교육정책에 따른 것이라고 할 수 있다.

해방 후에도 교명을 여러 차례 바꾸게 되는데, 1966년 샛별국민학교로, 다시 1973년 영화국민학교로 바꾸어서 본래의 교명을 찾게 되었고, 1996년 영화초등학교로 바뀌어 오늘에 이르기까지 많은 졸업생들을 배출시켜서 이 나라의 일꾼이 되게 하였다.

영화(永化)라는 교명은 내리교회(안골예배당)에서 공부하던 시절에 한문을 가르치던 박용래(朴容來) 선생이 지었다고 전해진다. 영(永)은 기독교 신앙에 있어서 구원을 의미하는 '영생'이라는 말에서 따왔고, 화(化)는 기독교의 가르침으로 교화(敎化)한다는 의미에서 따온 것이라고 한다.

여러 차례 교명을 변경해야 하는 우여곡절이 있었지만, 현재는 본래의 이름을 가지고 있으니 다행이 아닐 수 없다. 우여곡절이라 함은 일제 강점기에 교회가 세운 학교들을 중심으로 독립운동과 민족교육을 하였기 때문에 조선총독부는 식민지 정책에 걸림돌이 된다고 생각했다. 따라서 어떤 빌미로든 교회가 운영하는 학교들을 폐교시키거나 일본식으로 이름을 바꾸게 했다. 실제로 인가조건을 갖추어서 당국에 인가를 신청하더라도 결국 인가를 받지 못한 학교들이 많았던 것도 일본의 꼼수가 무엇인지를 알게 한다.

그러한 상황에서 영화학교도 교명 변경은 물론 일본어교육 등을 강요당했다. 그것으로 끝이 아니라 교회가 세운 학교임에도 아예 설립자를 일본인으로 바꾸고, 가르치는 것도 일본인 교사들과 함께 하게 함으로써 사실상 신앙과 민족의식 교육을 통제하고 감시했던 질곡의 역사를 가슴에 품고 있다.

인천 최초의 신교육의 효시인 영화학교는 많은 여성 지도자들을 배출시킴으로써 자랑할 만하다. 모두 소개할 수는 없지만 눈에 띄는 사람들로는 제1회 졸업생인 하복순은 이화학당에 가서 대학과정을 공부하고 있던 중 독립운동에 참여하였고, 1919년 이화학당의 만세운동을 주도하였다. 그녀는 커튼을 찢어서 밤새워 만든 태극기를 들고 학생들을 선도하여 거리로 뛰쳐나가 대한독립만세를 외쳤다.

또한 이화여대 총장을 지낸 김활란 박사가 이 학교 출신이라는 것은 알려진 사실이다. 이화여대 예술대학학장을 지낸 김영 박사도 기억할 수 있다. 그리고 역시 학자로 크게 공헌을 남긴 문학박사 서은숙, 문학박사 김애라 등이 학계나 교육계에 널리 알려진 이들이다.

뿐만 아니라 이 학교에서 교사로 활동했던 사람들 가운데 인천 지역의 복지사업과 관련해서 큰 역할을 했고, 직접 인천 양로원 원장을 지낸 안민애, 김영원 등을 들 수 있고, 애육원 원장을 지낸 바 있는 하복순, 박훈애 등과 같은 인물들을 자랑스럽게 여기고 있다. 연예계의 인물로서는 탤런트 황정순이 이 학교 출신이다.

존스와 인천선교

인천의 선교역사를 찾아보면서 가장 눈에 띄는 것은 어떤 선교사가 어떤 사역을 하였느냐에 따라서 선교의 열매가 다르다는 것을 경험할 수 있다. 물론 교파나 신학의 차이에서도 나타나는 현상이지만, 인천 지역은 감리교회 선교구역으로써 감리교회와 선교지 분할 협정에 동참하지 않은 성공회교회가 중심적으로 인천 지역의 선교를 주도했다. 그 가운데서 성공회는 강화도를 선교거점으로 하여 활동을 했고, 인천에도 성공회교회는 있었지만 감리교회가 주도하는 선교지역이었다.

존스 선교사

감리교회의 선교사들 가운데서도 인천 선교에 가장 큰 족적을 남긴 이가 존스(George Heber Jones 1867~1919 ; 한국명 조원시)이다. 그가 한국에 선교사로 온 것은 그의 나이 약관 20세 때인 1887년 아메리칸대학을 졸업하면서 곧바로 한국 선교사로 지원하여 같은 해 9월에 내한했다. 그가 한국에 와서 활동하는 거점은 주로 서울이었다. 인천은 서울에서 관할하는 곳이었기 때문에 대부분의 선교사들은 서울에 머물면서 사역을 했다. 하지만 어린 그의 사역은 놀라울 만큼 많은 성과와 특별한 달란트가 있음을 인정받게 되었다.

그는 1892년부터 감리교회 인천 구역의 감리사로 부임해서 활동하게 되었다. 그러나 그가 완전히 인천으로 이주해온 것은 이듬해인

1893년이다. 감리교회의 정치적 특성상 감리사는 지역의 모든 교회에 대한 관할권을 가지는 것이었기에 당시 인천관할 지역의 약 40여 개나 되는 교회는 모두 존스 선교사에 의해서 설립과 함께 관리되었고, 성장하는 기반을 마련하게 되었다. 여기서 인천관할 지역은 지금의 인천 시내만이 아니라 북쪽으로는 강화도를 포함하여 해주까지 남으로는 현재 화성시 남양과 서해의 섬들까지 포함하는 지역이었다는 것을 전제로 할 때 그의 활동 범위는 상당히 광활했다.

뿐만 아니라 그의 활동은 인천에 국한되지 않고 1892년에는 서울의 배재학당의 당장(堂長)을 겸하기도 했다. 당시의 교통사정을 감안하면 결코 용이한 일이 아니다. 하지만 그의 열정과 사명감은 그 한계를 문제시하지 않았던 것 같다.

홍승하 전도사(왼쪽)

그리고 1893년 5월에 일생의 동반자를 맞이했다. 이때부터 그의 활동은 더 많은 열매를 얻게 되었다. 사실상 앞에서 찾아보았던 영화학교의 설립이 1892년에 가능했던 것도 그의 결혼과 무관하지 않다. 존스와 결혼하게 된 벵겔(Margaret J. Bengel)이 있었기 때문이다. 그녀는 존스와 결혼을 하면서 선교사역에 많은 열매를 맺도록 도왔다.

또한 우리나라의 이민역사는 내리교회와 직접적으로 관계를 하고 있는데, 이 일을 주도적으로 이끌었던 사람도 존스였다. 1902년 이 땅의 경제적 사회적 현실을 보면서 직접적으로 도울 수 있는 방도를 찾던 중 하와이 사탕수수농장으로 이민을 주선하게 되었고, 뿐만 아니라 처음으로 해외 이주가 이루어지면서 하와이에 형성되는 한인사회의 신앙을 돌보아야 할 문제도 고려하여 지도자(홍승하 전도사)를 파송함으로써 최초의 이민목회의 길을 열기도 했다.

이 때 내리교회의 유력한 신자들 다수가 이민에 동참했고, 존스가 관할하는 지역 교회들의 신자들도 동참하여서 초기 이민이 이루어졌다. 하지만 이민 사업은 피선교국의 국민을 선교국인 본국으로 보낸다는 이유로 그는 동료 선교사들로부터 많은 비난을 받기도 했다. 또한 이에 대해서 일부 역사학자들도 비판적으로 평가하는 경우도 있다.

그리고 인천 지역 신자들의 신앙 향상과 지방의 일꾼들을 양성하기 위해서 사경회와 신학회를 운영하였다. 당시 인천 지역에서 이러한 신앙과 신학교육이 이루어짐으로써 이 지역의 일꾼들만이 아니라, 한국 감리교회의 지도자들을 발굴한 것도 지나칠 수 없는 일이다. 이것은 한국 감리교회의 발전과도 무관하지 않았기 때문이다. 실제로 이 신학회는 1905년 협성신학교로 발전하게 되었다.

또한 그는 1892년 Korea Repository, 1901년 The Korea Review를 각각 창간하여 초기 선교사들의 사역과 한국사회에 대한 연구 자료를 남기는 공헌을 했으며, 최초 한글 월간지인 〈신학월보〉를 1900년에 창간하여 선교와 신앙생활을 공유하는 구심점이 되게 했다.

Korea Repository, The Korea Review, 존스가 발행한
한국최초의 신학지 신학월보(왼쪽부터)

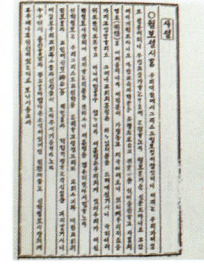
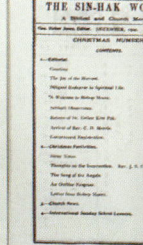

이러한 그의 사역은 전도와 교회설립, 교육만이 아니라 문서선교라는 차원에서 한국 교회를 위해서 대단히 큰일을 했다고 할 수 있다. 또한 한국 교회를 세계 교회에 알리는 일을 하면서 동시에 서양 교회들이 한국 교회를 섬길 수 있는 기회를 만들어주는 역할을 했다.

감리교회 여선교사 숙소

영화학교 옆에는 창영교회가 있고, 창영교회와 잇대어 인천기독교사회복지관이 있다. 이 일대는 우리나라 선교 초기에 감리교회 선교사들의 거점이었다는 사실을 기억하는 것이 필요하다. 실제로 이곳이 선교사들의 거점으로 자리하게 된 이유는 지리적인 이유와 교통의 요지라는 이유 때문일 것이다.

경인철도기공(1897)-출처: 선구지 인천의 근대 풍경

이곳은 1897년 3월 22일 기공식과 함께 우리나라 최초 철도가 시작된 지점(우각리)이다. 또한 이 일대는 황골(黃骨)고개를 중심으로 복숭아 산(桃山, 桃源)이라는 이름이 있었던 만큼 복숭아 과원이 많았던 곳이기도 하다. 그만큼 서울로 가는 교통이 편리한 곳이면서 도심과 멀지 않고 전원적인 장소라는 이점이 있었기 때문이었다.

따라서 선교사들은 이 일대에 남선교사들의 숙소와 여선교사들의 숙소, 아펜젤러 숙소 등을 마련해서 인천 선교를 위한 거점으로 만들었다. 자연스럽게 신학회 활동도 이곳에서 이루어졌다. 인근에는 알렌 선교사의 별장(숙소)도 있어서 선교사들에게는 여러 모로 유리한 위치였다고 할 것이다.

우각리 언덕에 있었던 알렌의 별장(이건물은 6.25사변 이후 까지도 있었으나 전도관 측에서 매입 별장을 헐고 전도관을 지었다)(출처:선구지 인천의 근대풍경)

그렇게 이 지역에는 선교사들이 사용하던 여러 채의 건물들이 있었다. 하지만 현재는 창영동 42번지에 자리하고 있는 여선교사들의 숙소로 사용되던 건물이 유일하게 남겨져 있을 뿐이다. 이 건물은 큰 길에서도 쉽게 눈에 띄기 때문에 찾는 것이 어렵지 않다. 주변에 새롭게 지어진 건물들과는 많이 대조적인 모양을 하고 있는 건물이고 이색적일 뿐만 아니라 답사자의 흥미를 끌기에 충분한 외양을 가지고 있다. 가

감리교여선교사숙소

깝게 다가가서 보면 더욱 지나칠 수 없는 건물이다. 입구에 들어서면 이 건물에 대한 간단한 역사가 기록된 안내판이 있고, 그 안내판에는 이 건물이 시 지정 유형문화재임을 알려준다. 뜰에는 오래된 향나무와 측백나무 몇 그루가 남아서 건물의 나이와 지어졌던 당시의 정서를 조금이나마 느낄 수 있게 한다.

이 일대를 선교거점으로 만들었던 사람은 앞에서 찾아보았던 감리교회의 존스(George Heber Jones) 선교사이다. 그가 1892년 인천으로 부임한 후 이듬해인 1893년 이곳을 매입하고, 1894년까지 3동의 건물을 지었다(남선교사 숙소, 여선교사 숙소, 아펜젤러 숙소). 이 때 지어진 건물들 가운데 지금까지 유일하게 남아있는 건물이 바로 이 여선교사들이 숙소로 사용하던 건물이다.

코스트럽 선교사 기념 머릿돌
-인천기독교사회복지관

이 건물은 1894년에 지어진 것으로 외형은 상자형이고 지붕구조가 독특하며, 벽체는 적벽돌을 석회 몰타르로 쌓은 근대 르네상스양식의 건물이다. 건물 규모는 지상 2층 지하 1층이며 연면적은 약 142평이다. 아쉬운 것은 현재는 이 건물만 남고 주변의 다른 건물들은 없어졌다는 것이다. 그나마 이 건물을 통해서 당시 선교사들의 체취를 느낄 수 있어 다행인데, 앞으로도 건물관리를 위해서 더 많은 신경을 써야만 할 것 같다.

100년이 훨씬 넘은 역사를 가지고 있는 이 건물은 인천의 근대사의 증인인 채로 말이 없다. 이 건물은 인천에서 몇 안 되는 서양식 건물이고, 조선 말기에 개항, 식민지 시대, 6·25동란 등을 겪으면서 주변

남선교사 주택

강대국의 영욕을 불태우는 장으로 변할 때 마다 엄청난 시련을 겪어야 했다. 하지만 이 건물과 직접적으로 관련된 역사는 찾아볼 길이 없다. 다만 1949년부터 인천기독교사회관으로 사용되었고, 6·25사변 때는 미군에 징발되어서 미군이 사용하다가 1956년 징발로부터 해제되어 다시 인천기독교종합사회복지관으로 사용되었다. 현재 보존되는 건물은 별도로 사용하고 있지는 않지만, 이 건물은 인천기독교사회복지사업의 모체가 되는 역할을 했다고 할 수 있다. 따라서 인천 사람들이 관심을 가지고 보존해야 할 문화유산이며 기독교 신앙의 유산이다.

앞에서 언급했지만 이 건물 외에 이곳에는 몇 채의 선교사들이 살던 집이 있었다. 남자 선교사들의 사택은 바로 옆에 있는 인천세무서가 자리하고 있는 곳에 있었고, 존스 선교사의 집은 인천세무서 바로 뒤에 있었으며, 아펜젤러의 집도 근처에 있었고, 알렌(1887년 이후 그는 선교사직을 내려놓고 외교관이 됨)의 집은 현재 재개발을 위해서 모두 철거한 세무서 동쪽 언덕 제일 높은 곳(전도관이 있었던 곳)에 있었다. 하지만 지금 이곳에서 만날 수 있는 것은 이 여자 선교사들의 집에 유일하다.

인천기독교사회복지관

현재 인천기독교사회복지관은 여자선교사숙소(single woman missionaries' house)와 창녕교회 사이에 있다. 따라서 여선교사숙소를 찾는다면 동시에 찾아볼 수 있다. 이 복지관은 인천 지역에서 기독교가 사회에 선한 영향력을 미치는 매우 중요한 역할을 해왔다. 그러한 의미에서 인천 지역 사회복지관의 효시이기도 하다.

인천기독교사회복지관은 해방 이후에 선교전략의 다양화 일환으로 시작되었다. 해방 이전의 선교전략은 교회설립, 학교교육, 의료사업이 중심이었다고 하면, 해방과 함께 사회적인 혼란과 경제적인 어려움이 사회적으로 심각했기 때문에 선교사들의 관심은 현실적인 문제를 외면할 수 없었다. 해방의 기쁨을 누릴 수 있는 것도 잠시뿐, 당장 직면한 경제적 어려움과 극심한 사회적인 혼란은 극복해야 하는 과제였기 때문이다. 또한 이러한 상황에서 사회적 경제적 약자들이 경험하게 되는 고통은 실로 심각했다.

보일스 선교사

이러한 때에 미국 감리교회 선교사로 내한하여 이미 오랫동안 사역하고 있었던 보일스(Helen E. Boyles, 박일숙)에 의해서 이 사회복지관은 시작되었다. 그녀는 1926년 내한해서 충남 공주에서 당시 선교부가 운영하던 영명학교 교사로 봉사했고, 1928년부터는 평양 지역으로 임지를 옮겨서 정의학교에서 역시 교사로 봉사했다. 또한 평북의 영변, 진남포, 사리원, 강서 지방 등지에서 학교와 유치원 등

창영사회복지관

에서 봉사했다.

그녀는 교사로서의 섬김만이 아니라 공중위생, 아동보건위생에 대한 계몽교육까지 다양한 역할을 헌신적으로 감당했다. 당시 한국 사회의 교육여건은 물론이고, 공중위생이나 유아양육에 대한 과학적인 지식은 빈약했었기 때문에 그녀에게는 버겁지만 사명감을 가지지 않을 수 없었던 일이다.

그러나 그녀의 이러한 봉사는 잠시 멈출 수밖에 없었다. 1938년 휴가차 일시 본국에 귀국하게 되었는데, 그 사이에 만주사변이 일어나 돌아올 수 있는 길이 막혔기 때문이다. 그녀가 본국으로 가는 시점이 일제에 의해서 교회에 대한 박해가 심화된 때였고, 선교사들에 대한 박해도 심화되던 시점이었기 때문에 혹 이 땅에 남아있었어도 그녀가 할 수 있는 일은 지극히 제한 될 수밖에 없었겠지만 만주사변은 그녀를 아예 돌아오지 못하게 만들었다.

그러나 일본의 패망과 조선의 해방은 다시 그녀를 이 땅에 돌아오게 했다. 그것이 1948년이었고, 그녀는 다시 인천에 와서 자신이 할 일을 찾았으며, 그녀가 다시 시작한 일은 사회복지사업이었다.

그녀는 1949년 4월에 "인천기독교사회관"이라는 이름으로 복지사업을 다시 시작했다. 이것이 현재의 인천기독교사회복지관의 시작이다. 하지만 이듬해에 동족상잔인 6·25사변이 일어나자 그녀는 다시 본국으로 돌아가야 했다. 전쟁이 끝나고 난 후, 1956년에 또 다시 돌아와 복지사업을 이어갔다. 이렇게 역사의 격랑 속에서 시작과 단절을 반복하면서도 역사를 이어온 것이 현재의 인천기독교사회복지관이다.

1949년에 시작된 인천기독교사회복지관은 6·25동란으로 인해서 임시 폐관되었다가 수복된 다음 일부 직원들에 의해서 다시 문을 열게 되었다. 전쟁으로 인해서 더 많은 일들이 그들을 기다리고 있었기 때문이다. 전쟁 이전보다도 더 많은 사회적 불안과 경제적 어려움은 그들이 결코 모르는 척할 수 없는 상황이었다.

보일스 선교사가 1956년 다시 돌아옴으로써 복지사업은 활력을 가지게 되었고, 그녀가 돌아와서 선교사들의 숙소로 사용되던 건물을 사회관으로 사용할 수 있도록 함으로써 사회관의 기능과 역할이 확대되었다. 또한 감리교회 선교거점이었던 이곳이 인천기독교사회복지사업의 중심지로 변모하게 되었다.

이렇게 시작된 사회복지사업은 활동의 영역을 넓히면서 인천 지역의 기독교 정신에 의한 다양한 섬김과 나눔의 터전이 되었고, 이를 섬기는 많은 이들이 그 역사를 지금까지 이어오고 있다. 1966년부터는 한국인이 복지관의 운영과 사업에 대한 책임을 지게 되었으며, 1980년에는 감리교회 사회사업유지재단을 설립인가를 받아 종합사회복지관으로 이웃을 섬기는 터전이 되고 있다.

에필로그

　동구는 2026년에 그 이름이 사라지게 된다. 행정구역 개편과 함께 중구와 합쳐지면서 제물포구로 새로운 이름을 가지게 될 예정이다. 이 지역은 인천항 개항과 함께 국내 노동자들이 모여들었고, 해방과 6.25사변을 겪으면서 월남민들과 지방에서 노동자들이 모여들면서 형성된 주택가가 오밀조밀하게 자리한 곳이다. 그 과정에서 선교사들이 자리했던 곳도 조금씩 소실되었다.

　현재는 영화학교, 창영교회, 인천기독교사회복지관, 그리고 감리교회 여선교사 숙소 정도가 남아있어서 이곳이 선교사들이 터를 잡고 일하면서 살았던 곳임을 알 수 있게 한다. 그래도 이 지역에는 옛 골목이 조금 남아있어서 시간적인 여유를 가지고 골목길을 걸어본다면 인천에 몇 개 남지 않은 배다리 골목길에 있는 고서점들과 노포들과 함께 옛 정취를 느낄 수 있을 것이다.

5. 미추홀구

프롤로그

미추홀구라는 지명이 낯설다. 이 지역은 일제 강점기에 남구로 행정구역 명칭을 가지게 되었고, 해방 이후, 그리고 광역시로 행정구역이 확장되면서도 남구라는 명칭을 그대로 사용하다가 2018년 미추홀구(彌趨忽區)로 개명하여 사용하고 있다. 미추홀구 역시도 과거에는 넓지 않았고, 인구도 적었던 곳이다. 하지만 일제에 의한 식민지시대에 주안염전(현 주안공단)이 조성되면서 갯물이 드나들던 지역을 개간하여 토지 면적이 넓어졌고, 그곳에 인구가 유입되어 현재는 인구밀집도가 높은 곳이 되었다.

미추홀구에도 많지는 않지만 선교사들과 신앙의 선배들이 남긴 신앙의 흔적이 남아 있다. 이 지역에 현재 평지로 느껴지는 곳은 갯벌이거나 벼농사를 짓던 곳이고 조금 높은 지역은 밭이었다고 생각하면 된다. 또한 이 지역에 남아있는 기독교 신앙의 유적들은 이 등성이 지역에 있다고 보면 될 것이다.

송암 박두성 기념관

　박두성 선생의 기념관은 인천광역시 시각장애인 도서관(남구 학익동 709-1)내에 있다. 학익동 정광아파트와 현광아파트 사이에 자리하고 있는 이 도서관(복지관)은 한나루길을 찾으면 이정표가 있으니 찾아가는 길이 어렵지 않다. 도서관 앞에 이르면 도서관이라는 간판 아래에 송암 박두성 기념관이라고 별도로 표기되어 있는 것을 볼 수 있다.
　송암 선생에 대해서 일반인들은 잘 모르고 있다는 것은 아쉽지만, 그래도 선생의 기념관이라도 인천에 있다는 것이 다행이 아닐 수 없다. 송암 선생의 생가와 묘를 찾았을 때 잠시 언급했지만, 송암 선생은 대한민국 국민이면 꼭 기어해야 할 사람이고, 한국 기독교회의 자랑이기도 하다. 하지만 송암 선생에 대해서 일반인들이 잘 모르는 만큼 송암 선생의 기념관이 있다는 것도 아는 이들이 많지 않다.

　선생은 1888년(고종 25년) 4월 2일 강화군 교동면 상룡리 516번지에서 가난한 농부 무안 박씨 박기만의 9남매 중 장남으로 태어나서

/ 박두성 기념도서관

송암 선생 흉상

어려운 가운데서도 배워야 한다는 일념으로 한학을 공부했고, 강화도에서 기독교로 개종한 후 활동하고 있던 성제 이동휘 선생이 설립한 보창학교에서 공부를 한 후 서울로 올라가서 한성사범학교를 졸업했다. 이후 그는 교사로서 평생의 삶을 살게 되는데, 1913년 서울 제생원 맹아부(현 서울맹학교)로 발령을 받게 된 것이 시각장애인들을 위한 그의 일생의 시작이었다. 그 해부터 송암은 이 땅의 시각장애인들을 위한 삶을 살았다.

우리가 기억해야 할 것은 단지 선생이 한글점자를 만들었다는 것만이 아니다. 선생은 장애인들에게 소망과 삶의 의지를 가질 수 있도록 하는 정신을 깨우쳐 주었다. 비록 장애인이지만 "어떤 민족이 노예가 되

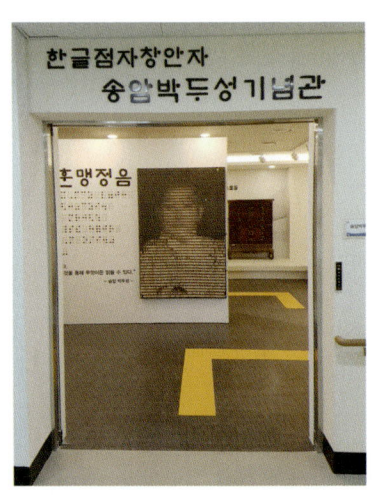

기념관 입구 점자 모형도

더라도 자기 나라 말을 보전하고 있는 한 감옥의 열쇠를 쥐고 있는 것이나 마찬가지다. 너희들은 비록 눈을 잃었으나 우리 말, 우리 글까지 잃어서는 안 된다."고 하면서 일제 식민지하에서 좌절하고 있는 시각장애인들을 격려했다. "눈은 못 떠도 배워야 산다."는 송암의 시각장애인을 향한 마음은 곧 그들의 강령이 되어있다.

기념관 전시실

　선생은 크리스쳔으로서 장애인들도 성경을 읽고 하나님의 은혜 안에 살 수 있어야 하며, 복음을 통해서 구원의 기쁨을 누릴 수 있어야 한다는 생각에 신구약성경 전체를 점자로 완역했다(1957). 그렇게 선생은 시각장애인들에게 단지 글을 읽게 하는 것만이 아니라 복음을 전하는 전도자였다. 복음을 이방 세계에 최초로 전했던 바울과 같이 시각장애인들에게는 바울과 같은 존재였다.

　이러한 선생의 지고지순한 애맹사상(愛盲思想)과 크리스쳔으로서 애국애족하는 삶은 너무나 숭고한 것이기에 전국 시각장애인과 사회 유지들이 성금을 모아 기념관 내에 선생의 흉상을 만들었다. 또한 정신적, 상황적으로 절망하고 있었던 장애인들에게 빛과 소망을 제시했던 선생의 정신과 업적을 기리기 위해서 도서관 내에 송암 기념관을 마련하여 선생의 유품과 업적을 전시하여 선생의 애맹사상을 알리고 있다. 그런데 정작 일반인들은 잘 모르고 있음은 아쉬운 일이 아닐 수 없다.

극동방송 址

　　인천은 초기 선교사들의 입국과 한국 선교의 공식적인 시작의 역사를 간직하고 있는 도시다. 뿐만 아니라 또 하나의 역사가 시작된 곳이기도 하지만 이에 대해서도 많이 알려지지 않았다. 즉 지금의 극동방송이 공식적으로 선교방송을 시작한 곳이 인천이고, 그 자취가 지금까지 남겨져 있지만, 사람들은 그곳을 알지 못하고 있다. 거기에는 여러 가지 이유가 있다. 그 중에도 극동방송국이 서울로 이전하면서 이곳을 매각하여 한 사기업이 사용하던 공간이다 보니, 그곳에 일반인들이 접근하는 것이 불가능했기 때문이다. 또한 매각 이후 그 가치를 잊고 관심을 가지지 않았던 것도 하나의 이유일 것이다.

　　필자는 그 실체를 확인한 후 기회가 있을 때마다 그 존재를 알리는 일과 지방정부에 알리는 일을 했다. 그래봐야 글을 쓰고 멀리서나마 그 존재를 알리는 것이 전부이지만 그 존재조차 알지 못할 뿐 아니라, 그곳이 언제 개발될지, 어떻게 개발될지 전혀 예측할 수 없었기 때문이다.

　　그런데 도시개발이라고 하는 시대적 상황적 요청이 생기면서 그곳을 탐하는 단체들이 있었고, 나름의 요구를 당국에 하기도 했다. 그런가 하면 어떤 단체는 그곳을 점유하기 위한 시위도 했다. 따라서 그 자취들이 언제 완전히 사라질 것인지 풍전등화와 같은 상황에 처하기도 했다.

　　그런가 하면 시 당국에서도 이곳을 완전히 해체시키고 재개발 하는 것이 좋겠다는 뜻을 가지기도 하면서 보이지 않는 신경전을 벌이기도 했다. 하지만 NGO 단체들의 항의와 개발에 대한 의견을 제시하면서 일단은 극동방송이 사용하던 건물들을 그대로 존치시키는 것으로 결정되었고, 다만 사용 용도에 대해서는 인천박물관과 미술관이 각각 나누는 것으로 가닥을 잡고 개발하는 과정에 있다.

　　즉 그 주변이 아파트단지로 개발되면서 기존에 있는 건물들과 그 장소를 어떻게 할 것인가 갑론을박하는 의견이 많았다. 뿐만 아니라 아예 극동방소 터까지 도시개발이라는 명목으로 아파트를 짓는 것이 땅을 소유하고 있는 사람에게는 가장 좋은 일이라고 생각했다. 이곳에 있었던 기업이 지방으로 이주하면서 도시로 개발하는 과정에서 극동방송 부지를 놓고 어떻게 사용하는 것이 좋을지 각각의 의견들이 대립했던 것이다. 현재는 인천시가 뮤지엄 파크(museum park)로 개발하는 것을 최종 사업으로 진행하고 있다.

그러나 인천기독교 입장에서는 아쉬움이 크다. 그래도 기독교가 인천 근대사에서 미친 영향과 함께 감당한 일들을 소개할 수 있는 곳으로 활용할 수 있었으면 좋겠다는 생각이었고, 그러한 의견을 시 당국에 제시했는데 결과적으로는 박물관과 미술관이 나눠서 사용하는 것이 되고 말았다. 그러나 궁극적으로는 이 건물들을 근대문화유산으로 등록하게 해서 영구히 보존할 수 있도록 해야 할 것이다.

극동방송은 처음에 국제복음방송이라는 이름으로 한반도, 구소

인천뮤지엄파크 국제설계공모에 당선된 '공간의 기억'
사진 위쪽 선교사들이 사용하던 주택이 보인다.
– 출처(로빈훗의 도시와 건축 블로그)

연주소로 사용되었던 건물(왼쪽)과 선교사 숙소동(1956)

련, 중국, 몽골, 중앙아시아, 일본을 향한 복음전파를 목적으로 우여곡절의 준비하는 과정을 거쳐서 1956년 12월 23일에 개국했다. 그곳이 학익1동 588번지이다. 이곳은 과거 동양화학주식회사가 매입해서 사용하였고, 극동방송시설들은 모두 그 회사 내에 위치하고 있었다. 따라서 필자가 이곳을 처음 찾아갔을 때는 동양화학 총무부에서 출입허가를 받아야 했다. 어렵게 허가를 받고 안에 들어갔을 때 놀랐던 생각은 지금도 생생하다. 극동방송이 자리하고 있던 곳이 원형 그대로의 모습을 가지고 답사자를 기다리고 있기 때문이다. 꽤나 넓은 부지에 연주소와

선교사들의 주택가

선교사들이 기거하던 8채의 건물들까지 고스란히 남겨져 있었다. 워낙 건물이 견고하게 지어졌기 때문에 지금도 그대로 사용하는데 문제가 없다. 실제로 이 건물들은 동양화학주식회사에서 사용하고 있었다. 다만 직원이 동행하면서 사진을 찍는 것에 대한 제약이 있었기 때문에 여유롭지 못했었다. 빠른 시간 안에 돌아보면서 선교사들의 집들만 사진에 담아가지고 나와야 했다.

직원과 함께 돌아보면서 선교사들의 체취가 느껴질 만큼 당시의 시설과 조경이 그대로 남겨져 있다는데 놀랐고, 우리가 잊고 있는 것이 많다는 생각을 하게 되었다. 당시에 심겨졌던 조경수들도 그대로다. 잠시 과거로 돌아가게 하는 분위기를 느낄 수 있을 만큼이나 온전한 상태로 남겨져 있는 것을 볼 수 있기 때문이다.

극동방송이 이곳에서 방송을 시작하게 되기까지는 여러 과정이 있었다. 처음에 방송을 위한 허가는 부천시 여월동 산 72번지에서 받았고, 시험방송도 그곳에서 했다. 하지만 그곳에서 개국을 하지 못하게 되었

개국 당시 멤버들 정초석 앞에서(왼쪽이 Tom Watson선교사)
- 출처(극동방송40년사)

다. 그 이유는 김포공항의 항공기 이착륙에 장애가 있을 수 있기 때문에 옮기라는 당국의 조치가 있었기 때문이다. 따라서 1956년 6월 다시 옮긴 곳이 여기 학익1동 588번지였다. 몇 개월간의 준비 끝에 같은 해 12월 23일 첫 복음방송의 전파를 내보낼 수 있었다. 이 때 초대 이사장은 황성수 박사였고, 방송국장은 왓슨(Tom Watson) 선교사였다.

당시 이곳은 바닷가였다. 건물들이 남겨진 곳이 바닷가 언덕이었고, 옛 동양화학 정문이 자리하고 있는 곳쯤이 송신탑이 자리했을 것

개국 당시 모습(좌)
이승만 대통령과 왓슨 선교사(우)

으로 추측된다. 그만큼 매립에 의해서 엄청나게 넓은 땅이 새롭게 만들어 졌다는 것을 알 수 있다.

극동방송의 시작은 미국 프로리다 방송국의 톰 왓손과 당시 미국에 유학하고 있었던 강태국(한국성서대학 설립자)박사와의 만남에서 시작되었다. 그리고 학익동에 연주소가 세워지기까지는 인근에 주둔하고 있던 미군부대와 군목이었던 볼켈(Harold Voelkel)과 해방 이후 처음 세워진 인천시내의 장로교회였던 제일장로교회의 이기혁목사, 그리고 당시 인천 시장이었던 박학전과 김정열(현 시흥시 무지내교회 출신)등의 헌신적인 수고가 있었기 때문에 가능했다.

TEAM 선교회

극동방송이 자리하고 있던 학익동에는 8채의 건물이 있는데, 그것은 극동방송이 선교방송을 하기 위해서 준비하고 전파를 송출하기까지 많은 손길과 에너지가 필요했다는 것을 말하고 있는 것이기도 하다. 당시에 지어진 8채의 건물들이 하나도 손실되지 않고 지금까지 그대로 그곳에 남겨져 있다는 사실에 놀랐던 기억이다.

팀선교회-리빙스턴 선교사(캐서린기념홀)

그런데 우리나라에서 극동방송국이 선교방송을 시작할 수 있도록 준비하고, 실제로 방송이 가능하도록 까지 그 일을 주도했던 것은 TEAM(The Evangelical Alliance Mission)선교회였다. 팀선교회는 1890년 미국 뉴욕에서 미국과 캐나다의 복음주의적인 신앙을 가진 사람들에 의해서 시작된 선교단체이다. 이 선교회는 중국, 일본, 인도 등에 선교사를 파송해서 아시아지역의 선교를 담당하고 있었다.

1950년 한국전쟁과 함께 한국 교회의 소식이 그들에게 알려지면서 일본에 주재하고 있던 팀선교회 소속 선교사들이 한국을 방문하여 한국 교회의 실정을 파악하고 한국 선교의 가능성을 확인했다. 이러한 판단을 통해서 1953년 가필드(William R. Garfield, 갈필도)와 극동방송의 설립자인 왓손(Tom Watson, 和道善)을 파송하여 한국에서의 방송선교를 준비하게 했다. 오늘의 극동방송은 이들이 주도하는 가운데 한국복음주의방송이라는 이름으로 첫 전파를 송출했다.

팀선교회는 1956년 9월에 재단법인을 설립하고, 같은 해 12월 23일 극동방송의 복음을 담은 전파를 송출하기 시작했다. 학익동 극동방송국 옛터에 자리한 여러 채의 건물들은 팀선교회의 도움과 왓손을 비롯한 선교사들이 직접 자재를 구하고 벽돌을 쌓아서 지은 건물들이다. 이 건물들은 과거 동양화학의 기숙사와 노조사무실로 사용할 만큼 튼튼하고 잘 지어진 건물이다. 필자가 처음으로 동양화학 내에서 그 건물들을 대할 때 느낌은 잊을 수 없다. 전혀 예상할 수 없었던 보존상태가

팀비전센터(구 불광동수양관)

너무나 완전했기 때문이다. 지금도 옛 모습을 그대로 간직하고 있는 선교사들의 노고를 확인할 수 있다.

1953년부터 한국에서 선교를 시작한 TEAM선교회는 한국에 남긴 일들은 극동방송이외에도 여러 가지 일들이 있다. 팀선교회는 몰라도 그들이 남긴 것들은 한국의 그리스도인들이라면 대부분 알 수 있을 만한 것들이다. 예를 들어 생명의 말씀사가 대표적이다. 그리고 부산의 축복산 육아원, 불광동의 한국기독교수양관, 강릉의 관동대학교도 이 팀선교회에 의해서 관동지방의 선교거점을 마련하기 위한 노력의 결과였다. 이렇게 팀선교회는 한국에서 42년의 사역을 성공적으로 감당하고, 한국이 더 이상 피선교국가가 아니라는 판단을 하고 1995년 한국복음주의선교회법인 임원들을 모두 한국인으로 교체하였다. 그렇게 한국교회가 스스로 책임지고 일하도록 하는 결정을 한 후 한국에서 선교회가 철수함으로써 긴 선교의 여정을 마감하게 되었다.

하지만 한국 교회가 반성해야 할 것은 이렇게 남겨준 것들을 어떻게 관리 내지는 유지하고 있는지…? 일예로 관동대학교의 경우 1955년에 설립해서 관동지역의 대표적인 4년제 대학으로써 지역 인재양성과 경제, 문화, 그리고 지역 선교를 선도해왔는데, 명지대학교 법인과 합병했다가 2014년 6월에는 경영권을 포기하고 가톨릭 법인으로 넘기고 말았다. 사실 전국에 선교부나 교회들이 세웠던 학교들이 이교나 유사기독교의 법인으로 넘어간 실례는 얼마든지 있으니 한국 교회는 이에 대해서 심각하게 돌아보아야 할 것이다.

알렌의 별장址

답사여행은 과거를 찾는 것이기에 때로는 만날 수 없는 역사와 사실을 접하게 된다. 그런데 찾아 나섰다가 그것이 없어진 사연을 접하게 되면 마음이 아프기도 하다. 그래도 답사여행은 사실을 확인하게 되고,

알렌 선교사

비록 존재하지 않는 것이라 할지라도 현장을 확인함으로써 역사화 할 수 있는 것이기에 답사의 의미가 있는 것 아닐까?

미추홀구 숭의동 107, 그곳은 현재 도시재개발을 위해서 촘촘하게 들어섰던 일명 달동네 주택가는 다 헐리고 있다. 그렇지만 과거에는 인천에서 전망이 가장 좋은 곳들 중에 하나이었다. 인천 전체를 조망할 수 있는 곳이며, 서울을 오가는 기차를 이용하기에 가장 편리한 곳이기도 했다. 영화학교에서 지척이지만 알렌(Dr. Horace Newton Allen) 선교사의 별장이 그곳에 있었다는 사실을 알고 있는 사람은 그리 많지 않다.

영화학교에서 남부세무서(남자 선교사 숙소가 있었던 곳) 앞을 지나 계속 언덕으로 오르면 정상부분에 이른다. 그곳이 숭의동 107번지다. 지금은 관심을 가지는 사람도, 그곳이 알렌의 별장이 있었던 곳이라는 사실도 기억하는 이가 거의 없지만, 구한말 조선의 개항과 더불어서 선교의 문을 열게 된 후 최초로 국내에 들어와서 활동했던 알렌이 1887년 선교사직을 내려놓고 외교관 신분으로 활동을 하면서 이곳에 별장을 지어 생활했었다.

1897년 이후 외교관으로 신분을 바꾼 알렌은 당시 조선의 관문인 인천에 자신이 활동할 수 있는 거점이 필요했기에 이곳에 별장을 짓고, 필요할 경우 내려와 기거하면서 활동을 했다. 그는 1893년 이곳에 2층으로 된 양옥집을 지었다. 원형(돔)과 기와지붕을 얹은 미국초기건축양

알렌의 별장-출처(선구지 인천의 근대 풍경)

식(colonial type)의 건물이었다. 약 52평에 이르는 건물은 당시 인천의 명물로 여겨질 수밖에 없었다. 어디서나 보일 수 있는 지리적 위치와 우뚝 선 건물은 위풍이 당당하게 느껴졌다는 것을 자료들을 통해서 확인할 수 있다.

그러나 사진으로 확인할 수 있는 알렌의 별장은 이제는 그 흔적마저도 찾을 수 없다. 알렌의 별장은 6.25전쟁의 폐허 속에서도 남아있었다. 그런데 역사의식이 부족했던 우리는 그 건물을 잃고 말았다. 그것도 1950~60년대 전성기를 맞이했던 전도관의 신앙촌운동을 이끌었던 박태선이 알렌의 별장을 구입해서 그것을 헐고 전도관을 지음으로써 이 별장은 역사에서 사라지게 되고 말았다. 기록상에는 1956년 11월 15일에 알렌의 별장이 소실된 것으로 남겨져있으나 소실의 원인은 기록에서는 알 수 없다. 다만 분명한 것은 전도관 건물이 그 이듬해인 1957년에 세워졌다는 것이다.

알렌은 미국 북장로교회 소속 선교사이지만 당시에는 의사로서 미국 공사관 공의(公醫)라는 신분으로 언더우드와 아펜젤러보다 7개월 앞선 1884년 9월 20일에 들어왔다. 입국할 때 그는 공의라는 신분이었지만, 사실상 미국 북장로교회가 파송한 선교사였다. 그의 활동에 대해서 별도로 살펴보지는 않겠지만, 그의 입국은 한국교회사의 전환점이 되었고, 그가 남긴 업적도 부정할 수 없다. 그는 이미 의료 선교사로 중국에서 활동을 하고 있던 중 미국 북장로교회가 조선에서의 사역을 위해서 조선으로 파송한 사람이다.

알렌은 후에 선교사의 신분을 내려놓고 외교관 신분으로 오랫동안 조선에서 활동을 하면서 선교사들이 활동할 수 있는 여건을 정치적으로 만들어주는 공헌을 했다는 점에서 특이하며, 그것 또한 하나님의 섭리라고 할 수 있을 것이다.

국제성서박물관

미추홀구에는 답사여행을 할 만 한 특별한 곳이 또 있다. 역사적으로는 오래되지 않았지만, 한국 교회에 있어서 희소한 곳이기 때문에 꼭 찾아보아야 하는 곳이기도 하다. 그리 많이 알려지지 않아서 관심을 가지지 않으면 쉽게 다가오지 않는 곳이다.

국제성서박물관, 말 그대로 성경박물관이다. 인천에 이런 박물관이 있다는 것은 기쁜 일이다. 박물관은 돈만 있다고 할 수 있는 것이 아니고, 하루 아침에 만들 수 있는 것도 아니다. 시간과 돈, 그리고 풍부한 자료와 그것을 연구, 관리, 전시, 공유할 수 있는 일들까지 여러 가지 일을 할 수 있을 만큼의 모든 것들이 갖춰져야 한다. 그렇다고 재생산을 통해서 자체적으로 유지하는 것도 어렵다. 그러므로 지속적인 투자와 연구, 관리가 필요하기 때문에 쉽게 할 수 있는 일이 아니다.

그런데 주안감리교회 고 한경수 목사가 일생에 걸쳐서 수집하고, 기증을 받아 모은 것을 생전에 박물관을 만들어 보전하기를 원했고, 그것을 만들어냈다. 그러한 의미에서 한경수 목사는 인천 지역 교회와 한

국제성서박물관

국교회를 위해서 가장 큰 선물을 남기고 갔다고 할 수 있다. 아쉬운 것은 인천의 크리스천들마저도 이 사실을 많이 알지 못하고 있고, 찾아보지도 않고 있는 실정인 것은 필자로 하여금 더 소개하고 싶은 마음을 가지게 한다.

성경은 단지 기독교의 경전으로써만이 아니라 그 성경이 제작되는 시대와 과정, 그리고 인쇄, 제본, 종이까지 한 시대의 문화적 산물이라는 의미에서 접근하면 대단히 중요한 의미를 가진다. 또한 번역과 편집기술까지 생각하면 언어와 편집, 디자인의 발전사를 볼 수 있기도 하기 때문에 종합문화유산이라는 말로 표현하는 것도 가능할 것이다.

국제성서박물관은 주안감리교회의 교육관(남구 주안1동 193-8) 2층에 자리하고 있다. 이 건물은 연건평 2500평에 달하는데 1995년 1월 12일에 준공되었다. 박물관으로 쓰는 2층 한층만 해도 500평에 이른다. 사설 단일 박물관으로서 상당히 놀랄만한 규모이다.

박물관 이름이 말해주듯 이곳은 각종 성경들만 모아 놓은 성서박물관이다. 총 2만여 종의 성경을 보유하고 있는데, 별세한 주안교회 한경수 목사가 오랫동안 약 40여 개국을 여행하면서 수집한 각국의 성경 1만여 점과 미국의 유명한 성경 수집가였던 故 웨이크필드(Dr. David Wakefield)박사가 56년간 전 세계 185개국에서 수집한 성경 1만여 권을 이 박물관에 기증함으로써 충분히 박물관 기능을 할 수게 되었다. 그렇게 볼 때 두 사람이 성경을 수집한 기간만 100년이 되는 셈이다.

전시실 내부

이 성서박물관은 한경수 목사의 노고와 성경을 수집하겠다는 관심과 노력이 낳은 열매이다. 기회가 있을 때마다 성경을 수집하기 위해서 고서점은 물론 희귀본 성경을 손에 넣기 위한 노력과 투자를 했기 때문에 가능했다. 그리고 그것을 한국 교회에 역사적, 신앙적 유산으로 남겨주기 위해서 이러한 박물관을 마련할 수 있었다고 하는 사실이 귀하며, 이 땅에 또 하나의 기독교 문화유산이라고 할 수 있다.

이 박물관에는 전시실이 A에서 S 코너까지 구분되어있다. A코너에는 고전 희귀 성경들, B코너에는 주요 현대역 성경들, C코너에는 다양한 언어의 성경들, D코너에는 성경학자들이 번역한 성경들, E코너에는 가톨릭교회의 성경들, F코너에는 유명한 화가들의 그림으로 된 그림성경들, G코너에는 요한 구텐베르그(John Gutenberg)의 성경들, H코너에는 한국, 중국, 일본의 성경들, I코너에는 17-19세기에 출판된 성경들, J코너에는 웨이크필드 박사가 기증한 성경과 그의 유물들, K코너에는 고대 성경의 유물들, L코너에는 람세스의 판화성경들, S코너에는 17-19세기에 출판된 성경 가운데 크기가 작은 성경(smallest)들이 전시되어있다.

각 코너의 명칭만으로도 가히 어느 정도의 성경들이 모아졌고, 전시되어 있는지 짐작할 수 있을 것이다. 그 가운데서도 눈길을 끄는 것은 희귀본 성경들이다. 구텐베르그의 성경은 1456년에 출판된 것으로 전 세계에 47개의 원본만이 남아 있는데, 그 중에 35권은 종이에 인쇄된 것이고, 12권은 피지(皮紙)에 인쇄된 것이다. 그 대부분이 유럽과 미국에 보존되어 있는데 유일하게 한 권이 이 박물관에 있다. 이 성경은 아름다운 삽화가 그려져 있고, 이 원본을 마자린 성경(Mazarin Bible)이라고 부르며, 15세기에 처음 제본을 했을 때는 표지를 나무로 하였던 것을 16세기에 돈피(豚皮)로 바꾼 것이라고 전해진다.

그밖에도 1486년판 라틴어 성경, 1595년판 감독성경(The Bihop's Bible), 1835년판 개역 킹 제임스 성경 등 많은 희귀본 성경들을 만날 수 있다는 사실에 놀라게 된다. 오가는 길에라도 잠시 들러서 성경의 역사를 돌아볼 수 있는 계기가 된다며 좋겠다는 생각이다.

두루마리성경 복사본(왼쪽 아래)
킹 제임스 번역본이 나오기 전에
사용되었던 감독 성경(오른쪽 위)
수장고에 있는 성경들(오른쪽 아래)

에필로그

　미추홀구에 남아있는 선교사들의 유적은 극동방송국이 처음으로 전파를 쏘아올린 인하대학교가 있는 학익동에 있다. 그나마 개발의 여파에서 살아남았기에 다행이라고 할 수 있고, 그것을 남기기 위해서 나름 노력했던 일들이 생각이 난다. 개발과 경제논리 앞에 중요한 것은 아무 것도 없었던 시대를 지나면서 우리가 잃어버린 것들이 너무나 많기 때문에 다행이라는 생각을 하게 된다. 극동방송 옛 건물들이 살아남기는 했지만 앞으로 영구보존이 가능할지에 대해서는 관심을 가지고 지켜야 할 문제이기도 하다.

　극동방송은 단순히 복음방송으로써 만이 아니라 동서냉전시대에 동구권(중국, 북한, 몽골, 중앙아시아, 소련)과 일본을 향해서 복음을 담은 전파를 쏘았기 때문에 오갈 수 없었고, 언론에 대한 통제가 심했던 당시에 복음을 전할 수 있었던 거의 유일한 역할을 했다. 1990년 이후에 구 소련이 해체되고 중국이 개혁개방의 길을 걷게 되었을 때, 극동방송의 전파를 들으면서 지하신앙을 하던 사람들의 존재가 알려지면서 극동방송의 존재가치를 세상에 알려지게 되었다.

　그러한 의미에서 단순한 한 복음방송국이 아니라 공산권에 복음과 함께 서구문명을 전달하는 매체로써 큰 역할을 했다. 이 사실은 중국과 국교를 수립하는 과정에서 오히려 중국 정부를 통해서 극동방송의 존재가 알려지게 되었다는 후일담도 전해지고 있다.

　최초로 방한한 선교사라고 할 수 있는 알렌의 별장도 미추홀구에 있었는데 아쉽게도 사라졌고, 그 자리마저 재개발되면서 완전히 없어짐으로써 더 이상 상상으로조차 그려보기 어렵게 되고 말았다.

박두성기념관과 국제성서박물관은 이 지역에서만 아니라 우리나라에 있어서 중요한 의미를 가지고 있는 인물이고 박물관이다. 박두성을 기억해야 하는 것은 세종대왕과 함께 또 하나의 자긍심을 갖게 하는 인물이다. 그럼에도 알려지지 않은 것은 전적으로 현존하는 우리들의 책임이다. 또한 국제성서박물관이 소장하고 있는 성경들은 종교를 떠나서 우리나라에서 가장 귀한 것들이기 때문에 문화사적인 측면에서도 귀한 것이다.

6. 부평구

프롤로그

　부평이 하나의 구가 되고 인구와 산업시설이 밀집한 곳이 된 것은 오래된 것이 아니다. 조선시대의 부평은 계양산 남쪽 자락에 위치한 관아를 중심으로 형성된 작은 고을이었다. 그리고 그곳에서 오늘의 부평역이 있는 사이의 넓은 지역은 바닷물이 들고나는 갯벌과 갯골이 있었다. 그러니 산자락으로 이어지는 조금 높은 지역에 여기저기 마을이 있었고, 일부는 논으로 개간하여 농사를 짓던 곳이다.

　일본은 한반도는 물론 대륙의 지배를 목적으로 1899년 경인선 철도를 부설하면서 인천역에서부터 노량진역까지 7개의 역을 설치하는데, 그 중에서 인천, 축현(동인천), 우각(도원), 부평 등 4개의 역을 인천에 만들었고, 그 다음 역은 소사, 오류동, 노량진에 역을 설치했다. 그러면 당시 부평역에 인구가 많이 살고 있었다는 의미일까? 그렇지 않다. 일제는 부평역과 계양산 사이의 공간이 개발되지 않은 상태로 갯물이 들고나던 곳이었기 때문에 활용할 방안을 가지고 부평역을 설치했다.

　일본은 이 지역에 병참기지를 조성하고, 무기와 전쟁을 수행하기 위해 필요한 군수물자를 생산하는 공장들을 만들었다. 따라서 노동자들이 유입되면서 자연스럽게 도시가 형성되기 시작했다. 해방 이후에는 일본이 패망하여 돌아감으로써 그들이 사용하던 곳은 거의 그대로 미군이 사용하는 시설이 되면서 역시 일자리를 필요로 하는 사람들이 이 지역에 유입되면서 부평이 오늘날과 같은 도시가 형성될 수 있었다. 실제로 1970년대까지만 하더라도 삼산지구 일원은 갈산동의 한전인천본부가 있는 언덕을 제외하고 저지대는 대부분 수로와 논이었고, 여름철 비가 많이 오면 굴포천의 범람과 함께 이 지역 일대가 물에 잠기던 곳이었다.

　따라서 부평구(과거의 북구가 현재 부평구와 계양로 분구됨) 면적이 넓기는 하지만 선교 초기의 역사가 남겨질 수 있는 여건(?)은 아니었다. 그러므로 이 지역에는 해방과 함께, 그리고 그 이후 인구가 집중되면서 교회들이 많이 생겼다.

따라서 여기서 찾아보아야 하는 것은 인천에서 선교사역을 하다가 잠들어있는 선교사의 묘지이다. 이 묘지도 처음부터 이곳에 있었던 것은 아니고 근년에 이곳으로 이장해서 조성했다.

외국인 묘지

한국에 최초로 만들어진 외국인 묘지는 어디에 있을까? 대부분의 사람들은 서울의 양화진 묘지(1890)로 알고 있다. 하지만 한국 최초 외국인 공동묘지는 이보다 7년이나 앞선 1883년 인천에 조성되었다. 그러나 이러한 사실을 인천에 살고 있는 사람들도 잘 모르고 있는 것이 현실이다.

인천의 외국인 묘지는 부평으로 옮겨지기 전 청량산 북동쪽 기슭(옛 수인선 송도역 부근) 청학동 산53번지에 자리하고 있었다. 이 묘지

청학동 청량산에 있었던 외국인 묘지

인천가족공원

에는 일반 외국인과 선교사들이 함께 잠들어있다. 주로 외국인 선원이나 세관원들이 사고나 질병으로 별세하게 되면 고향으로 돌아가지 못하고 묻힌 곳이기도 하다. 인천에는 외국인 묘지가 이곳 말고도 두 곳이 더 있었다. 그것은 중국인 묘지인데, 본래 이 외국인 묘지들과 함께 북성동(자유공원 북쪽 기슭)에 있었지만, 그곳이 도시화되면서 몇 차례의 이장을 거쳐서 지금은 인천가족공원(부평)으로 모두 옮겨졌다.

또 하나는 일본인 묘지인데 현재 51기가 이곳 부평가족공원에 이장되어있다. 이 일본인 묘지는 1888년 신흥동, 1902년 율목동, 1922년 도원동, 1936년 문학(승기리)로 옮겨졌던 것을 이곳으로 모두 이전해서 한 곳에 모아놓은 것이다. 같은 공간이지만 도시의 확장과 함께 밀려나면서 국적에 따라서 인천시 이곳저곳을 배회하다가 여기 부평가족공원에 모인 셈이다.

외국인 묘지가 북성동 1가 1번지에서 청량산 기슭으로 옮겨진 것은 1965년의 일이었다. 이 묘지들은 현재 북성동의 중화인교회(中華人)교회 부근에 있었던 것을 인구유입과 함께 필요한 주택공급을 해야 하지만 좁은 구도심에 택지 확보가 어려웠기 때문에 그곳에 있었던 묘지를 옮긴 것이다. 그러나 사전 정보를 갖지 못한 채 필자가 청량산에 있던 묘지를 처음 찾았을 때에는 이곳에 왜 외국인 묘지가 있을까 하는 생각을 할 수밖에 없었던 기억이다. 묘지들이 매우 이국적이기에 호기심도 느껴졌다. 북향의 솔밭 가운데 조성이 되어 있어서 낯이 설기도 했다. 어찌보면 어딘가에 두기는 해야 하는데 마땅치 않아서 수소문하던 중 인적이 드물고 민원이 발생하지 않을 곳을 찾아서 옮겨 놓

청량산에 있었던 안내석

았다는 생각을 할 수밖에 없었다. 그만큼 1965년 당시에는 인적이 없는 곳이었다.

하지만 현재는 청학동도 도시의 확장과 함께 주변이 모두 주택가로 변했다. 또한 한국인의 정서상 묘지에 대한 거리감을 극복하지 못한 채 방치되어 있었기 때문에 묘원이 청소년들의 우범지역으로 변하게 되었고, 주민들의 민원이 반복되면서 외국인 묘지를 어떻게 할 것인가 논의하게 되었고, 결국 청량산에서 다시 부평의 인천시립가족공원으로 옮기는 것으로 결정이 되어 2017년 5월 이곳으로 옮겨와서 새롭게 조성했다. 그 과정에서 가톨릭선교사들의 묘지는 다른 곳으로 옮겨갔다.

인천가족공원에 조성된 외국인 묘지

본래 외국인 묘원에 안장되어 있었던 묘지는 모두 66기였다. 국가별로 보면 미국인 17,

영국인 9, 독일인 11, 러시아인 5, 이탈리아인 3, 화란인 2, 호주인 2, 그밖에 프랑스, 캐나다, 스페인, 중국, 폴란드, 체코인이 각각 1, 그리고 신원을 알지 못하는 묘 11기가 있었다. 여기에 잠들어 있는 이들 가운데는 선원들과 세관원들이 가장 많고, 당시 인천에 거주했던 외국인들과 그 중에 선교사들도 있다.

우리가 관심을 가지게 되는 것은 선교사들의 묘지이다. 이곳에는 성공회교회의 랜디스(Eli Barr Landis, 1865~1898) 선교사를 비롯해서 확인할 수 있는 선교사들의 묘지가 있다. 선교를 위해서 이 땅에 와서 젊음을 바쳤던 이들이 여기에 잠들어 있음을 알게 되면 빚을 많이 지고 있다는 생각이 든다. 그러면서 하나님의 섭리와 은혜를 다시 체험하게 된다. 우리가 가지고 있는 신앙도 그들에 의해서 전달받은 것이고, 그들을 통해서 전달된 하나님의 사랑과 은혜로 오늘 우리가 있음을 고백하게 되기 때문이다.

엘리 랜디스의 묘

랜디스의 묘

인천에 흩어져있던 외국인 묘들을 모두 인천가족공원에 모두 이장하여 새롭게 단장을 했다. 그 중 가장 많은 것은 중국인 묘지이다. 하지만 중국인 묘지는 별도로 조성되어있다. 그 외의 일본인 묘지를 포함한 외국인 묘지는 한곳에 모아놓았기 때문에 접근성이 용이하다. 묘지 번호가 있고, 확실하게 알려진 묘는 비석이나 비석을 대신한 표시를 해놓았기 때문에 쉽게 찾을 수 있다.

랜디스 공적비

그런데 이 묘원에는 이 땅에 와서 생명을 아끼지 않고 복음을 전했던 선교사들과 그와 관련해서 사역을 하다가 자신들의 고국으로 돌아가지 못하고 잠들어있는 이들이 여럿이 있다. 구한말 우리나라에 복음을 전하고 치료해주기 위해서 찾았던 많은 이들을 모두 기억할 수는 없지만 일부의 사람들이 이곳에 잠들어 있기에 찾을 때마다 감회가 다르다.

그 중에 눈에 띄는 것은 성공회교회의 랜디스(Eli Barr Landis, 1865~1898)라고 하는 의료 선교사로 온 이의 묘가 이곳에 있다. 이곳 묘원에는 모두 고유번호가 있다. 그의 묘는 27번이다. 따라서 일일이 비석을 살펴보지 않더라도 묘지를 찾는 것은 어렵지 않다. 그리고 그의

랜디스(Eli Barr Landis)

묘는 그래도 가끔씩 찾는 성공회교회 성도들이 있어서 꽃도 놓이고 주변도 단장되어있다. 또한 그의 묘 앞에는 별도의 묘비가 만들어져 있어서 찾는 이들은 그에 대해서 알 수 있게 한다.

그는 1865년 12월 18일 미국의 펜실베니아의 랭카스터(Lancaster)에서 출생하여 펜실베니아대학교에서 의학수업을 했고, 1888년 5월에 고향인 랭카스터의 병원에서 전문의 과정을 마쳤다. 당시 북미지역에서 일고 있었던 선교 열풍은 그로 하여금 한국에 대한 관심을 가지게 했고, 복음과 의료의 불모지였던 한국에 찾아오게 되었다.

그는 영국 성공회교회 선교부가 초대 주교로 파송한 코프(Charles John Corfe)신부 일행과 함께 의사로서 선교를 목적으로 1890년 9월 29일에 제물포항에 들어왔다. 그리고 그에게는 인천 지역 의료선교 사업이 맡겨졌다. 인천에 도착한지 불과 열흘 남짓 지나서 집 한 채를 마련하여 10월 11일 진료소를 열어 환자들을 치료하기 시작했다. 그것은 사실상 인천 최초의 양방병원의 시작인 셈이다. 그의 열정적

초기 성 누가병원

인 진료는 폐쇄적인 당시 한국 사회의 의식까지도 바꾸는 계기가 되었다. 더군다나 일반인들은 아파도 이렇다 할 치료를 받을 수 있는 기회조차 주어지지 않았던 당시에 이 진료소가 사람들의 관심을 끄는 것은 당연한 일이었다.

영국병원(성 누가병원) 표지석

랜디스는 그렇게 시작한 진료소만으로는 몰려오는 환자들을 수용할 수 없기 때문에 병원건물이 필요했고, 현재 중구 내동 3번지(현 성공회 내동성당)에 병원건물을 짓고 1891년 10월 18일에 입주를 하였다. 병원 이름은 성 누가병원(락선시병원樂善施病院-이 명칭은 랜디스가 좋아했던 것으로 선을 행함으로 기쁨을 주는 병원)이라고 했다. 그러나 사람들은 이 병원의 이름을 영국병원이라고 불렀다.

또한 그의 선교에 대한 열정은 1892년 부모가 없는 아이들을 데려다가 돌보는 일로 이어졌다. 이것은 인천 고아원의 효시라고 할 수 있다. 이렇게 시작된 랜디스의 고아돌보기는 사실상 성공회교회 최초의 세례를 받게 되는 사람들로 이어졌다. 즉 그가 돌보던 아이들 5명은 1896년 12월 24일 서울에서 열린 세례식에서 성공회교회 최초로 세례자들이 되었다. 그렇게 보면 그는 의사이지만 복음전도에 대한 열정이 뜨거웠고 선교의 열매까지 이어갔던 것을 알 수 있다.

랜디스는 혼자서 아이들을 돌보면서 동반되는 문제들을 직접 해결하기 위해서 자신의 생활을 포기했다. 랜디스는 고아들을 별도의 시설을 만들어서 보살핀 것이 아니고 자신과 함께 살면서 돌보았다. 그러다보니, 외국인의 집에서 사는 아이들에 대한 편견이나 따돌림, 또한 아

랜디스가 야간에 운영했던 영어학교

이들의 의식에도 문제가 있을 수 있다는 생각을 하고 외국인이 살고 있는 구역에 있는 자신의 집을 내놓고, 아이들을 데리고 한국인들이 살고 있는 어려운 지역으로 자신의 집을 옮기고 그곳에서 아이들과 함께 살았다. 아이들이 한국인들과 같은 조건과 환경에서 살도록 한 것이다. 그러나 자신도 그렇게 살아야 했기 때문에 결코 쉽지 않은 결정이었다. 그럼에도 그는 자원하여 아이들을 데리고 한국인들과 같은 환경에서 살기를 자처했다.

또한 그의 한국에 대한 사랑은 불과 수개월 만에 한국어를 능숙하게 구사할 수 있게 되었고, 인천 최초의 영어학교를 1891년 2월 1일에 열어 매일 3시간씩 한 주일에 6일간이나 가르치는 일도 강행하였다. 이른 아침부터 돌보아야 하는 환자들이 있고, 저녁 늦은 시간에는 영어를 가르치기 위한 수고를 했다. 주일은 주일대로 학생들을 모아서 영어를 가르쳤으니, 그의 열정은 감히 흉내조차 낼 수 없는 것이었다.

하지만 그는 열악한 환경과 과중한 업무에도 자신을 돌보지 못하다가 장티푸스에 걸려 이 땅에 온지 8년만인 1898년 4월 16일(토) 별세했으니 그의 나이 고작 32세였다. 하지만 지금 그를 기억하는 이는 거의 없다는 아쉬움이 남는다. 다만 그를 기억하게 하는 것은 연세대학교 도서관에 "랜디스문고"로 남겨진 그의 유품이 전부이다.

말콤의 묘

랜디스의 묘에는 성공회교회에서 새롭게 동판표지를 만들어 놓았고 묘역도 관리하고 있다. 하지만 그가 잠들어있는 바로 옆 28번 묘지에는 아무런 표지가 없다. 다만 처음 묘지를 조성할 때 세워놓은 돌로 만든 십자가가 세워져있을 뿐이다. 필자가 이 묘지가 청학동에 있을 당시 처음 대했을 때 느꼈던 것은 바로 옆에 있는 랜디스의 묘를 관리하고 있는 성공회교회에서도 28번 묘에 대해서는 알지 못하고 있는 것이 아닌가 하는 생각을 했었다. 그렇지만 후에 공식적인 것은 아니지만 성공회 한 신부와의 이야기에서 28번 묘에 대해서 알고 있다는 사실을 확인할 수 있었다. 그런데 왜 이 묘는 관리하고 있지 않는지에 대해서는 아직도 모르겠다.

28번 묘의 주인공은 말콤

말콤의 묘

(F. B. Malcom, ? ~1897)이다. 말콤은 랜디스를 도와서 1895년부터 성 누가병원에서 봉사를 했던 또 한 사람의 의료 선교사이다. 그는 미국에서 의사가 되어 1893년부터 중국선교에 동참을 했다가 한국 성공회교회 초대주교인 코프 신부에 의해서 인천으로 오게 되었다. 그리고 랜디스와 함께 의사로서 성 누가병원에서 진료하면서 성공회교회 선교사로 일을 했다.

그런데 그는 랜디스보다도 먼저 별세했다. 그는 1895년부터 누가병원에서 진료하는 일을 했지만, 1897년 1월 3일에 쓸쓸하게 자신이 돌보아야 할 많은 사람들을 남겨놓은 채 생을 마감해야 했다. 그는 그때까지 독신이었기에 쓸쓸함을 더했다. 그런데 별세 후에도 같은 선교사 신분으로 이 땅에서 수고하다가 여기에 잠들었지만 그를 찾는 이는 없다. 굳이 기억하는 이도 없는 것 같아서 쓸쓸함을 더한다.

말렛의 묘

이어서 찾아볼 수 있는 것은 34번의 주인공인 말렛(Annie Louisa Malet, 1836-1900)의 묘이다. 그는 영국의 플리모스 형제단 소속의 선교사인 브랜드(H. G. Bland, 1865-1942)의 장모이다. 그가 한국에 온 것은 1898년의 일이다. 이 땅에 온지 불과 2년 만인 1900년 그녀는 이 땅에서 64세의 생을 마감했다. 그녀가 사위인 브랜드 내외와 우리나라에 들어와서 짧은 기간이지만 프리모스 형제단의 신앙을 전했다. 브랜드는 1884년 캠브리지대학교(Cambridge University)에 재학하던 중, 당시 영

말렛의 묘

국 성공회교회에 회의를 느끼고, 기성교회가 아닌 소모임인 형제단 모임에 참석하면서 해외선교를 꿈꾸게 되었다.

그는 1888년 선교를 목적으로 자비량으로 일본에 가서 선교활동을 시작했다. 일본에서 활동하면서 만난 사람이 일본인 신학생 노리마츠 마사야스(乘松雅体)였다. 노리마츠는 당시 니혼바시(日本橋)교회 소속으로 미국 북장로교회 선교부가 설립한 메이지가쿠인신학교(明治學院神學校, 현 메이지각구인대학교) 학생이기도 했다. 노리마츠는 브랜드의 가르침에 감명을 받고 브랜드를 따라가기 위해서 니혼바시교회를 나와 일본 형제단모임에 가입했다. 그 후 1896년 신학교를 졸업한 노리마츠는 조선의 현실을 알게 되면서 단신으로 조선 선교를 위해서 조선을 찾아왔다.

노리마츠 마사야스(乘松雅休), 수원동신교회

노리마츠가 조선에서 복음을 전하는 활동을 하고 있었기 때문에 브랜드는 노리마츠에 대해서 궁금하기도 했고, 조선도 선교 대상국으로 생각하고 그 역시 조선을 찾아오게 되었다. 1898년에 가족과 함께 조선에

수원동신교회
(출처:수원시 공식 블로그)

찾아온 브랜드는 노리마츠와 만나서 조선인들과 조선주재 영국 공사관 직원들에게 복음을 전했다. 그렇게 활동을 하다가 1904년 12월 3일 러일전쟁이 발발하면서 정세가 불안해지자 브랜드는 일본으로 돌아갔다.

러일전쟁이 끝나면서 일본은 조선을 식민지로 만들기 위한 노력을 지속적으로 했다. 결과적으로 그는 다시 조선을 찾아오게 되었고 노리마츠와 함께 형제단 신앙을 전하면서 교회를 세우게 되었다. 그러다가 그는 1921년 어머니가 위독하다는 소식을 듣고 영국으로 돌아갔다가 다시 이 땅에 돌아오지 못하고 그곳에서 별세하였다.(노리마츠의 행적은 수원의 동신교회에서 찾아볼 수 있다.)

타운젠. 탕. 하나의 묘

그밖에 이곳에 잠들어있는 이들 가운데 기억해야 할 것은 42번 묘의 주인공인 한미통상조약을 일구어낸 타운젠(Walter Davis Townsend, 1856-1918)이다. 그리고 1883년 민영익의 통역으로 미국방문에 동행했던 중국인 탕(Woo Li Tang, 1843-1912)의 묘가 36번이다.

그리고 조금 더 관심을 가지고 찾아보면 푸치니의 오페라 '나비부인'의 주인공인 츠루(ツル)의 친 딸 '하나(Hana)'의 묘가 랜디스 묘 옆에 있다는 것을 발견하게 된다. 나비부인[7]의 모티브가 된 '하나'의 친모 츠루는 나가사키에서 거부가 되었고 정치적으로도 실세가 된 스코틀랜출신 글로버(Thomas Blake Glover, 1838~1911)와 1866년 재혼을 했

---

7) 나비부인의 주인공인 츠루는 미해군 장교(Pinkerton)가 게이샤인 그녀를 꼬드겨서 결혼해서 아이까지 낳았지만 귀국한 다음에 바로 미국 여자와 결혼해서 돌아오자 자살한다는 비극적인 스토리이다.

하나 베넷 가족(좌), 하나 베넷(우)

고, 두 사람 사이에 1남 1녀가 태어났는데, '하나'(Hana Glover)가 바로 그 딸이다.

그런데 츠루가 정말 나비부인이었나 하는 것은 최근에 '아니다'는 주장이 제기 되었고, 그렇게 알려진 것은 츠루가 살았던 나가사키의 집을 '나비부인의 집터 발견'이라는 신문기사 때문에 그동안 오해한 일이라고 확인되었다.

'하나'는 츠루가 50세가 되던 해인 1897년 영국 상인 월터 베

하나 베넷의 묘, 그 비문에 새겨진 푸치니의 오페라 나비부인의 딸이라는 일설은 최근 잘못된 정보에 의한 것으로 밝혀졌다.

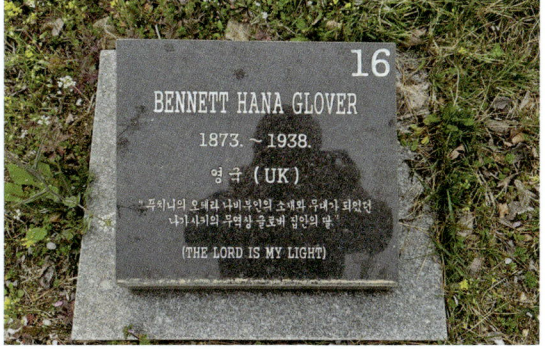

넷(Walter Bennett)과 결혼했다. 따라서 '하나' Hana Glover Bennett(1873~1938)라는 이름을 가지게 되었고, 사업차 온 남편을 따라서 인천에 와서 정착했다. 인천에 온 남편 베넷은 영국 영사 대리직을 겸하게 되었다. 남편과 함께 인천에 온 그녀는 1938년 별세할 때까지 인천에서 살았는데, 그 기간 중 1915년부터 1935년까지는 옛 영국영사관(구 올림포스호텔)에 살았다고 알려졌으며, 70세가 되어 별세함으로 외국인 묘지에 묻혔다.

츠루의 아들 구라바 도미사부로(1870~1945)는 일본에 귀화해서 일본 수산업을 발전시킨 공로자가 되었고, 미국에서 생물학을 전공한 다음 일본 어류도감을 써서 유명해진 인물이다. 그러나 2차 세계대전이 일본의 패전으로 끝났을 때 일본이 그를 영국 스파이로 의심하면서 감시를 하자 자살하고 말았다.

에필로그

부평에 남겨진 신앙 유산은 이 외에도 기억에 남겨야 할 것들이 더 있다. 특별히 해방 이후에 형성되는 교회들이 남긴 이야기들과 경기도 지역에 흩어져있던 한센인들이 부평에 정착하는 과정에서 섬겼던 일들은 큰 울림과 우리 현대사에서 결코 잊힐 수 없는 아픈 이야기들이다. 그러나 여러 가지 여건이 성숙되어야 할 요소들이 있어서 일단 접어두고자 한다.

부평에서 찾아본 외국인 묘지와 관련한 이야기는 외국인 묘지가 여기까지 옮겨지게 되는 인천의 발전사와 함께 우리에게 필요한 의식이 무엇일지 생각하게 한다. 현재 외국인 묘지가 있는 인천가족공원은 일제 강점기 일본군 병참기지였고, 그 지하는 인천에서 가장 큰 은을 캐던 광산이 있었다. 1937년 일본인이 부평광산이라는 이름으로 광업권을 등록해서 해방 전까지 채광을 하다가 일본이 패망한 후 1967년 영풍광업이라는 회사가 인수해서 1987년까지 운영하다가 폐광된 상태이니, 사실 인천가족공원 지하에는 보이지 않지만 많은 갱도가 지금도 거미줄처럼 존재한다.

당시까지만 해도 인천에서 많이 외진 곳이기 때문에 자연스럽게 묘원이 조성되는데 크게 문제가 되지 않았다. 사람들이 접근하지 않는 곳이다 보니 한센인들이 거처를 마련하는 데도 크게 문제가 되지 않았던 것이리라. 이곳 인천가족공원 주변에 한센인들이 모이게 된 것은 정책이었으며, 그들이 하나의 공동체로 함께할 수 있게 하는 중심에는 모두 교회들이 있었다는 것도 사실이다. 따라서 지금은 한센인 마을이 아니지만 그곳에 정착하는 과정에서 그들의 애환과 어려운 가운데서 형성했던 신앙과 교회들을 찾아보아야 하는 것은 아쉽지만 과제로 남겨둘 수밖에 없을 것 같다.

7. 옹진군

프롤로그[8]

백령도는 서해의 고도(孤島)다. 북한의 황해도 옹진반도 끝자락에 자리하고 있는 이 섬은 인천에서 뱃길로 가려면 200km가 넘는 먼 길이다. 아직까지는 뱃길이 유일하기 때문에, 그리고 접경선을 옆에 두고 가야 하는 길이기에 더 멀게 느껴진다.

필자가 고등학교 시절 개인적으로 무척이나 가고 싶었던 곳이었다. 그러나 처음 이곳에 갈 수 있었던 것은 2000년도 이었으니 꽤나 긴 세월이 지난 다음이었다. 먼 만큼이나 오랜 시간이 걸렸다고나 할까. 처음으로 백령도를 알게 된 것이 1972년의 일이다. 선친이 3년간 백령도에 계셨기 때문이다. 그러나 당시는 여러 가지 형편상 가지 못했었기에 부모님이 가장 필요했던 시기에 늘 마음에만 그리던 곳이었다.

그리고 다시 30년 가까운 세월이 지나서야 기독교 유적지를 발굴하기 위해서 찾아갈 수 있는 기회를 만들었다.

---

8) 옹진군편은 〈선택받은 섬 백령도, 아벨서원, 2020〉에 실린 글과 같다. 다만 여기서는 사진과 일부를 첨삭한 것을 밝힌다.

복음 전래의 길목

백령도는 우리나라에 기독교가 전래되는 과정에서 주요 길목이었다. 1884년 알렌이 의료 선교사 신분으로 들어오기 전, 중국 주재 선교사들 가운데서 조선 선교에 관심을 갖게 된 몇몇 사람이 처음으로 조선에 발을 디뎠던 곳이 백령도이기 때문이다. 그들이 남긴 현존하는 유형의 유적은 없지만, 그들의 수고가 유효함은 훗날 이곳에 복음이 전해졌을 때, 이 섬의 복음화 과정에서 놀라운 열매로 나타났다. 필자는 비록 그들의 흔적은 남아있지 않지 않고, 역사를 잇고 있지도 않지만 전해진 복음의 씨앗이 발아하여 성장한 오늘의 교회들을 돌아보고 싶었다.

백령도는 우리나라 기독교회 역사에 있어서 최초의 순교자인 토마스(Robert J. Thomas)와 그 보다 앞서서는 칼 귀츨라프(Karl F. A. Gutzlaff)가 처음으로 조선의 땅을 밟았을 때 찾았던 곳이다. 그들은 이곳에 한문성경을 전함으로써 이 땅에 복음을 전해준 곳이다. 그들이 이곳에 와서 복음을 전한 것은 사실이다. 비록 그 열매가 맺혀지는 것은 많은 시간이 흐른 다음이었으나 그들이 남겨준 복음에 의해

귀츨라프의 조선방문 지도
(출처:귀츨라프행전_신호철 지음)

귀츨라프(좌), 토마스(우)

서 복음화를 이룰 수 있는 터전을 준비할 수 있었다는 것을 인정할 수 밖에 없다.

현재 백령도 주민의 적게는 65% 많게는 80%가 기독교인이라는 이야기이다. 뿐만 아니라 이곳에는 제사를 지내는 집이 없고, 다른 섬의 경우에는 없어서는 안 될 풍어제와 같은 굿이나 대동제 같은 마을의 제례의식도 이곳에는 없다고 한다. 물론 이렇게 되기까지는 이곳 그리스도인들의 많은 수고와 신실한 신앙과 성경적인 삶의 열매가 있었기 때문이리라.

그러나 이곳도 위기가 없었던 것은 아니다. 일제말기에 교회를 통폐합하는 과정에서 집회를 허락하지 않아서 잠시 몇 교회들은 집회가

백령성경학교

불가능했었다. 하지만 1937년부터 시작한 백령성경학교는 백령도를 비롯해서 대청도, 소청도 그리고 인근 섬사람들에게 복음으로 사는 삶의 확신을 가지게 하였다는 것은 의심의 여지가 없다. 이 백령성경학교는 겨울철에 2개월씩이나 계속되는 그야말로 계절학기식 성경학교였다. 3개 섬과 지금은 북한에 속한 주변의 작은 섬들에 살고 있는 젊은이들이 300여 명씩이나 모여서 함께 먹고 자면서 하나님의 말씀을 공부했다고 하니 놀랍지 않을 수 없다. 이것은 이 섬에서 많은 목회자와 장로들이 배출된 이유라고 할 수 있다.

필자가 처음 이곳을 찾았을 때도 어느 목사님이 남긴 말이 생각이 난다. "여기서는 목사가 성경 본문을 읽고 본문에 합당하게 설교하지 않으면, 당장 장로님들로부터 지적을 받는다."는 것이었다. 그만큼 장로들까지도 성경 지식과 이해 능력이 갖추어져 있다는 이야기가 아니겠는가. 아마 섬이기 때문에 그것이 가능했다고 생각할 수 있지만, 동시에 이 지역 신자들의 신앙의 열정을 높이 사지 않으면 안 될 일이다. 아무튼 이곳은 한국에서 가장 신자의 비율이 높고, 실제로 기독교적인 분위기와 문화가 살아있는 곳인 것은 분명하다는 것을 섬 곳곳에서 느낄 수 있다.

진촌교회

연안부두에서 출발한 배가 백령도에 닻을 내리는 곳이 용기포항이다. 사실상 이곳에서부터의 여정이 답사의 시작이다. 백령도는 어디를 가나 기독교의 영향이 크게 미치고 있기 때문이다. 다만 고도이기 때문에 교통편이 좋지 않다. 물론 택시도 있고 관광버스도 있다. 어떤 것을 이용하느냐가 문제인데, 이곳을 찾으려하는 사람들은 교통편을 미리 결정하고 들어가는 것이 좋으리라고 생각한다. 필자의 경우는 이곳의 지인의 도움을 받았기 때문에 답사 여정이 용이하였다.

진촌은 면소재지로서 백령도의 행정, 교육, 경제의 중심지이다. 용기포항에서 이어지는 길을 따라서 섬 안으로 들어가면 이내 진촌의 중심거리가 나온다. 중심가를 벗어나면서 우측을 보면 커다란 예배당이

진촌교회 전경

보인다. 섬에는 어울리지 않을 만큼 웅장하고 규모가 큰 예배당이 방문자를 맞아 준다.

진촌교회는 백령도 최초의 교회는 아니다. 굳이 순서를 말한다면 세 번째로 세워졌다. 그렇지만 최초의 교회인 중화동교회로부터 어떤 형태로든 영향을 받았다. 중화동교회의 허득과 허간이라는 초기의 신자들이 이곳 진촌에 와서 전도하여 이윤범과 장성록이라는 사람을 개종시켰다는 기록이 전해지고 있다. 앞으로 찾아가겠지만, 그러한 의미에서 중화동교회는 백령도 모든 교회의 모교회이다.

진촌교회의 시작은 1905년 4월 15일 진촌에서 처음으로 개종한 이윤범의 집에서 예배를 드리기 시작한 것이 효시인 것으로 알려지고 있다. 그리고 1923년에 30평 규모의 예배당을 마련했다. 이때까지는 교역자가 없는 상황이었고, 어떻게 보면 거의 자생하는 신앙 공동체로써 신앙을 유지하고 있었다고 할 수 있다. 뭍에서도 목회자가 부족한 시대적 상황이었기 때문에 고도인 이곳까지 목회자가 사역하는 것을 기대하는 것은 무리일 것이다. 지리적으로나 당시의 목회자의 수급상황, 그리고 경제와 교통편의 어려움 등은 이곳에까지 목회자가 들어와서 일할 수 있을 것이라고는 기대하기가 어려웠기 때문이다.

진촌교회는 예배당을 마련한 다음인 1924년에야 처음으로 담임교역자가 부임해서 공동체를 살필 수 있었다. 일제 말기에는 다른 교회들과 마찬가지로 어려움을 겪으면서도 신앙의 명맥을 이어갔고, 해방과 더불어 옛 예배당을 수리하고 예배를 드렸다는 기록을 볼 때, 해방 직전에는 상당한 기간 동안 집회의 어려움과 공백이 있었지 않았나 하는 생각을 하게 된다.

백령도의 관문 옹기포항(사진: 옹진군)

그러나 해방 이후 다시 하나의 공동체로 성장하게 된 진촌교회는 1953년, 1977년(94평), 1991년(252평)에 각각 새로운 예배당을 건축하였고, 그리고 현재는 예배당보다도 크게 보이는 교육관을 신축하여 이 지역의 주민들과 함께 하는 신앙과 삶을 나누는 공간을 만들었으며 신앙의 요람이 되고 있다. 또한 이 교회를 중심으로 하는 지역사회에 대한 봉사가 눈에 띄게 주목을 받고 있다. 또한 비록 고도에 위치한 교회이지만 1998년부터는 해외선교에도 힘을 쓰고 있다.

시간이 허락된다면 진촌리 골목길을 걸어서 돌아보는 시간을 가진다면 좋을 것이라는 생각이다. 이 지역에서만 경험하고 느낄 수 있는 만남이 있기 때문이다.

두무진 포구

진촌리에서 안으로 계속 들어가면 북포리가 된다. 북포리를 벗어나면서 대가을리, 그리고 마을이 끝나는 지점에서 갈래길이 되는데, 그곳에서 우회전하여 약 6km쯤을 가면 두무진 포구가 나온다. 지금은

두무진교회 전경

두무진 포구

관광객들이 많이 찾아오는 관계로 주차장 시설도 만들어졌다. 언덕 쪽으로 눈을 돌리면 작은 예배당이 있고 그 아래 두무진 포구의 사진과 함께 작은 글씨로 무엇인가 가득 적어놓은 간판을 발견하게 된다. 답사 여행을 한다면 다른 곳에 가기 전에 이 간판을 찾아보기를 권하고 싶다. 백령도에 복음이 전래되는 사건들에 대한 문헌에 있는 글을 옮겨 적어놓은 것이다. 적어도 다른 정보를 가지고 가지 않았다면 이 글을 읽고 포구로 나가서 살펴본다면 여행의 의미를 더해줄 것이다.

어쩌면 백령도를 답사하는 과정에서 귀츨라프나 토마스 선교사가 백령도를 처음으로 방문했다는 사실은 매우 특별한 의미가 될 것이다. 그러나 그들이 어디에, 어떤 사람들과 접촉이 있었는지는 알 길이 없다. 다만 토마스의 경우 바로 이 두무진 포구로 상륙했다는 구전이 전해지고 있다. 그러니까, 두무진은 적어도 서쪽(중국)으로부터 접근할 때 지리적으로 배를 댈 수 있는 가장 확실한 포구인 것을 감안 할 때 굳이 부정할 필요는 없으리라는 생각이 든다. 수심이나 큰 배가 접안 할 수 있는 여건이 갖추어져 있기 때문이다.

귀츨라프가 백령도를 찾은 것은 1832년이고, 토마스가 이곳을 찾은 것은 1866년으로 알려져 있다. 그러나 그들의 방문에 의해서 직접적으로 이곳에 교회가 세워졌거나 그리스도를 영접한 사람들이 있었다는 기록은 현재까지 찾을 수 없다. 다만 이것은 한국에 기독교회가 전래되는 과정에서 그 접촉점으로써 생각할 수 있는 중요한 사건이다. 또한 훗날, 이 섬에 복음이 들어왔을 때 이 곳 사람들이 복음에 매료될 수 있었던 이유가 이미 성경을 전해 받았지만 신앙생활을 하지 못했던, 그리고 공동체를 형성하지 못했던 사람들이 그 길이 열렸을 때 공동체를 형성할 수 있었던 것이 아니었을까 하는 생각을 해볼 뿐이다.

그러한 의미에서 이곳은 우리나라에 복음이 처음으로 들어온 관문들 가운데 하나라고 할 수 있지 않을까? 공식적으로는 1884년 알렌 선교사의 입국을 효시로 여기고 있지만, 실제로 선교를 목적으로 이 땅을 찾았던 선교사들의 첫 발걸음은 그보다 훨씬 앞서 이곳에 남겨졌기 때문이다. 그리고 그들의 수고는 결코 헛되지 않았다. 당시에 바로 복음의 열매가 맺혀진 것은 아니지만, 토마스가 다녀간 지 30여 년이 지나서 백령도에는 하나의 공동체가 전혀 다른 루트를 통해서 형성되었기 때문이다. 그것은 결코 우연한 것이 아니고 복음의 씨앗이 이곳에서 이미 싹이 틀 수 있는 때를 기다리고 있었던 것일지 모른다. 그리고 그 씨앗은 일찍이 귀츨라프와 토마스에 의해서 뿌려졌던 것이 아닐까.

그러한 의미에서 지금은 백령도밖에는 찾아갈 수 없지만 백령도에서 육안으로 보이는 황해도를 생각하지 않을 수 없다. 우리나라 최초의 기독교의 전래가 중국과 지리적으로 가장 가깝게 위치해 있는 황해도 서해안 일대를 통해서 전해진 것은 이미 알고 있는 일이다. 백령도를 기점으로 해서 장산곶과 그 앞에 백령도와의 사이에 있는 작은 섬들, 이 지역은 우리나라에 복음이 전하여지는 첫 번째의 장소들이었다는 것은 의미가 크다. 그리고 그 가운데 하나가 여기 두무진 포구다.

황해도 장연에는 공식적으로 우리나라 최초의 교회인 소래(松川)

두무진 기암괴석군

교회가 설립되었고, 근처에 있는 구미포해변에는 언더우드에 의해서 선교사들을 위한 소래수양소(1905)도 만들어져서 지치고 질병과 싸워야 했던 선교사들의 쉼과 치유를 위한 공간으로써의 역할을 했다. 또한 토마스 선교사가 이곳에 올 때 길잡이 역할을 했던 김자평이라는 사람도 황해도 장연 사람이었다는 사실은 그냥 지나칠 수 없는 이유이다.

이곳에 오면 우리나라에서 가장 아름다운 현무암 기암괴석이 만들어주는 장관을 놓칠 수 없다. 유람선을 타고 나가서 포구를 벗어나면서부터 눈에 들어오는 정경은 대한민국 최고의 해금강이라고 할 수 있다. 서북쪽으로 펼쳐져 병풍처럼 서 있는 괴석군(怪石群)은 찐 해금강이라고 할 수 있고, 그 정경이 황홀하기까지 하다. 시간에 따라서는 쏟아지는 태양, 혹은 낙조와 함께 어우러져 절경을 만들어 준다. 약 한 시간가량을 유람선으로 섬 주변을 돌아볼 수 있는데, 시간이 언제 지났는지 모를 만큼 빨리 지나간 느낌이다.

가마우지와 물범

또한 이 지역은 천연기념물과 희귀 보호생물들이 많이 있는 곳이기도 하다. 그 중에서도 특별히 바다 가마우지와 점박이물범(천연기념물 331호)의 서식지이기 때문에 녀석들을 육안으로 확인할 수 있는 곳인데, 요즘 들어서 많은 사람들이 찾아오는 것이 그들의 서식환경을 나쁘게 만드는 것이 아닌가하는 걱정이 들기도 한다.

주변을 돌아보고 유람선에서 내리면서 우측을 보면 횟집들이 자리하고 있는데, 그 앞을 지나서 통일기원비를 안내하는 이정표를 따라서 올라갈 수 있다. 두무진 포구를 한 눈에 내려다볼 수 있는 전망이 좋은 곳이 있다. 잠시 앉아서 선교사들이 이곳을 찾았을 때의 상황을 그리면서 땀을 식히는 것도 좋다. 통일기원비를 옆으로 하고 언덕 아래 해변으로 내려갈 수 있는 곳이 있는데, 백령도의 제1경을 만날 수 있기에 꼭 찾아보도록 권하고 싶다. 가능하면 그곳에서 낙조를 맞을 수 있는 것은 최고의 풍경을 경험할 수 있을 것이다.

통일기원비

가을교회

두무진 포구에서 왔던 길을 돌아 나와 두무진으로 가기 위해서 우회전하였던 삼거리까지 와서 우회전해서 양옆에 있는 논을 가로지르는 길을 따라서 약 300m 쯤 가면 작은 마을이 나온다. 길가에 예배당 건물이 있다. 예배당은 다른 교회와 마찬가지이지만 예배당과 종탑이 보인다. 필자가 이곳을 처음 찾았을 때는 예배당 입구에 매우 인상적인 종탑이 있었다. 나지막한 종탑은 담쟁이덩굴이 에워싸고 있고, 그 위에 종이 올려져 있었다. 세월의 무게를 느끼게 하는 종은 해방 이후에 새롭게 준비해서 사용하던 것인데, 근년에 들어서 예배당을 새롭게 단장하면서 종탑도 철골로 만들어 놓였다. 옛 정취는 느낄 수 없어 아쉽지만 종각이 있는 예배당을 경험할 수 있다는 것으로 만족해야 할 것 같다.

가을교회 전경

그러나 이 교회의 종은 특별한 의미를 가지고 있다. 이 예배당을 지을 당시, 즉 1958년 12월 종이 설치되었는데, 이 종은 당시 주둔하고 있던 UN군에서 가을교회를 위해서 특별히 제작한 것이기 때문이다. 현재는 높은 종각 위에 있어서 눈으로 확인하기 어렵지만 목사님께 부탁해서 필자의 기억에 남아있던 종을 독자들에게 소개할 수 있어서 기쁘고 목사님께는 감사한 마음이다.

가을교회의 시작은 역시 백령도의 모교회인 중화동교회로부터다.

1958년 UN군이 기증한 가을교회 종

이 마을의 김명길이라는 사람이 부인과 함께 1898년경부터 중화동교회로 출석을 했는데, 그러니까, 중화동교회가 형성되는 초기에 예수님을 영접하였고, 오랫동안 이곳에서 중화동까지 걸어서 교회를 다녔다고 한다. 그 후 점차 이 마을 사람들 가운데서도 신앙을 가지는 사람들이 생기면서 1921년에 6칸 크기의 함석지붕 예배당을 마련하게 되었다.

그러나 유력한 신자들이 타 지역으로 이주함으로 바로 독립된 교회로 발전을 하지 못하고 1923년 11월에야 황해노회 제55회 노회에서 중화동교회로부터 분립하는 것을 허락 받아서 가을교회가 정식으로 설립되었다. 그러나 현재 가을교회가 설립 기념일로 지키고 있는 것은 1924년 3월 1일이다. 그 이유는 정확하게 알 수 없으나 설립 허락을 받은 이후 공식적으로 설립예배를 드린 날을 기준으로 한 것이 아닐까 하는 추측이다. 이렇게 분립의 과정을 통해서 시작된 가을교회는 설립 당시에 이미 40명(세례인 15, 학습인 6, 원입인 20)이 있었다고 하니 당시의 신앙의 열정을 짐작하게 한다. 그만큼 인구도 지금보다는 많았고 신앙의 열정도 뜨거웠다고 할 수 있으리라.

그러나 워낙 외진 섬이고 교통이 불편했던 곳이라서 교역자 수급은 어려웠다. 교회의 연혁을 보면 1950년대 말까지도 영수(領袖)제도가 있었고, 그 이후에는 백령도에 주둔하고 있는 부대의 군목들이 교회를 돌보았다는 기록을 볼 수가 있다. 그만큼 이곳의 지리적 경제적인 어려움이 있었던 것을 짐작하게 한다. 그럼에도 불구하고 마을의 중심에서 신앙을 계승시키는 일은 물론 정신적인 중심에서 그 역할을 다하고 있는 모습을 보여주고 있다.

현재 가을교회 예배당은 완전히 새롭게 단장을 했다. 하여 필자의 첫 방문 때 예배당은 1958년에 지은 목조 건물에 합석지붕을 가지고 있었던 것인데 지금은 어디서도 찾을 수 없다. 어려운 환경이지만 반듯한 예배당을 소원했던 신자들은 2009년 현재의 예배당을 마련했다. 외로운 섬에 있는 작은 마을에서 이런 예배당을 가질 수 있는 것은 공동체를 이루고 있는 이들의 신앙의 외적인 표현이라고 할 수 있다.

연지교회

가을교회를 나서면서 바로 우회전하면, 중화동과 연화리 방향이 된다. 불과 200여 미터만 가면 삼거리길이 된다. 그 지점에 이정표가 있다. 거기서 연지동 방향으로 우회전해서 마을로 들어가면 마을 안 왼쪽 방향에 예배당 건물이 보인다. 예배당 건물을 보면서 골목으로 따라 들어가면 작은 개울과 다리가 있는데, 그 다리를 건너면 바로 예배당이다.

연화리는 백령도 북서쪽 해변에 자리하고 있는 작은 마을이다. 장산곶 인당수에 몸을 던진 심청이가 이곳 연화리에서 꽃으로 피어났다는 전설이 전해지는 곳이기도 하다. 마을 이름도 그래서 연화리라고 한단다. 구전으로 전해오는 이야기며 심청전 자체를 역사나 사실적인 교훈으로 받아들일 수 없는 한계가 있는 것이기에 특별한 의미를 부여할 수 없지만 연화리를 찾은 사람으로서 그곳에서 듣게 되는 이야기다.

연지교회 전경(사진: 전형준)

필자가 처음 연지교회를 찾았을 때 매우 특별한 종탑이 있었다. 아마 어디서도 볼 수 없는 것이었기에 기억에 또렷하게 남아있다. 돌무더기로 쌓아올린 종탑이었기 때문이다. 하지만 지금은 세월의 무게를 못이기고 돌로 쌓았던 종탑은 흔적도 없어졌고, 종은 내려서 사명을 다한 듯 앉아있다.

연지교회가 사용하던 종(사진: 전형준)

예배당과 교육관은 새롭게 벽돌로 옷을 갈아입고 단장을 했다. 너무나 조용한 마을, 고즈넉하게 느껴질 만큼 아무런 소리가 들리지 않는다. 아이들이 없기 때문일 수도 있을 것이다. 오가는 사람들도 없다. 농어촌교회들의 현실이 다 그렇겠지만 고도인 이곳은 더 삭막하게 느껴지는 마을의 분위기다.

하지만 이곳에 복음이 들어오고 교회가 세워진 것은 오래다. 중화동교회에 출석하던 이 마을 사람들이 생기는 것이 그 효시이다. 1912년 이 마을에 살던 정두진, 허의매라는 두 사람이 예수님을 영접하고 여러 해 동안 중화동교회를 출석했다. 그 후에 가을교회가 세워지므로 비교적 거리가 가까운 가을교회로 출석을 하게 되었다. 그러던 중에 이 마을에 전입해 온 사람들과 몇몇 사람들이 함께 1939년경 교회를 세워야 하겠다는 움직임이 있었고, 가을교회로 출석하던 일부 사람들이 합세하여 예배당 건축을 논의하게 되었다.

이렇게 해서 그해 초가 10칸 건물을 마련하게 되는데, 그것이 연지교회의 시작이다. 그것은 기존의 집을 예배당으로 개조한 것으로 그해 11월부터 예배를 드렸다. 그러나 교회 설립은 1941년 10월 황해노회로부터 교회분립을 허락 받아서 연지교회라는 정식 이름을 갖게 되었다. 이미 이때의 신자가 100여 명이 되었다고 하니, 교회의 규모와 신앙의 열정을 짐작할 수 있다. 백령도의 상황을 보면 대부분의 마을에 기독교인이 아닌 사람이 없을 만큼 복음화율이 높다. 이 마을의 경우도 예외가 아니다.

하지만 연지교회도 교역자가 없어서 어려움을 겪은 것은 예외가 아니다. 낙도의 교회들이 대부분 경험했던 일이지만 그 중에서도 외지고 접경지역의 섬인 백령도 연지교회도 그러한 경험을 해야 했다. 상당한 기간을 중화동교회의 목회자가 겸임하여 연지교회를 살펴야만 했다. 그 후에도 몇 년씩 무목상태로 있던 기간들이 많았다. 1990년대에 들어와서도 교역자가 없어서 은퇴한 목사가 돌보아야 하는 것이 6년이나 지속되었다. 그만큼 도서지방의 목회자 수급의 어려움을 보여주고 있는 것이리라. 그럼에도 오히려 이 교회는 많은 목회자들을 배출시켜 뭍의 각처에서 사역하도록 한 것도 부정할 수 없는 사실이기 때문에 감사한 일이 아닐 수 없다.

중화동교회

연지교회에서 나와 마을 밖 큰 길에서 우회전하여 언덕을 넘어 약 2.8km를 가면 장촌과 중화동으로 표시되는 이정표와 함께 삼거리가

중화동교회 전경

나온다. 여기서 우회전하면 중화동 방향이다. 이 삼거리에서 중화동교회까지는 약 1.2km이다. 예배당이 마을 안 깊숙이 자리하고 있기 때문에 마을에 들어서야만 멀리 언덕 위에 커다란 예배당과 부속건물들이 한 눈에 들어온다. 마음으로만 그리던 중화동교회, 잠시 벅찬 가슴을 달래야만 했기에 멈칫할 수밖에 없었다. 그리고 크게 한숨을 몰아쉬고 발걸음을 계속했다.

　　마을 앞에 있는 포구에는 꽤나 큰 배들이 있다. 이 마을은 어업을 주업으로 하는 것임을 짐작할 수 있게 했다. 예배당을 보는 순간 감회가 남달랐다. 개인적으로는 이곳을 꽤나 오래 전에 왔어야 했고, 오고 싶었던 곳이기 때문이다. 1972년부터 몇 년간 아버님이 목회하던 곳이기 때문이다. 그때는 와보고 싶었지만 그럴 수 있는 여유가 없었고 교통도 매우 불편했던 시대였기 때문에 아버님이 이곳에 계시는 동안 한 번도 와보지 못했다. 이곳이 어떤 곳일지 상상만 할 수밖에 없었는데, 30여년 세월이 지나 막상 이제야 그 앞에 서니 무엇이라고 표현하는 것조차 어렵다.

창립100주년기념비(1896)

　　전날부터 담임 목사님께 방문할 것을 약속을 했었다. 그런데 이미 다른 사람들이 이곳을 방문해서 목사님은 예배당 안에서 설명을 하고 계셨다. 그분들이 돌아가기까지 기다리면서 주변을 돌아보았다. 어디엔가 남겨진 옛 자취가 없을까 해서다. 오래된 나무들이 교회의 역사를 말해주고 있고, 지난 1996년에 있었던 100주년 기념행사를 통해서 세워진 비석과 종각이 한편에 자리하고 있는 것 이외에

언더우드와 허득 기념비

는 특별한 것은 없었다.

중화동교회를 찾은 것은 단지 개인적인 관련 때문이 아니라 앞에서 언급했던 것처럼, 백령도가 한국 선교의 첫 걸음이 시작된 곳들 중에 하나이기 때문이다. 물론 앞서 이곳을 지나갔던 선교사들이 뿌린 씨앗이 발아하기까지는 많은 시간이 필요했다. 귀슬라프가 다녀간 때로부터 생각한다면, 60년이 훨씬 넘은 후에야 이곳에 다시 복음이 전해지게 되었고, 그 첫 번째 공동체가 여기 중화동에 세워졌다. 그리고 이 공동체는 이 마을뿐만 아니라 백령도 전역과 대청도, 소청도에까지 복음을 전하고 교회를 세우는 모체가 되었다. 어디로 옮겨가지도 않은 채 100년이 넘는 역사를 이 한자리에서 지키고 있는 변함없는 모습은 듬직하기까지 했다.

백령도에 복음의 씨가 자라게 되었던 것은 1896년으로 거슬러 올라간다. 이 마을 사람인 허득(許得)에 의해서 신앙이 받아들여졌고, 그를 중심으로 교회가 시작되었다. 그는 문서로 확인할 수 있는 백령도 최초의 신자이고 중화동교회를 처음으로 세운 사람이다. 그는 당시 개화파 정치인으로 통정대부(通政大夫)의 관계(官階)를 받고 동지중추부사(同知中樞府使 ; 정3품 당상관-현 차관보급)라는 관직에 있었던 백령도의 실세였다.[9] 그는 일찍이 진보된 서구문화를 받아들여야 함을 확신하고 있었던 사람이다. 그가 육지에 있는 동안 넓은 세상을 알게 되었고, 서양 종교인 기독교에 대해서도 듣지 않았을까…

허득(許得)이 기독교를 받아들이게 된 결정적인 것은 1894년 갑신정변(甲申政變) 때 정부와 정치를 바로 잡으려고 상서(上書)와 충언(忠言)을 하다가 역적으로 몰려 이 섬으로 유배를 오게 된 사람들과의 만남에서 시작되었다. 그 중의 한 사람이 김성진(金成振)이다. 4-5명의 유배자들 가운데서 그가 허득의 사랑방에서 기거하게 되었다고 한다. 그곳에 머물면서 마을의 아이들에게 한문을 가르치기도 했는데, 그러던 중 허득과 이야기를 하면서 자신이 이곳으로 유배를 오면서 성경이라는 책을 가지고 왔고, 그것을 읽어보니까 사서삼경(四書三經)이 모두 성경에 근거를 둔 것 같다는 의견을 토로했다. 그 이야기를 들은 허득은 그가 말하는 것을 듣고 자신이 가지고 있었던 생각을 밝히면서 동의했고, 함께 교회를 세우고 신앙을 갖도록 하자는 의견의 일치를 보았다. 이에 두 사람은 1896년 6월경 동네 사람들을 모아서 예수를 믿어야 하는 이유를 설명하고 함께 믿기로 결정을 했다고 전해진다.[10]

그리고 기독교에 대해서 가르침을 받아야 할 필요성과 성경과 신앙서적들을 구해야 할 필요를 느껴서 김달삼이라는 사람을 서울로 보내기로 했다. 그러던 차에 바다 건너 황해도 장연에 서양 사람들이 와서 예수

---

9) "화동교회설립사" 2001년 8월 5일 주보
10) 중화동교회100년사, 1996, 56.

의 복음을 전한다는 소문이 들려 왔기에 일단 김달삼을 장연의 소래(松川)에 보내서 사람을 청하여 오도록 했다. 1896년 8월 20일 경에 서경조(당시 소래교회 장로)와 홍종옥(집사) 오씨로 알려진 교인 등 3명이 이곳에 와서 전도를 시작했다. 그리고 8월 25일 마을의 서당에서 처음으로 예배를 드리게 된 것이 중화동교회의 효시이다. 서경조 장로 일행은 4주간이나 이곳에 머물면서 낮에는 전도하고 밤에는 성경을 가르치면서 기독교 구원의 은혜를 깨우쳐 주는 일을 했다.

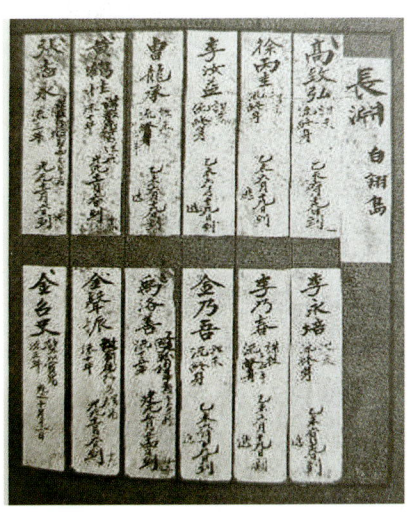

김정진 백령도 유배 기록
(출처:백령중화동교회약사)

그들은 장연으로 돌아갔고, 다시 허득과 김성진을 중심으로 하는 이곳 사람들만 남겨졌다. 이때부터는 그들이 예배를 직접 인도하면서 자생하는 공동체로 성장하였다. 물론 김성진이 유배생활을 마치고 돌아간(1897년)[11] 다음에는 허득이 예배를 인도했다. 그러다가 1899년에 지금의 터에다가 처음으로 예배당을 지었다. 6칸 초가 예배당을 장연의 소래교회를 짓고 남은 자재를 가져다가 지었다. 그 후 4차에 걸친 예배

---

11) 중화동교회100년사, 58. 그러나 여기에는 극복해야 하는 문제가 있다. 지금까지의 이야기는 전적으로 허간 목사의 기록에 의존한 것인데, 조선왕조실록의 고종순종실록 편(高宗純宗實錄)에는 1897년에 김성진 유배를 보냈다는 기록이고, 유배를 해제하는 것이 1906년으로 되어있으니, 그 시간적인 차이를 극복하는 것이 과제이다.

최초의 세례 교인이며 목사가 된 허간

당의 신개축이 있었다. 1900년 9월에는 언더우드 선교사가 이곳을 찾아와서 처음으로 세례를 거행했다. 이때 세례를 받은 사람은 허득, 허근, 최영우, 허윤, 허간, 허권, 김홍보 등이었다.

그러나 교역자가 없는 현실에서 1908년까지는 전도부인들에 의해서 예배가 지켜졌고, 그 후에도 영수와 조사들에 의해서 지켜졌다. 담임 목사가 처음 오게 된 것은 1918년의 일이다. 그 이후로 중화동교회는 다행히 목회자가 계속 사역해 왔다. 1918년 이전에는 선교사들과 지리적으로 가까운 장연교회의 서경조 목사가 중화동교회를 관리하는 형편이었다. 물론 일제 강점기 말기에는 교역자가 없거나 조사가 시무 하는 시련을 겪을 수밖에 없었다.

중화동교회의 설립과 그 존재는 백령도를 비롯한 인근 지역에 복음화를 가능하게 하는 시작이었다. 만일 이곳에 복음의 씨앗이 심겨지지 않았다면, 이곳 섬 지역에 복음화는 언제 되었을지 모르거니와 기독교 신앙으로 살아가는 독특한 백령도의 분위기는 상상하지도 못했을 것이다. 왜냐하면, 현재 이곳 백령도는 기독교적인 가치관

중화동교회 뜰에 세워진 기념비들

과 정서가 지배하고 있기 때문이다. 백령도는 비록 교회에 나오지 않는 사람도 제사를 지내지 않고 어업을 하는 사람들도 풍어제와 같은 굿이나 마을의 당제(堂祭) 같은 것을 지내지 않는다는 사실을 보아 그렇다. 참으로 귀한 일이다.

백령 기독교 역사관

중화동교회를 찾았을 때 제일 먼저 만나게 되는 것은 예배당으로 오르는 계단이다. 100년이 넘는 세월 동안 이 언덕을 오르내렸을 수많은 사람들의 모습을 그리게 된다. 언덕에 오르면 세월을 짐작하게 하는 무궁화와 향나무가 많이 힘들어 보이게 기우뚱 서 있다. 1930년 경에 심은 무궁화로 알려진 이 나무는 무궁화나무 평균수명의 2배를 넘긴 100년쯤 된 수령을 가지고 있어서 2011년 천연기념물 521호로 지정되었다. 그러나 2018년태풍 '솔릭'에 의해서 고사하고 말았으니 애석한 일이다.

마당에는 중화동교회 100주년 기념비석이 있고, 또 하나는 백령

백령기독교역사관

중화동교회에서 사용하던 종

도에 기독교가 전래되고 교회가 세워지는 과정에서 공을 세운 이들에 대한 일종의 공덕비가 있다. 이 비석에는 최초에 기독교가 전해지는 데 결정적인 역할을 했던 이들과 그 과정에 대해서 간략하게 음각되어있다. 그리고 이 비석은 백령도 안에 있는 8개 교회의 장로 35명이 뜻을 모아서 세운 것이다. 자신들이 살고 있는 섬에 복음을 전해주고, 모교회의 역할을 한 신앙의 선배들을 기리는 마음에서 세웠다. 그리고 그 옆에는 지금은 사용하지 않는 종이 있다. 이 교회의 역사와 함께 하는 종이 자리를 지키고 있다.

예배당을 살피고 옆 마당으로 나가면 〈백령 기독교 역사관〉이라는 대리석 명패를 달고 있는 건물을 만난다. 감격스러운 것은 안에 전시된 내용을 뒤로하고 이 낙도에 기독교 역사관이 있다는 사실만으로도 충분하다. 필자가 처음 찾았을 때는 없었던 것이나 몇 해가 지난 후 다시 찾았을 때는 역사관이 예쁘게 단장을 하고 찾는 이들을 맞아주고 있었다. 중화동교회만을 생각하고 찾았던 이들은 역사관을 둘러보면서 놀라는 것은 당연하다. 필자와 마찬가지로 그런 역사관이 있으리라는 생각은 하지 못하였을 것이기 때문이다.

이것은 어쩌면 지방자치제가 실시되면서 가능해진 것 가운데 하나가 아닐까. 지방자치제가 활성화되면서 지방의 역사와 문화, 인물을 발굴하고, 그것을 각 지방의 문화유산으로 홍보하면서 중화동에 양인(洋人)들이 찾았던 역사와 함께 기독교가 전래된 곳이라는 것을 알게 되었고, 이것을 지방의 문화유산으로 역사화하는 과정에서 이곳에 기독교

역사관이 만들어 질 수 있었기 때문이다.

백령기독교역사관 전시실

중화동교회가 속해있는 교단과 노회, 전국여전도회연합회가 협력하고 행정당국인 옹진군의 지원으로 이러한 건물을 마련할 수 있었다는 것도 기쁜 일이다. 낙도에 역사관을 세운다고 하는 것에 대한 이해의 차이가 크기 때문에 어려운 일이었을 것이라는 생각이다. 많은 사람들의 관심을 끌 수 없는 것이 현실이기 때문에 이런 곳에 돈을 쓴다는 것이 쉽지 않다는 것을 알고 있기에 기쁘고 감사한 일이다.

또한 여기에 역사관이 세워질 수 있었던 것은 백령도의 기독교 밀도가 높기 때문에 가능했을 것이라는 생각도 든다. 비록 전시물이란 것이 유물은 거의 없지만 백령도의 일반 역사와 기독교의 전래사와 자료를 만들어 관람할 수 있도록 해놓았다. 특별히 백령도에 기독교가 전래되는 과정과 기독교가 형성되는 과정을 연대적으로 알 수 있도록 만들어 놓았다. 2001년 11월에 세워진 이 역사관은 백령도 주민들에게도 백령도에 대해서 알 수 있도록 하는데 많은 도움이 되고 있다.

화동교회

고도인 이곳에 복음을 들고 왔던 선교사들이 전해주었던 성경책이 아무런 열매도 기대할 수 없었던 것처럼 보였는데, 비록 오랜 시간이 걸렸지만 그 열매가 맺혔고, 나아가 백령도 전체에 마을마다 교회들이 세워지게 되는 것을 보면서 하나님의 섭리를 새삼 생각하게 된다. 선교

화동교회 전경

사들이 이곳에 직접 교회를 세우는 역사는 없었지만, 그들의 발자국을 따라서 떨어졌던 복음의 씨앗이 오랜 세월이 지난 후 깨어나 자라난 것이 아닐까.

　화동교회를 가기 위해서는 중화동교회에서 나와 장촌 방향으로 우회전해야 한다. 작은 고개를 하나 넘으면 장촌인데, 여기도 교회가 있으나 역사가 비교적 짧다. 장촌에서 삼거리를 만나지만 직진하여 언덕을 하나 더 넘어가야 한다.(우측에 장촌교회가 있음) 언덕을 넘어서면 다시 삼거리가 나온다. 우회전하면 사곶이라는 이정표가 있다. 여기서 직진하여 마을 쪽으로 들어가야 한다. 삼거리에서 마을 쪽을 보면 예배당이 보이는데 그것은 천주교회이다. 천주교회를 지나서 마을 안으로 들어가 8시 방향 뒤쪽을 보면 언덕에 커다란 예배당이 보인다. 예배당을 보고 찾아 들어가면 된다.
　새로 지은 예배당은 마을에 어울리지 않을 만큼 압도적인 모습이다. 그러나 한편으로는 마을을 지키고 있는 듯한 분위기도 느껴진다. 더운 날이어서 이것저것 물어보는 것조차 미안했지만 여기까지 와서 그렇게까지 생각할 수 있는 여유가 내게는 없었다. 실례인줄 알면서도 목사님을 찾아 이야기를 나눌 수밖에 없었다.

예배당이 있는 언덕에 올라서 마을을 내려다보면서 하나님의 강권하시는 섭리를 느낄 수 있었다. 섬에서도 아주 외진 이곳까지 복음을 통해서 소망을 가질 수 있게 했으니 말이다. 지금이야 섬 안에도 길이 나고 포장까지 되어있으니 그렇게 느껴지지 않을 수 있겠지만 그 옛날을 생각하면 감격이 더하여지지 않을 수 없다.

잠시 살펴본 후에 목사님을 찾아서 교회의 상황에 대하여 들려주는 많은 이야기를 담을 수 있었다. 화동교회는 역시 중화동교회와의 관계에서 시작되었다. 1917년 3월에 중화동교회로부터 분립한 것이 화동교회의 시작이다. 물론, 이렇게 분립이라는 형태를 취할 수 있었던 것은 이 마을에서 중화동교회까지 출석했던 신자들이 있었기 때문이다. 그 역사는 1903년으로 거슬러 올라간다. 그러니까, 1903년부터 이 마을에 살았던 최씨 일가 즉, 최대수(崔大守), 최익현(崔益賢), 최익삼(崔益三) 등이 예수님을 영접하고 이곳에서 중화동까지 오가면서 신앙생활을 했다. 이 마을에서 중화동까지는 꼭 10리 길인데, 열심히 오가면서 신앙생활하기를 십여 년이 지나면서 이 마을 사람들이 하나씩 둘씩 예수님을 영접하는 기회를 가지게 되었고, 그 수가 늘어나서 하나의 독립교회를 형성할 수 있는 상황이 되므로 분립하기에 이르렀다.

1917년 3월 16일은 초가 6칸짜리 건물을 신축하고 설립예배를 드렸다는 기록은 이미 이 마을의 교세가 어느 정도였는지를 짐작하게 한다. 현재의 기록으로는 세 사람의 초기 신자를 확인 할 수 있을 뿐이지만 그들의 신앙은 이 마을에 백령도에서 네 번째로 교회를 세우게 하는 열매를 맺고야 말았다. 자신들이 살고 있는 마을에 예배당을 마련하고 기뻐했을 당시의 신자들을 생각해보면 그 감격이 느껴지는 것 같았다.

1931년 섬에서는 경제적 형편도 어렵고, 구할 수 있는 건축자제도 없는 실정인 데도 불구하고 함석지붕을 이은 새로운 목조 예배당(15평)

을 지어서 봉헌하였으니, 두 번째의 예배당인 셈이다. 그러나 화동교회도 일제말기에는 문을 닫아야했던 아픈 역사가 있다. 집회를 할 수 없도록 일본이 강제로 문을 닫게 했기 때문이다. 따라서 당시 유정원이라는 집사와 주일학생 10여 명만이 10리 길을 걸어서 중화동교회로 출석하면서 신앙을 겨우 유지할 수 있었다. 1945년 8월 15일 해방과 더불어 다시 교회의 문을 열었으니, 그 동안 모이지 못했던 신자들이 다시 예배를 드리면서 교회의 역사를 이어갔다. 다시 시작된 교회의 역사는 6.25동란을 격고 1960-70년대에 이르러 가장 많은 신자들이 모이게 되면서 예배당도 몇 번이나 다시 지어야만 했다.

이 마을도 기독교가 들어오기 전에는 무속신앙이 지배하고 있었다고 한다. 그런데 교회가 세워지면서 마을 제사도 폐지하게 되었는데 그 과정에서 마을 투표까지 했다고 한다. 워낙 뿌리 깊게 자리 잡고 있었던 무속신앙을 가진 사람들은 강하게 저항했고, 이를 위해서 이교회 제직들이 기도하고 나서 당집을 헐어버리기로 했다고 한다. 마을에 살던 무당은 급기야 정신이상이 왔고, 그 딸들이 그 터를 교회에 매각함으로써 예배당을 당집터 위에다 지을 수 있었는데, 그 자리는 지금의 자리가 아니고 예배당에서 내려다보면 마을 건너편 언덕 아래라고 한다. 이렇게 이곳에 교회가 세워지고 마을의 신앙이 하나로 만들어지는 데는 어려움이 많았음을 알 수 있다.

또한 기록을 보면서 발견한 것은 이 작은 섬마을 한 교회에서 15명의 목사를 배출시켰다는 놀라운 사실이다. 사실, 이 교회만이 아니라 백령도 출신 목회자들이 많은 것에 대해서는 이미 많이 알려진 사실이다. 그럼에도 불구하고 기록으로 확인하면서 오묘한 하나님의 섭리를 다시 느낄 수 있었다.

사곶교회

화동교회에서 사곶으로 향하면 백령도에 조성된 담수호가 있다.

농업용수 확보를 위해서 만든 것인데, 이 담수호는 백령도에 유일한 다리가 만들어지게 했다. 최근에는 이 담수호를 일부 매립해서 백령도 공항을 짓는다는 계획도 발표가 되어 머지않아 비행기로 오갈 수 있는 길이 열릴 것 같다.

이 길을 지나서 얼마를 더 가면 제방과 수문을 만나게 된다. 교량의 이름이 거창하다. 백령대교라는 명패를 달고 있는 교량역할을 하고 있는 수문이지만 대교일 수 있는 것은 백령도에는 큰 하천이 없기 때문에 유일한 다리로써 가지고 있는 영예로운(?) 이름이다. 하지만 아무리 보아도 대교일지는 모르겠다. 어떻든 대교를 지나 제방을 따라 건너편 끝에 이르면 우측으로 열려있는 소로가 있다. 이곳으로 우회전하여

콩돌해변(사진: 전형준)

돌아나가면 이내 사곶교회 예배당이 보인다. 새롭게 지어진 건물로써 답사자가 가야 할 곳이 어딘 지 멀리서부터 알려준다.

사곶교회 전경과 종탑(사진: 전형준)

예배당이 새롭게 지어졌기 때문에 옛스러운 정취를 느낄 수 있는 여유가 없다는 것이 아쉽다. 하지만 한편으로는 이런 낙도에서 이렇게 번듯한 예배당을 마련할 수 있는 이 공동체의 신앙이 보여주는 저력을 느낄 수 있다. 한편 답사자로서는 아쉬움이 있지만 그렇게 위로를 삼는 것이 현실적인 것이라고 언제부터인가 생각하게 되었다.

사곶교회의 시작 역시 백령도의 모교회인 중화동교회와 관계를 가지고 있다. 현재는 제방이 생겨서 바로 가로질러갈 수 있지만 과거에는 섬 안쪽으로 돌아서 가야 했기에 꽤나 먼 길 이었다. 기록에 의하면 약 15km, 그러니까 약 40리 길이었다고 한다. 새로운 길을 따라가더라도 8km가 넘는 거리인데, 교통수단도 없었던 당시에 이곳에 교회를 세웠던 초기의 신자들은 중화동까지 40리 길을 왕복하는 수고를 하면서 신앙을 지켰던 것이다.

즉 김영희(金永希), 김잔돌(金殘突), 김장립(金將立), 안중기(安仲基), 김흥준(金興俊), 김윤광(金允光), 김창길(金昌吉)과 같은 이들이 4년간을 중화동까지 오가면서 신앙을 한 것이 이곳에 교회가 세워지게 되는 직접적인 동기였다. 이들이 중심이 되어서 1905년 9월 15일에 이곳에 예배당을 마련하고(3칸 초가) 교회설립을 하게 되었다.[12]

그러니까 1900년대 초에 이곳에 예배당은 없었지만 신자들이 생겼고, 그들이 먼 곳을 마다하지 않고 중화동까지 오가며 신앙생활을 했다. 결국 그들은 자신들의 마을에 교회를 설립하기에 이른 것이다. 물론, 중화동교회에서 분립하는 형식이었다. 지리적으로 사곶은 섬의 동쪽 끝이고 중화동은 서쪽 끝에 있다. 당연히 오가는 길은 험했다. 그럼에도 불구하고 복음을 깨달아 믿음으로 고백한 그들은 4년이라는 세월을 중화동까지 오가는 것을 마다하지 않았던 것은 은혜의 힘 때문이었

---

12) 이찬영 편, 『황해도교회사』(황해도교회사발간위원회, 1995), 582.

으리라. 또한 자신들이 확인한 하나님의 은혜를 포기할 수 없기에 이곳에 교회를 세워야만 했으리라.

이렇게 세워진 사곶교회도 많은 교회 일꾼들을 배출시켰다. 상세하게 자료화 된 것은 없지만 전해들을 수 있는 것만으로도 충분히 짐작이 되었다. 다만 그러한 자료가 만들어져 있다면 하는 아쉬움이 답사자로서는 끝내 마음의 짐으로 남길 수밖에 없었다.

간단한 연혁으로 확인할 수 있는 것은 초창기 교회가 설립되고 얼마동안은 엄청난 속도로 교세가 확장되었다. 1913년에 예배당을 6칸으로 증축을 했고, 다시 1938년에 12칸으로 확장했다. 일제 말기인 1940년에 처음으로 장로를 세웠던 것으로 보아서 박해의 어려움 속에서도 신앙을 지켰던 신앙의 선배들의 모습도 그려볼 수 있다.

대청도와 기독교

백령도를 답사한 후에 백령도와 이웃하고 있는, 그렇지만 백령도와는 전혀 다른 모습과 환경을 가지고 있는 대청도와 소청도를 찾아보는 것은 특별한 경험이다. 백령도를 찾았다면 돌아오는 길에 꼭 들러서 오기를 권하면서 소개하고 싶은 곳이다. 특별한 신앙의 유산이나 유적을 소개할 것은 없지만 답사 여행자에게 결코 잊을 수 없는 경험을 할 수 있는 곳이기에 기꺼이 추천하고 싶다. 이 섬들에 전해지는 신앙의 역사는 백령도를 통해서 이어지지만 마을마다 교회가 있다는 것도 백령도와 같다. 물론 백령도만큼 기독교 신자들의 밀도가 높은 것은 아니지만 이곳은 이곳대로 신앙을 중심으로 하는 모습이 있다.

백령도에서 아침 일찍 인천으로 가는 첫배에 몸을 실었다. 불과 20여분이면, 대청도에 닿을 수 있다. 백령도 쪽에서 대청도를 보면 백령도의 밋밋한 모습과는 달리 뾰족한 섬의 생김새가 아침 바다를 감싸고 있는 해무 위에 머리만 내밀고 있다. 20여 분만에 닿을 수 있는 곳

선진포항

이기에 출입문 쪽에 앉았다가 이내 내렸다. 이른 아침이지만 한여름의 더위는 땀을 흐르게 했다. 일행과 함께 짐을 챙겨서 배에서 내리니 마을 끝 언덕 위에 예배당이 보인다. 선진교회이다. 이 교회는 대청도에서 가장 먼저 설립된 교회다.

대청도는 백령도와는 지척의 거리이지만 인천에서는 동해바다까지 가는 거리만큼이나 멀다. 그래도 배의 성능이 좋아져서 4시간 남짓이면 닿을 수 있게 되었다는 것만으로도 위로를 받을 수 있다. 그런데 대청도는 백령도와는 전혀 다른 면들이 있다. 백령도는 주로 농업을 하는 섬이라면, 대청도는 전형적인 어업을 중심으로 하는 섬이다. 섬 인구의 3% 정도만이 농업을 하고 있고 나머지는 대부분 어업을 생업으로 한다. 그런 만큼 선착장에 내리면 고깃배들이 즐비하다. 선착장에는 많은 배들이 고기잡이 채비를 하고 있음을 볼 수 있다.

이 섬에서 유명한 어종은 홍어다. 1980년대까지만 하더라도 서해안의 명물로 소문났던 홍어가 많이 잡혔기 때문에 섬사람들의 수입도 괜찮았다고 한다. 그때처럼 많이 잡히지는 않지만 지금도 여전히 홍어의 명맥은 잇고 있다. 다만 홍어를 모두 이곳에서 소비하거나 가공하지 않는다. 그러다보니 이곳에서 형성되는 홍어 가격은 어민들에게 만족을 주지 못한다. 따라서 잡은 홍어는 인천항으로 일부가 보내지고, 많은 양은 목포로 보내지는 것으로 알고 있다.

그리고 전복, 성게, 해삼, 꽃게, 흑염소는 이 섬을 찾는 이들의 미각을 돋우는 특산물이다. 전복이나 성게, 홍어는 모두 귀한 것이지만 현지에서 생산되는 자연산이기에 기회가 된다면 꼭 경험하라고 권하고 싶은 특별한 맛이다. 한 끼의 식사를 해결하기 위해서 식당에 들렀다가 주인장의 큰 인심으로 성게요리를 맛볼 수 있었다. 일본 유학시절 익혔던 성게 맛을 느낄 수 있었다. 이러한 해산물들은 모두 대청도 청정해역에서 나는 자연산이다.

대청도의 역사는 깊다. 기록에는 태종 6년(1406년)에 이미 백령진에 편입되었으며, 그 이전 고려 충렬왕 때는 원나라의 순제(順帝)가 근친 일백호를 데리고 이곳에서 귀양살이를 했다는 기록이 있다. 이와 관련한 이야기가 구전으로 지금까지 이 섬에 전해져오는 것도 생생하다. 이곳 주민이라면 서슴없이 누구나 마치 자신들이 지켜보았던 사실처럼 전해오는 옛날 이야기를 들려준다. 그만큼 폐쇄된 공간에서 확실하게 전승되고 있는 옛 이야기라는 의미이다. 그래서 이곳에는 닮은꼴의 지명이 많다. 그러한 지명은 아무데나 붙일 수 있는 것이 아니라는 것과 함께 지금까지 그 존재를 확인시켜주고 있다.

즉, 남산과 삼각산이 그것이다. 과거에는 남산과 삼각산이라는 지명은 아무데서나 사용할 수 있는 것이 아니고, 그 나

농여해안 나이테 바위(사진: 전형준)

라 최고 권력인 임금이 있는 곳을 중심으로 사용할 수 있는 이름이었다. 그런데 전혀 상상할 수 없는 서해의 고도 대청도에 그러한 이름이 사용되고 있을 뿐만 아니라 당시 사용되었던 궁궐터가 있다는 것도 지나칠 수 없는 사실이다. 현재 대청초등학교가 사용하고 있는 터가 당시의 궁궐자리이니 말이다. 이 섬에서 가장 조용하고 바람과 파도를 피할 수 있는 양지바른 곳이며, 이 섬에서 유일하게 농사를 할 수 있는 곳이기도 하다. 유배지로 사용할 만큼 자연적인 조건이 좋지 않았던 곳이라고도 생각할 수 있다. 그러니까, 약 12.6평방km밖에 안 되는 작은 섬이고 유배지이고 궁궐터가 있다는 것은 그냥 지나칠 수 있는 것이 아니다. 또한 신석기시대로부터 사람이 살았을 것이라는 이야기도 있다. 그러니 서해의 섬들 가운데 결코 빼놓을 수 없는 자연환경을 가지고 있는 섬인 것만큼은 분명하다.

대청도를 소개하면서 어쩌면 기독교 문화유적이라는 본래의 기행문에서 크게 이탈하는 것이 아닌가 하는 생각을 하면서도 필자의 연필을 스스로 바꿀 수 없을 만큼 남기고 싶은 것들이 대청도에 살아있다는 이야기이다. 찾는 이들이 적어서 아직은 사람들의 발자국조차 찾기 힘들기에 하나님의 창조적 솜씨를 확인할 수 있는 곳이라는 점을 강조하고 싶다. 그래서 대청도 기행은 창조와 함께 "보시기에 좋았더라"고 했던 하나님의 솜씨와 능력을 체험하는 기회로 삼을 수 있다면 좋을 같다.

선진교회

선진교회는 대청도 선착장이 내려다보이는 언덕에 자리하고 있다. 배에서 내리면 바로 언덕 위에 십자가를 높이 세우고 있는 예배당이 보이기에 찾아 올라가면 된다. 필자가 처음 이곳을 찾았을 때의 선진교회의 모습은 새 옷으로 갈아입고 있었다. 예배당 건물이 보이지 않을 만큼 공사를 위한 가림막을 설치하고 작업을 하고 있었다. 그 덕에 예배당 사진을 찍을 수 없었다. 그런데 마침 공사하시는 장로님도 평소에 잘 알고 있는 분이었기에 그곳에서의 만남은 특별했다.

교회가 있는 위치가 선착장은 물론 마을 전체를 내려다 볼 수 있는 곳이기에 전망이 꽤 좋은 곳이다. 섬 마을의 고요함과 가끔씩 들려오는 뱃고동소리가 섬의 정취를 충분히 느낄 수 있기에 좋다. 마치 교회 품에 마을 전체가 안겨있는 것 같은 형상을 하고 있기 때문인지 모르겠다. 멀리 북한 땅을 바라다보면서 한가로이 오가는 물새들과 아랑곳하지 않고 고기잡이를 하고 있는 어선들이 함께 만들어주는 바다풍경은 꽤나 인상적이다.

하지만 답사자로서는 이곳에 복음이 전해진 역사와 그 과정을 알 수 있는 길이 없다는 것이 아쉽다. 이 교회도 기록을 가지고 있지 않기 때문이다. 다만 1930년 4월 3일로 추정한 설립일이 전해지고 있을 뿐이다. 일제 후반기에 설립되었지만 상주하는 목회자가 없는 상태로 초기에는 조사들에 의해서 관리가 되었고, 해방 이후에는 북한 지역에서 피난 온 장로가, 그리고 백령도 교회들이 파송한 장로, 또는 전도사들에 의해서 신앙을 지켜오다가 1970년대에 들어와서 정주하는 목회자들이 생기게 되어 오늘의 교회로 성장할 수 있었다. 그렇다보니 제대로 된 기

선진교회 전경

록이 없고 혹 있었다고 하더라도 보존이 되지 못했다.

옥죽동 사구

대청도에 순환도로는 하나밖에 없다. 대청항에서 선진동을 바라보면 우측으로 길이 열려있는데, 그 길을 따라가면 선착장과 잇닿아 있는 해변이 있다. 그것이 답동해변이다. 완만한 경사면이 넓게 펼쳐져 있다. 답동해변을 우측으로 바라보면서 면사무소 앞을 지나는 길을 따라 오르노라면 선진동 전체를 내려다 볼 수 있는 언덕 위에 서게 된다. 언덕에서 잠시 선착장과 선진동 일대를 바라보면서 가깝게 있는 소청도와 멀리 보이는 북한 땅을 함께 조망할 수 있는 기회를 가져보는 것도 특별한 포토 존으로써 충분하다.

언덕을 넘어서면 이번엔 반대편으로 백령도가 한 눈에 들어온다. 그리고 발아래 아무 것도 살지 못할 것 같은 절개지와 풀 한 포기 없는 모래 언덕이 한눈에 들어온다. 언덕을 내려가 우회전해서 송림을 지나, 다시 우측을 보면 언덕에서 내려다보았던 벌거벗은 모래언덕을 만날 수 있다. 우리나라에서는 신안군 우이도에서나 만날 수 있는 작은 사막(사구)과 같은 곳이다. 이곳 사구는 중국으로부터 불어오는 바람에 실려서 날아온 모래들이 더 가지 못하고 이 언덕에 쌓이고 쌓여서 이루어놓은 것으로 장관이다.

옥죽동 사구(사진: 전형준)

밤새 바람에 실려 만들어지는 연흔(漣痕)은 사하라의 그것과 견줄 수는 없지만 장관이고 아름답다. 잠시지만 맨발로 사막을 횡단하는 기분을 느껴보는 것은 이곳에서 체험할 수 있다. 이곳을 찾는 여유를 가질 수 있다면 계절에 따라서 다르겠지만 여름이라면 반드시 맨발로 걸어보길 권한다. 이 모래언덕의 크기는 가로2km 세로 1km이다. 숫자로만 보면 작아 보이지만, 이 섬의 크기를 생각하면 결코 작은 것이 아니다.

그러나 아쉬움이 없는 것은 아니다. 섬의 사막화를 막기 위하여 언제인가부터 조림(造林)사업을 하여 바람이 실어오는 모래들이 이곳까지 이르지 못하게 되면서 사구가 사라지고 있기 때문이다. 안내를 했던 이곳 토박이의 말에 의하면 그것을 금방 확인할 수 있다. 그가 어렸을 때는 하룻밤 사이에 모래언덕이 뒤바뀌기도 하고 모래의 움직임은 물론 깊이를 알 수 없을 만큼 많이 쌓였는데 지금은 그렇지 않다는 것이다. 그리고 사구 아래는 논이 만들어져서 지금은 농사를 짓는데, 과거에는 논자리도 모래밭이었다는 증언이다. 식량이 절대 급했고 사구의 가치를 전혀 생각하지 못했던 시대에는 사구를 없애고 농토를 확보하는 것이 우선이고 현명한 것이었지만, 지금에 와서 생각하면 백령도 사곶의 천연비행장이 없어진 것과 같은 아쉬움이 남는다.

옥주포교회

옥주포교회

사구에서 바라보이는 바닷가에 마을이 있고 마을과 함께 예배당이 보인다. 불과 몇 백 미터밖에 되지 않는다. 차로 움직인다면 1분 거리다. 사실은 이 마을이 본래 대청도의 중심이 되는 마을이고 가장 크고 오래된 마을이었다. 대청도의 옛 사람들은 거의 이곳에 터를 잡고 살아왔다. 물론 어업을 기반으로 하는 생활이고, 마을의 뒷산인 삼각산 쪽 골짜기에 손바닥만 한 논과 밭이 조성되어 있기 때문에 뱃일과 식량을 얻기 위한 농사가 가능했던 곳이었다.

옥죽동은 비교적 바다가 얕고 작은 배들이 접안하기가 용이하다. 그래서 지금도 많은 사람들이 이곳에 살고 있으면서 생업으로 소규모 어업을 하고 있다. 모래언덕과 이어지는 곳이라 주변이 황량하게 보이기는 하나 옥죽동 해변은 아름답기가 그지없다. 멀리 북한 땅을 수평선에 올려놓은 풍경과 함께 펼쳐진 해변은 특별히 아름답다. 깨끗하다. 감탄이 절로 난다. 헤밍웨이가 이곳을 알았더라면, 이곳에 별장을 짓고 어떤 작품인가를 남기지 않았을까. 어쩌면 그가 이곳을 알았다면 이곳에서 살지 않았을까.

현재 이곳은 작은 마을이 되었고, 사구 넘어 선진동이 중심이 된 것은 일제 강점기부터라고 한다. 조선총독부가 선진동에 접안시설을 만들고 큰 배들이 접안할 수 있게 하면서 외지와의 길이 열리고 수산업의 중심지로 활성화시키면서 대형 어선들이 입항하는 여건이 되자 자연스럽게 인구이동이 선진동으로 이루어져서 선진동이 경제, 행정 중심지가 되었다고 한다.

마을 입구에 자리하고 있는 옥주포교회는 아담하다. 인구가 줄고 수입원이 제한된 곳인지라 자립이 어렵다. 하지만, 이곳에 살고 있는 꾸밈없는 사람들과 함께 하는 신앙 공동체임을 알 수 있다. 이 교회는 1984년 1월 1일에 설립되었다. 이 마을에 살면서 불과 1km 남짓한 거리에 있는 내동교회(1955년 설립)까지 다니던 이성하, 김정율 등이 중심이 되어 이 마을의 20여명의 신자들이 교회를 세웠다. 내동교회는 앞에서 소개했던 궁궐터였다고 전해지고 있는 대청초등학교가 있는 곳에 있다. 남산을 뒤로하고 삼각산을 바라보고 있는 위치다.

나평교회(현, 영흥교회)

　　현재 옹진군에 편입된 서해의 섬들 가운데 선재도, 영흥도, 그리고 주민투표로 안산에 편입한 대부도는 행정구역상 조선시대에는 남양군에 속해있었고, 일제 강점기인 1914년 행정구역 개편을 하면서 부천군으로 편입되어 있었다. 하지만 1973년 부천군이 시로 승격하면서 인천 앞바다에 속한 섬들이 옹진군이 되었다. 현재 부천시는 소사읍을 중심으로 주변 몇 개의 면을 수용하면서 독립했고, 부천군이었던 섬들만 모아서 옹진군을 만들었다. 1995년에 옹진군이 인천광역시로 편입되면서 인천광역시 옹진군이 되었다. 따라서 강화도의 부속섬들은 강화군에, 그 외에 서해안에 있는 섬들은 대부분 옹진군에 속하게 되었다.

　　그 중에 영흥교회를 찾아가기 위해서는 안산이나 시흥시 쪽에서는 시화방조제를 건너서 대부도로, 그리고 화성시 남양 쪽에서는 탄도와 대부도를 거쳐서 선재도, 영흥도, 영흥화력발전소를 알리는 이정표를 따라가면 된다. 대부도에서 연륙교를 건너 선재도, 다시 진행하는 길을 따라서 4km 쯤 가면 영흥도를 건너는 영흥대교가 나온다. 다리를 건너서 약 3km 쯤 더 진행하면 우측에 영흥초중등통합학교가 나온다. 그 앞을 지나면 새로 난 길이 영흥화력 발전소 방향으로 좌회전하게 되어 있고, 작은 길로 직진할 수 있는 길이 보인다. 여기서 직진해야 한다. 500m 쯤 가서 산모퉁이를 돌아서면 우측 산기슭에

영흥교회 전경

예배당이 보인다.

영흥교회의 역사는 꽤 깊다. 이 교회의 설립연도는 놀랍게도 1893년으로 기록하고 있다. 감리교 초기 내한 선교사인 아펜젤러(Henry Gerhard Appenzeller)가 1892년 6월 안식년을 맞아 미국으로 가는 길에 탑승한 배에 이상이 생겨서 며칠 간 이곳 외리 포구에 정박하면서 수리를 해야 했다고 한다. 그곳에 머무는 동안 선착장에서 만난 사람들에게 전도했고, 그때 복음을 받아들인 사람들(김홍제, 하도원, 임연묵)이 있었다. 그 중에 김홍제가 중심이 되어서 이듬해인 1893년 4월 20일 외리에 있는 자신의 집에서 예배를 드리기 시작한 것을 이 교회의 시작으로 삼고 있기 때문이다. 당시에는 나평(奈坪)교회라고 했다. 나평교회라는 초기 이름은 1945년 해방까지 사용했고, 해방 이후 현재의 이름으로 바꾸었다

1907년과 1955년에 지은 예배당의 샹냥문이 쓰인 대들보와 교회 종

현재의 예배당은 세 번째 예배당이다. 처음 예배당은 1907년 3월 22일에 상량했고, 두 번째 예배당은 1955년 10월 11일에 상량했다. 이러한 사실은 두 번째 예배당을 헐면서 상량문이 적혀있는 대들보를 보고 알 수 있었는데, 첫 번째 예배당 때의 것도 함께 발견됨으로써 구체적인 날짜까지 알 수 있었다.

영흥도는 이처럼 전혀 계획되지 않은 사건에 의해서 설립되었다. 그렇지만 그 후 개종한 신자들이 있게 되면서 선교사들은 그들을 보살피

고 양육하는 일에 심혈을 기울였고 공동체로 성장할 수 있도록 도왔다. 1908년에는 노블(William Arthur Noble, 1866-1945)과 데밍(C. S. Deming) 선교사 등이 이곳을 순회하면서 이 일대 섬들을 선교했다는 기록도 있으니, 선교사들이 섬 지역에 크게 관심을 가지고 복음을 전하기 위해서 많은 수고를 했다는 것도 알 수 있다.

하지만 지금의 예배당이 세워지기까지 영흥도는 낙후된 곳이었다. 연륙교가 놓이기 전까지는 주민들이 육지로 이탈하면서 점점 퇴락해가는 섬이었다. 특별한 소득이 보장되지 못한 곳이라 인구가 줄어드는 상황이었다. 어려운 시절 이 곳에 살았던 주민들이 산업화와 함께 뭍으로 나가게 되고 도시에서 신앙생활을 하고 있다는 것을 생각하면 이곳의 교회들은 못자리 역할을 했다고 할 수 있을 것이다. 그러나 현재는 수도권에 전력을 공급하는 대형 화력발전소가 들어오면서 연륙교가 놓였고, 수도권 근교에서 쉴만한 곳을 찾는 많은 사람들이 유입되면서 난개발을 걱정해야 하는 상황이 될 만큼 인구유입이 되고 있는 실정이다.

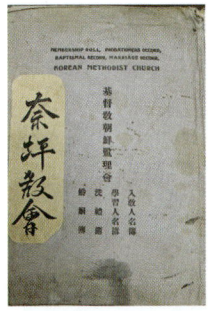 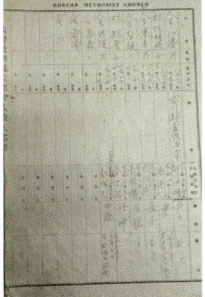

세례인 명부(위)와 사료전시실

영흥교회는 이 섬에서 130년이 넘는 세월을 복음과 그리스도의 사랑을 나누고 있다. 유적지 발굴을 위해서 필자가 처음 이곳을 찾았을 때는 연륙교가 놓이기 전이었다. 당시 이 교회 담임 김윤주 목사가 교회 역사에 대한 설명을 해주었던 기억이 특별하다. 새로 지은 예배당 현관에 들어서면 오른편 창가에 작은 진열장을 마련해서 앞에 설명했던 첫 번째와 두 번째 예배당의 상량문이 적힌 대들보와 초기 성도가 사용했던 구예체 성경, 그리고 종과 간판까지 모아서 진열해 놓았다. 이것을 대하는 순간 감격하지 않을 수 없었다. 아마 모르긴 해도 이 일을 하려고 했을 때 교인들은 왜 쓸데없는데 돈을 들이는가? 지저분하게 모아 놓는가? 하는 식의 반대가 있었을지도 모를 일이기 때문이다.

필자가 처음 이곳을 찾았을 땐 아직 봄이라고 하기에 이른 시기였지만, 예배당이 자리하고 있는 곳이 섬의 중앙이며 양지 바른 산자락이라 섬 안에 흩어져 있는 영혼들이 모여들기 좋은 곳이라는 느낌이 컸다. 이 교회는 2023년 설립 130주년감사예배를 드렸다. 현재 담임인 김진화 목사가 중심이 되어 교회 130년사 책을 묶어내는 일과 함께 성대한 감사 잔치도 겸했다.

내동교회

내동교회를 가기위해서는 영흥교회에서 큰 길로 나와 좌회전해서 선착장이 있는 곳으로 다시 돌아가서 가는 방법과 우회전해서 섬의 서쪽으로 해서 북쪽으로 돌아서 가는 방법이 있다. 필자가 선택한 것은 우회전해서 섬을 돌아가는 방법이었다. 언제부터인가 평생 답사여행을 하고 있는 필자에게 생긴 습관이 있다. 가능하면 새로 난 길이나 가지 않았던 길을 선택하는 것이다. 처음 갈 때에도 가급적 같은 길을 선택하지 않는 것이 나름의 결정 기준이다. 간혹 후회도 하지만 언제나 새로운 만큼 새로운 느낌의 차이를 체험할 수 있어 좋다.

큰길로 나와 우회전하여서 내동교회까지는 약 6km의 거리가 된

장경리 해변

다. 그러나 시골길, 그것도 외딴 섬마을에서 급하게 달리는 것보다 두런두런 주변을 살피면서 가는 것은 또 다른 묘미가 있다. 섬의 서쪽 끝에 다다르면 해변을 만나게 된다. 이곳이 장경리 해수욕장으로 개발되고 있는 곳이다. 발 빠른 업자들은 벌써 카페, 노래방, 펜션 등을 짓고 있는 것을 볼 수 있다.

여유가 있다면, 이곳에 차를 세우고 장경리 해변을 걸어보는 것도 답사여행의 묘미가 될 것이다. 바다 멀리 떠 있는 섬들과 해변을 따라 서 있는 노송숲이 한가롭고 아직은 찾는 사람이 적은 곳인지라 조용히 걸으면서 잠시 사색에 빠져들 수 있기에 충분하다. 바다에서 불어오는 바람에는 짠 내가 물씬 코끝을 자극하기도 하고 적막하리만큼 조용해서 좋은 곳이다.

장경리 해수욕장에서 우측으로 난 길을 따라가면 산을 넘게 되고 끊어질 듯하면서도 이어져서 섬 안에 있는 낮은 골짜기 안에 만들어진 다랑이논들을 옆에 두고 산자락을 따라가게 된다. 그 길을 따라 가노라면 지금은 폐교된 영흥중학교의 초라해진 모습을 만나게 된다. 여기서

내동교회 전경

T자형 막다른 길이 되는데, 좌회전해서(내2리 방향) 등성이 길을 넘어서자마자 바로 눈앞에 인천 쪽의 바다와 내동교회 예배당이 보인다.

이 교회의 역사는 1906년 임연묵 전도사가 자신의 집에서 내동교회를 개척해서 예배를 드림으로 시작되었다. 그 후 아들 임태선 전도사도 대를 이어 그 집에서 예배를 드리면서 공동체를 인도했다. 더 이상 집에서 예배를 드리는 것이 어렵게 되자 가까운 곳에 부지를 마련하고 주변에서 구한 나무를 이용해 기둥을 세우고 흙으로 벽체를 마감하여 초가 예배당을 지었다. 내부는 마루를 깔아서 공간을 만들었고 지붕에 십자가를 달아 교회임을 알렸다.

특히, 이 지역 출신 홍승하 목사는 훗날 화성시의 남양 지역 교회사는 물론 하와이 이민사에 있어서 선교사로서 하와이교회를 세우는 것과 함께 민족의식을 고취시키고, 하와이 신민회를 조직하여 지도자로 역할을 했다. 그는 우리나라 초기 감리교회 역사에 있어서 중요한 역할을 한 사람이다.

얼마 전 다시 이곳을 찾았을 때는 새롭게 지어진 예배당이 맞아주었다. 지금은 자동차로 갈 수 있는 곳이기에 주말을 이용해서 영흥도를 찾아보는 것도 좋으리라 생각한다. 하지만 이곳이 연륙교가 없었을 때 처음 찾았던 기억에는 구 예배당 뒤에 버려진 채로 있었던 예배당 종이 지금도 아른 거린다. 처마 밑에 방치되어있던 종을 보존하고 싶었지만 여의치 않았는데, 세월이 흘러 다시 찾았을 때는 어디론가 사라진

홍승하 목사(뒷 줄 맨 왼쪽)

상태였다. 당시엔 운반할 방법이 마땅치 않아 엄두를 내지 못했는데 해방 후에 선교사들이 예배당 종을 마련하는 과정에서 제조된 것이었기에 아쉬운 마음이다. 새로운 예배당은 필자에겐 낯선 것이기에 서먹했다. 그나마 다행인 것은 옛 모습을 필름에 담아 간직하고 있음이다.

덕적도와 기독교

인천 앞바다에 산재해 있는 섬들에는 복음이 전해지는 역사와 많은 이야기들이 남아있다. 인천에서 멀리 떨어져있는 섬 덕적도를 찾아나섰다. 인천에서 서남쪽으로 가장 멀리 떨어져 있는 섬이지만 복음이 덕적도에 전해진 것은 한 세기가 넘었다.

덕적도에 복음이 전해지는 것은 직접적으로 인천과 연관이 있는 것이 아니라 묘하게도 강화도와 인근에 있는 장봉도와 관련이 있다. 그만큼 강화도에 복음이 전해진 이후에 그곳에서 복음전도운동이 활발하게 전개되었고, 주변의 섬 지역까지 복음을 전해야겠다는 뜨거운 열정이 있었다고 할 수 있다. 강화도에서 장봉도에 복음이 전해지고, 장봉도의 신자들이 전도하고자 하는 열정을 가지게 되면서 이곳 덕적도에도 복음이 전해지게 되었다. 북쪽 섬에서 남쪽으로, 섬에서 섬으로 이어지

는 복음 전파였다.

그 중에도 장봉도에서 복음을 깨닫고 예수님을 영접한 이군선이라는 사람이 권서인(勸書人)이 되어서 덕적도에 복음을 전하기 위해서 찾아온 것이 이 섬에 처음으로 복음이 전해지는 기회가 되었다. 이군선은 1901년 10월경에 권서인 신분으로 덕적도 북리에 들어와 3년 동안 복음을 전했다고 한다. 그러니까 한 세기도 전에 낙도인 이곳 덕적도에 한 권서인에 의해서 복음이 전해진 것이다. 그렇다면 이군선의 발자취를 따라서 섬을 돌아보는 것은 의미가 있지 않을까.

덕수교회

덕적도는 지형상 교통이 매우 불편한 곳이다. 인천 연안부두에서 45Km나 떨어져 있고, 섬 안에서도 이웃 마을을 왕래하는 것이 어려운 섬이다. 섬 중앙에 상당히 높은 산이 있고 그 산을 중심으로 골짜기와 해변에 마을이 형성되어 있기 때문에 해안선도 매우 가파르다. 따라서 재를 넘어야만 이웃마을에 갈 수 있었는데, 그마저 고개가 험해서 왕래가 매우 어려웠다. 그렇기 때문에 이웃마을이라 해도 멀 수밖에 없었다. 이군선은 당시 선착장이 있었던 북리에 자리를 잡고 진리와 서포리를 찾아다니며 전도를 했다. 그의 발걸음은 그만큼 힘이 들었다. 현재는 해안도로가 만들어져서 차량으로 쉽게 접근할 수 있지만 당시에는 매우 어려운 일이었다.

덕적도 지도

그의 전도는 3년여 동안 계속되었다. 하지만, 유교와 무교적 전통과 분위기와 섬

의 특성상 폐쇄적인 정서가 지배하고 있는 곳이기에 전도가 결코 쉽지 않았다. 지리적으로도 낙도이기 때문에 새로운 문물을 수용하는 것이 결코 쉬운 일이 아니었다. 그의 수고에 비하면, 극히 적은 결실이지만 허광모, 노준원, 박창재, 김창성 등과 같은 인물들이 이 때 예수님을 믿게 되었다. 그 외에 여자들과 아이들에 대한 기록은 없지만 미루어 짐작하건데 여럿이 아니었을까.

덕수교회 첫 예배당이 있었던 마을

하지만 육지와 멀고 권서인의 자격으로 목회를 할 수 있는 것도 아니었고, 이군선은 어려운 전도의 열매를 맺었음에도 모교회인 장봉도 옹암교회에 돌아가 후에 권사로서 직임을 다했다고 전해진다.

아쉽게도 이군선의 수고에 의해서 형성되었던 작은 공동체는 교회로 발전하지 못하고 복음의 씨앗을 뿌린 것으로 마감되고 말았다. 몇 년 후, 즉 1905년 이번에는 강화도의 박현일 권사가 덕적도에 들어와 복음을 전했는데 이때에 교회가 세워지게 되었다. 그가 덕적도에 들어

덕수교회와 종각

왔을 때 기존에 있던 신자들을 다시 규합할 수 있었지만 전도의 열매를 새롭게 맺는 것은 매우 어려웠다. 하지만 성령님의 역사는 모든 것을 극복할 수 있게 하였다. 1906년 8월 12일 박현일 권사가 덕적도에 담임자로 파송을 받아 북리교회(후에 능동교회, 다시 덕수교회로 개명함)가 하나의 신앙공동체로 설립하게 되었다. 박창재, 김현호, 허광모, 정원규, 김명식 등이 개종을 하고 김명식의 집에서 예배를 드리기 시작함으로써 북리교회가 시작되었다.

덕적중앙교회 · 덕적제일교회

이듬해인 1907년 4월 28일에는 진리(구포)에 덕적중앙교회가 세워지는데, 역시 박현일 권사가 허광모와 함께 진리 지역을 전도하여 이진우와 그 외 10여 명이 개종을 하고 허광모의 집에서 예배를 드리기 시작한 것이 효시다. 그 이듬해인 1908년에는 서포리에 우포교회(현, 덕적제일교회)가 세워지게 되었다. 우포교회는 박현일과 김현호가 이 마을 이동웅을 전도하게 되고, 이동웅이 다시 이재환, 이재영, 이성익 등을 전도하여 이재환의 집에서 예배를 드림으로 시작되었다.

비록, 인천에서 멀리 떨어진 낙도이지만 일찍이 복음을 전한 보이지 않는 일꾼들을 통해서 하나님의 교회를 세우셨다는데 놀라지 않을 수 없다.

덕적도에 복음이 전해진 것은 순전히 내국인에 의한, 즉 선교사들의 직접적인 영향력에 의한 것이 아닌 자국인에 의한 것이어서 특별하다. 그 기초를 닦았던 권서인 이군선의 업적을 기억하면서 덕적도에 전해진 복음이 구체적으로 열매를 맺어가는 역사적 과정은 단순히 기독교회 안에서만 생각할 수 있는 것이 아니다.

앞에서 찾아본 선교 초기에 세워진 3개의 교회는 당시 선교사들의 선교정책과, 또 하나는 이곳이 강화도의 신앙적 영향이 컸기 때문에 강화도에서 전개되었던 신앙운동의 영향으로 교회가 세워진 곳에는 반드시 학교를 세워서 계몽운동과 함께 복음을 전한다고 하는 이중적인 목적을 가지고 힘을 모았던 것을 알 수 있다.

이렇게 말할 수 있는 것은 최초로 복음을 전하러 왔던 이군선이 강화도와 인접한 섬인 장봉도에서 왔고, 초기에 덕적도에 세워진 교회를 섬기기 위해 들어온 교회의 지도자들 가운데는 강화도 출신이 많았다는 것이 이를 뒷받침해 준다.

즉, 강화도에서는 후에 중국에서 독립운동을 한 이동휘가 중심이 되어 나라의 소망은 자라는 세대를 교육하는 것이라 하여, 그가 개종한 이후에 강화도에 있는 교회들을

현 덕적중앙교회와 표지석
옛 예배당과 신자들

중심으로 학교 세우는 일을 전개했고, 그것을 자신의 사명으로 생각했다. 그 결과 강화도에는 교회가 있는 마을마다 학교가 세워졌음을 알 수 있다. 이러한 영향을 강화도 출신 지도자들이 받게 되었고, 그들이 이곳 덕적도에 들어와서 사역을 하는 과정에서 학교 세우는 일은 자연스러운 것이었다. 그렇기 때문에 그들이 세운 학교의 이름은 강화도에 세워졌던 학교 이름들과 일치한다는 점도 간과할 수 없는 일이다.

지금은 그 자취조차 찾아볼 수 없는 학교들이지만 그 사실을 확인하는 것은 답사여행을 하는 사람들에게는 어려움이 아닐 수 없다. 하지만, 그 자취를 남기는 것 또한 답사자의 몫이기에 정리해 두고자 한다.

1906년 8월 12일 북리교회(현 덕수교회, 이 교회는 역사의 단절과 계승이 있음)가 처음으로 예배를 드리면서 하나의 공동체로 형성되면서 마을에 있던 성황당의 신당목(神堂木)을 베어다가 명신학교 건물을 마련했다고 한다. 공적인 교육이 전무했던 시대이며, 더욱이 이 섬에서는 그러한 교육을 기대할 수 없었던 시대에 작지만 학교 건물을 마련해서 교육을 했다는 것은 놀라운 일이 아닐 수 없다.

다음으로 1907년에 세워진 덕적중앙교회도 마을의 유지이며, 덕적면 초대 면장을 지낸 정수창과 지역 유지인 송명헌이 학교설립을 위해서 의기투합하여 명덕학교를 세워 1932년까지 이 지역에서 자라는 아이들을 가르쳤다.

또한 1908년에 세워진 서포리의 우포교회(현, 덕적제일교회)도 마을에 학교를 세우게 되는데 합일학교라 이름하였다. 합일학교라고 하는 이름은 앞에서 언급했듯이 강화도에서 최초로 세워진 학교 이름과 동일하다.

당시에 학교를 운영하는 것은 단지 경제적인 어려움만이 아니다. 이렇게 외진 섬에서는 가르칠 수 있는 사람이 절대 부족했고, 일본의 식민지 정책에도 정면으로 도전하는 것이었기 때문에 어려웠다. 이렇게 덕적도에서 신학문이 가르쳐지고 자라는 아이들에게 배울 수 있는 기회를 만들어준 것은 처음 있는 일이다. 그리고 그들을 통해서 전해지는 복음은 영적으로 변화시키는 것은 물론이고, 사회적인 의식도 고취됨으로써 국민의식을 높이는데 크게 기여했다. 작은 섬에서 제한된 세계관을 가지고 있었던 사람들에게 넓은 세상을 보게 하고, 의식을 바꿀 수 있도록 함으로써 복음을 받아들여서 지역사회와 나라를 위한 일을 감당하게 했다.

　이제는 그 자취를 찾을 수 없는 역사의 현장을 찾아가는 것이 쉽지만 않은 일이다. 하지만, 잊혀서는 안 되겠기에 그것을 찾아야 하는 것은 답사자의 또 다른 사명이며 기쁨이다. 특히 덕적도에 신교육의 효시였던 학교들이 기억조차 되지 않고 있는 일은 아쉬운 일이고, 그 책임을 깊이 느끼기 때문에 찾아 나섰다.

**덕적제일교회와
지역민들을 깨웠던 종**

덕적도에는 교회가 세워짐과 동시에 신교육이 교회의 주도로 이루어졌다는 것이 특징이다. 이러한 사실은 당시 선교사 공의회(장로교회와 감리교회 선교사들의 협의회)가 조선의 선교를 위한 정책을 마련하는 과정에서 병원선교, 학원선교를 가장 중요한 방법으로 확정하고 시행함으로써 구현될 수 있었다. 그러나 단지 학교가 세워졌기 때문에 선교정책을 성공시킬 수 있었던 것은 아니다. 학교를 통한 선교정책이 성공할 수 있었던 것은 우리나라 국민들이 공부하는 것에 대한 욕구가 남달랐기 때문이라고 할 수 있다. 즉, 교육에 대한 열정이 남달랐기 때문에 경제적으로 어려운 가운데서도 학교에 나오고, 자녀들에게 공부를 할 수 있도록 했던 결과이다.

이러한 열정은 덕적도에서도 예외가 아니었다. 앞에서 살펴본 것처럼 1906년 북리교회가 세워짐과 동시에 명신학교가 세워졌다. 당시엔 건물을 짓기 위해서 재목이 필요하지만 나무를 구할 수 없었기 때문에 재목을 재활용하는 것은 당연한 것이었다. 즉 명신학교를 세우기 위해서 북리의 김현구의 사랑채를 기증받았다고 한다. 하지만, 재목이 턱없이 부족하여 북리에 있었던 성황당의 신당목(神堂木) 잘라서 사용했다. 마을의 수호신으로 여겨지는 당나무를 자르는 것도 쉽지 않은 것이고, 벌채를 임의로 할 수 있는 것이 아니지만 정식으로 벌채허가를 받았고, 어업을 중심으로 하는 마을 사람들을 설득하는 일이 결코 쉽지 않은 일이지만, 결국 설득하여 당나무를 베어서 학교건물을 짓는 재목으로 사용했다는 것은 교육에 대한 열정과 동의를 얻어낼 수 있을 만큼 누구나 자녀 교육에 대한 필요를 느끼고 있었다는 의미가 아닐까.

이 학교는 사립이지만 당시 인천부윤(仁川府尹)의 허가를 받은 공식적인 학교로 학생이 60여명이나 되었다. 개교와 함께 박현일(교장), 김현호(교감), 배영선(교사)등이 봉사를 했으며, 후에 소현동으로 이전하여 계속해서 가르쳤지만 1932년 총독부에 의해서 폐교되었다. 그렇지만 명신학교는 덕적도 최초의 교육기관이었음을 기억해야 할 것이다.

진리에도 1907년 12월에 교회가 세워짐과 함께 학교를 열었다. 진리에 세워진 학교는 명덕학교라는 교명으로 허가를 받았다. 초대교장은 정수창(후에 덕적도 초대 면장이 됨)이, 교사는 마을의 유지였던 송명헌이 봉사를 했다. 이 학교는 1933년까지 이지역의 청소년들에게 배움의 기회를 제공했다. 하지만, 1933년 5월 강제로 덕적공립보통학교와 합병되어 그 역사가 계승되고 있다. 이 학교는 4년제 사립학교로서 120여명의 학동이 있었을 만큼 덕적도 안에서는 큰 역할을 했다. 덕적도에서 나고 자란 사람들이 교육을 받을 수 있는 기회가 주어졌다는 것만도 굉장한 일이 아닐 수 없다. 또한 사립학교로써 지역의 많은 인재들에게 등용할 수 있는 기회를 주었던 학교였다.

명덕학교를 세우는데 결정적인 역할을 했던 정수창과 송명헌은 서포리에 1908년 우포교회를 개척했고, 우포교회를 중심으로 하는 또 하나의 교육기관을 세웠다. 마을의 유지였던 문홍근과 서병주를 중심으로 1912년 합일학교를 세웠다. 합일학교는 강화도 읍내에 잠두교회가 세운 학교와 같은 것으로 덕적도에도 세워졌다. 이 학교 역시 1933년까지 이 지역의 청소년들에게 배움의 기회를 주었다. 그러나 이 학교도 1933년 5월 덕적공립보통학교와 합병되면서 역사에서 그 이름이 사라지고 말았다.

이렇게 교회가 세운 학교들이 공립학교와 합병으로 없어진 것은 전국적으로 헤아릴 수 없이 많은데, 그 이유는 일본이 식민지를 완성하기 위해서 교육의 주도권을 확보하기 위하여 학교들을 폐쇄 또는 통폐합시켰기 때문이다. 실제로 교회가 세운 학교들에서 배운 학생들이 항일운동과 독립운동의 중심에 있었던 것이 사실이다.

덕적도는 인천광역시 옹진군에 속한 섬들 중에서 백령도를 제외하면 가장 큰 섬이다. 그렇지만 지형이 가파르기 때문에 섬 안에서도 왕래가 어려웠었다. 그 덕에 자연환경이 나름 잘 보존될 수 있었다.

그러나 현재는 순환도로가 만들어져서 마을 간의 왕래는 용이해졌다. 연안부두에서 첫 배를 타고 들어와서 간단히 돌아보는 것은 당일치기로도 가능하다. 시간이 된다면 1박정도 하면서 섬의 구석구석을 돌아보면서 쉼을 얻기 충분한 섬이다. 그 중에서도 서포리 해변의 송림(방풍림)은 넉넉한 품으로 찾는 이들을 품어준다.

또 한곳은 덕적도를 찾았다가 이곳을 가보지 않고 돌아온다면 덕적도의 가장 멋진 비경을 놓치고 마는 꼴이 된다. 다만 접근성이 좋지

서포리송림 안내판

않다. 그러나 섬 내의 택시를 이용한다면 가능하니 꼭 찾아보기 바란다. 그곳은 바갓수로봉이라는 곳인데, 덕적도 서남쪽으로 길게 빠진 곳이다. 그곳은 서해의 낙조가 가장 아름다운 곳이다.

바갓수로봉

에필로그

　옹진군에는 이 외에도 여러 섬들이 있고, 그곳에도 교회들이 있으며, 교회들이 세워지는 과정과 신앙을 이어오면서 남겨진 많은 이야기들이 있다. 또한 쉽게 상상하지 못할 하나님의 섭리가 담긴 이야기들도 있다. 다만 찾지 못했고 아직 발길이 닿지 않아 모르는 것으로 남아있을 뿐이다. 그런가하면 답사를 했지만 이 책에 담지 못한 것들도 있다. 언젠가 다시 담아내는 작업을 하면서, 그리고 부지런히 답사의 여정을 이어가면서 숨겨진 섭리의 손길을 체험하고 신앙의 유산들 찾아보는 기쁨을 누리고 싶다. 그리고 그 이야기들을 공유하고 싶다.

8. 중구

프롤로그

현재 인천 중구는 인천공항이 있는 영종지구를 편입시킴으로 인구가 16만 명이나 되지만, 영종지구를 제외한 구 중구 지역은 인천에서 가장 적은 인구와 면적을 가지고 있는 행정구역이다.[13] 그러나 제물포항 개항 이후에 작은 어촌이었던 곳에 도시가 형성되면서 그 중심이었던 곳이 자유공원(응봉산)을 중심으로 하는 중구 지역이었기 때문에 개항문화와 함께 초기 인천에 기독교회가 형성되는 과정에서 이곳이 선교의 중심지가 되었다. 따라서 이 지역은 개항과 함께 신문물이 들어오면서 처음으로 접했던 곳이고, 그 영향을 제일 먼저 받은 곳이기도 하다.

선교 역사에 있어서는 감리교회와 성공회교회가 일찍이 터를 잡고 선교를 시작했고, 의료 선교도 시작한 곳이 중구 지역이다. 또한 1956년 인천에서 시작한 방송 선교를 위한 방송국이 설립되고 전파를 이용해서 북방선교를 한 곳도 미추홀구와 중구였다. 미추홀구는 방송국 개설과 함께 전파를 보내는 송신소를 운영하던 곳이고, 중구는 대부분의 프로그램을 제작하던 녹음실과 주조정실과 부조정실이 있었던 곳이다.

현재의 중구는 차이나타운과 개항장이 인기를 끌면서 관광객들과 외국인이 많이 찾는 곳이 되었다. 하지만 같은 공간에 기독교 신앙의 유산들이 남아 있다는 사실에 대해서는 많이 무관심하지 않는가 하는 생각이다. 필자와 함께 근대 개항장길을 걸으면서 이곳에 남겨진 선교와 신앙의 유산을 돌아본다면 개항장길을 오갔던 많은 이들과의 만남도 가능할 것이다.

---

13) 현재 영종지구와 중구, 동구는 2026년부터 영종지구는 영종구로, 중구와 동구는 통폐합되어 제물포구로 행정구역이 개편될 예정이다.

아펜젤러, 언더우드가 입국할 즈음의 제물포

극동방송 북성동 연주소

극동방송 북성동 연주소(스튜디오)는 자유공원 팔각정 바로 아래인 북성동 3가 8-3에 위치해있다. 현 중구청에서 인천남부교육청 앞길을 따라 올라가면 우측 자유공원 방향으로 이어지는 갈래 길 코너에 있다. 이 건물은 방송국이 1967년 서울로 이전한 이후 매각되어 그동안 여러 용도로 사용되어왔다. 한국회관이라는 식당 겸 웨딩 홀, 이탈리안 레스토랑, 현재는 웨딩 전문 스튜디오 사용되고 있다. 이렇게 용도가 바뀌면서 원형도 잃어버렸다. 그럼에도 일부 원형을 잃어버렸지만 가장 중요한 부분은 원형에 가깝게 유지하고 있기 때문에 아쉬운 대로 찾아본다면 본래의 모습과 함께 이곳에서 팀선교회(TEAM)가 한국을 비롯해서 공산권 선교를 위한 복음방송을 하던 현장을 경험할 수 있을 것이다.

이 건물은 극동방송이 학익동에서 1956년 방송을 시작한 이후인 1961년 3월에 기공을 하여 1962년 7월 1일부터는 이곳에서 프로그램을 제작했다. 극동방송이 이곳으로 연주소를 옮기게 된 것은 학익동에 연

캐서린 기념관으로 지은 북성동 스튜디오(사진: 극동방송40년사)

주소, 송신소, 선교사 사택이 한 곳에 있는 것이 효율성은 있기도 하지만, 연주소와 송신소가 함께 있는 것은 옳지 못하다는 생각이었고, 무엇보다도 가장 큰 이유는 학익동 바닷가에 자리한 방송국의 위치가 선교사들에게는 여러 가지로 불편했던 것이 사실이다. 그리고 방송의 역량이 커지면서 스튜디오가 턱없이 부족했던 것도 한 요인이 되었다. 따라서 이 건물이 지어진 후 부터 프로그램 제작과 방송은 이곳 북성동 스튜디오에서 하고 학익동에서는 송신소 기능을 전담하게 되었다.

그런데 이 스튜디오 건물은 사연이 있다. 왓슨(Tom Watson) 선교사가 부인의 이름을 따서 캐서린(Katheryn Watson)기념관으로 지었기 때문이다. 그녀는 왓슨 선교사와 함께 내한하여 사역을 돕다가 방송국을 개국한지 얼마 지나지 않은 1959년 10월 30일, 39세의 젊은 나이에 폐암으로 별세했다. 따라서 왓슨은 북성동 스튜디오를 지어서 그녀의 기념관으로 명명하게 되었고, 그는 이 건물을 짓기 위한 기금을 마련하기 위해서 미국에 갔고 그 결실을 얻어 완성할 수 있었다.

입양한 아이를 안고 있는 캐서린
(사진: 극동방송40년사)

이 건물을 짓기 위해서는 막대한 예산과 기술이 필요했다. 총예산은 당시 화폐단위로 2억 2천여만 환이나 들었다(송신설비 1억2천만환 포함). 또한 건축 기술자가 미국으로부터 와서 직접 시공을 담당해야 했다. 이 스튜디오의 규모와 설비는 대략 사무실이 13개, 스튜디오가 3개, 주조정실과 부조정실이 각각 마련되었다. 이 건물이 완성된 다음에는 실제로 극동방송의 심장과 머리는 여기에 있었다고 할 수 있고, 학익동의 시설은 송신소 기능만 하게 되었다. 실제로 프로그램 제작을 위해서 서울에부터 기차로 내려와야 하는 사람들도 학익동보다 이곳이 훨씬 유리했다.

그러나 TEAM선교회는 이 건물을 마련하기 위해서 당시에 약 10만 달러의 부채를 가지게 되었다고 한다. 극동방송은 1962년부터 1967년까지 이곳 북성동 스튜디오에서 방송을 했다.

현재는 주차장이 부족하기 때문에 주차공간을 위해서 건물 일부를 철거했고, 건물의 구조도 많이 바뀌었다. 그렇지만 당시의 모습을 찾아볼 수 있을 만큼 일부 원형은 유지하고 있다. 몇 년 전까지만 해도 그 원형이 그대로 있었다. 조금 더 일찍 적극적으로 생각하고 접근했다면 그 원형을 지킬 수 있었을 텐데 아쉬움이 크다.

이렇게 현재의 극동방송은 인천 학익동, 그리고 북성동 시대를 거쳐서 서울로 옮겨졌고 현재는 서울과 전국의 지국에서 복음방송을 하고 있다. 학익동은 송신소로 사용되다가 한 기업에 부지와 건물 모두 매각

송신탑이 설치된 바다 쪽에서 바라본 방송국-출처(극동방송40년사)

되었다. 이후 송신소는 남동구 논현동 442에로 옮겨 1969년 4월 12일부터 전파를 송출했고, 이곳이 남동공단으로 개발되면서 다시 1988년 시흥시 방산동으로 옮겨졌고, 다시 이 지역도 신도시 개발과 함께 주변 여건이 바뀌면서 2020년 대부도로 옮겨져 현재에 이르고 있다.

남동구 논현동 소재 송신소(사진: 극동방송40년사)

조미수호통상조약 기념비

극동방송 북성동 스튜디오가 있는 자리는 한국 근대사에서 또 다른 하나의 의미를 가진 장소이다. 그렇지만 근년까지 그 사실을 공적으로 확인하지 못한 상태에서 몇 곳에 기념비가 각각 세워져있었다. 즉 조미수호통상조약을 체결한 장소에 대한 고증이 되지 않은 상태에서 화도진공원과 구 올림포스호텔 자리가 유력하다는 설을 근거로 두 곳에는 각각 조미수호통상조약 체결 기념비가 세워졌다.

조미수호통상조약은 조선이 문호를 개방하는 결정적인 동기가 되었고, 그 현장이 극동방송 북성동 스튜디오인 캐서린기념관이 있는 자리였다는 것은 그 의미를 더하게 한다. 그 현장에 복음방송 프로그램을 제작하는 스튜디오가 세워진 것은 누구도 계획하거나 예상한 일이 아니지만, 한반도는 물론 주변의 공산권 국가들을 향한 복음을 실은 전파선교가 진행된 곳이기에 귀하다는 생각이 든다.

공식적인 조약의 명칭은 조미수호통상조약(朝美修好通商條約 Treaty of Peace, Amity, Commerce and Navigation, United

조미통상수호조약 체결지 표지석

States-Korea Treaty of 1882)이다. 1882년 5월 22일 조선의 전권위원인 신헌, 김홍집과 미국의 전권위원 슈펠트(Robert Wilson Shufeldt)가 당시 해관(세관)장 관사였던 제물포 바로 이곳에서 전문 14개 조항의 조약을 체결했다.

그런데 지금까지 그 정확한 위치를 확인하지 못해서 앞에서 언급한 것처럼 다른 장소에 기념비를 세워서 혼동하게 했던 것은 아쉬운 일이다. 다행인 것은 지난 2019년 6월에 최종적으로 고증을 거쳐서 이곳에 기념비가 세워졌다. 그 마저도 건립과정의 우여곡절이 있었던 것을 아는 사람으로서는 사실마저 사람과 목적에 따라서 좌우되는 정치적 현실이 안타까운 일이다. 역사적 사실은 이념이나 이해관계를 넘어서야 진정한 의미와 가치를 가지게 되기 때문이다.

인천중화인(中華人)교회

현재의 자유공원 주변은 구한말 개항과 함께 한국 근대사를 열어가는 격변의 장소였기에 둘러볼 곳이 많다. 하지만 이 글은 제한된 주제를 가지고 답사하는 것인 만큼 그러한 아쉬움은 별도로 하고 기독교와 관련한 역사적 자취를 찾아 볼 것이다.

극동방송 북성동 스튜디오를 찾아보고 주변에서 가장 가깝게 둘러볼 수 있는 곳은 중화인교회(북성동 3가 5번지)이다. 현재는 옛 예배당을 헐고 새로운 건물을 지었다. 아쉬운 것은 초기에 지은 예배당이 있었는데, 2000년대에 들어오면서 차이나타운 개발과 함께 지금은 만날 수 없게 되고 말았다. 현재 이 지역은 인천시가 차이나타운으로 새롭게 단장한 곳이다. 해서 과거에는 볼 수 없는 중국식 인테리어를 한 건물들과 음식점들이 거리에 즐비하게 들어서 있다. 공휴일이나 주말이면 관광객들이 인산인해를 이루니 한적하게 찾아보려면 그러한 날들은 피하는 것이 좋을 것이다.

인천중화인교회
첫 예배당과 머릿돌

양봉오 목사와 성도들(1934)

이곳에 중화인교회가 세워진 것은 어쩌면 필연적이라고 할 수 있다. 이미 청나라 사람들이 조선에 거주하기 시작할 때부터 이곳은 청나라 사람들의 집성촌이었기 때문이다. 게다가 제물포항이 개항되면서 이와 함께 몰려온 일본과 중국인들이 자유공원을 중심으로 정착하면서부터 이 지역은 외국인들이 집단으로 거주하는 곳이 되었다. 일본은 현재 중구청이 있는 곳인 남향받이에 자리했고, 중국인들은 일본인들에게 밀려서 바람이 세차고 추운 서북쪽 언덕에 자리를 잡았다.(1897년 당시 인천의 인구는 한국인 8,943명, 일본인 3,949명, 중국인 1,331명 등 총 14,223명이었다). 그러나 한 때 2만여 명에 달했던 중국인들이 이곳을 중심으로 삶을 일구면서 살았지만, 현재 이 지역에는 700여 명의 화교들이 살고 있는 것으로 알려지고 있다.

한국에 중화인교회가 처음으로 세워진 것은 1912년 5월 서울의 종로에 있는 YMCA의 작은 방에서 중국인들 10여 명이 모여서 성경공부를 시작한 것이 그 효시다. 인천에는 이보다 5년이 늦은 1917년 6월 1일에 인천중화인교회가 시작되었다. 중화인교회를 세우는데 결정적인 역할을 한 사람은 데밍(Mrs. C.S. Deming)선교사였다. 이 교회의 첫 신자는 손래장(孫來章)인데, 그는 중국의 산동성에서[14] 매티어(Calvin Wilson Mateer)선교사가 목회하는 교회에 다니던 사람이다. 그가 인천에 와서 어린이들을 중심으로 열심히 전도했으며, 그 아이들이 중심이 되어서 인천(제물포) 중화인교회가 설립되었다.

처음에는 3원 50전짜리 월세를 얻어서 모임을 위한 공간을 확보했고, 다시 1원50전짜리로 옮겼다가 1922년 겨울 당시 화방동(花房洞) 북산에 예배당을 건축하게 되었다(1923년 준공). 이것이 현재의 자리이다. 아쉬운 것은 당시의 건물을 현재는 만날 수 없다는 것이다. 우

데이밍(C. S. Deming) 선교사 부부

Rev. C.S. Deming

Mrs. C.S. Deming

리나라에 현존하는 외국인교회 예배당 건물 가운데 가장 오래된 원형을 가지고 있었던 것인데 지역의 개발과 함께 2002년 사라지고 말았다.

한병혁 목사

이 교회는 1937년 일본이 중일전쟁을 일으키면서 중국을 침략했을 때 국내에 거주하는 중국인들에 대한 직간접적인 간섭과 통제가 있었기 때문에 당시 교인수가 33명에 이르렀으나 1945년 일본이 패망하기까지는 교회의 존재 자체를 확인하기 어려울 정도로 사실상 공적인 모임이 불가능하게 되기도 했다.

해방 이후에 중국 산동성 화북신학교를 졸업한 한국인 한병혁 목사가 이곳을 찾아와 흩어진 신자들을 다시 모아서 중화인교회를 재건하여 오늘에 이르고 있다. 하지만 교역자의 부재로 인해서 많은 어려움을 겪어왔다. 해방 이후 우리나라는 정치적 이념 문제로 대만과의 국교를 가지고 있었기 때문에 대만 목사가 일시 목회를 했고, 한국인 이만열 목사, 그리고 1998년 이후에는 역시 한국인 김교철 목사도 목회를 했었다.

---

14) 매티어 선교사는 토마스 선교사가 제너럴셔먼호를 타고 대동강에 와서 순교를 당한 후 제너럴셔먼호 사건과 관련해서 미국측 입장에서 사실 조사를 위해서 조선에 왔던 사람으로 조선에 대한 나름의 이해를 가지고 있었던 사람이다.

첫 선교사기념공원

인천은 과거에도, 현재에도 관문도시이다. 즉 조선 말기에 처음 개항할 때에도 한양으로 가는 가장 가까운 항구로써 제물포항이 만들어지면서 그 기능을 시작했고, 2024년 현재에는 인천국제공항이 자타가 인정하는 국제 관문으로써 기능을 하고 있다.

1883년 조선이 문호를 개방할 수밖에 없는 상황에서 제물포항이 개항되었다. 그리고 이듬해인 1884년 9월 20일에는 알렌(Horace Allen)이,[15] 1885년 4월 5일에는 아펜젤러(Henry Gerhard Appenzeller) 부부와 언더우드(Horace Grant Underwood)가 입국했다. 미지의 국가, 은둔의 국가인 조선에 선교사로서 소명을 확인하면서 이 땅에 발을 들여놓은 그들은 어떤 마음이었을까? 설렘과 놀람, 그리고 두려움이 엄습하는 그런 복잡한 심정이 아니었을까.

그렇게 조선에 복음을 전하겠다는 목적을 가지고 첫 발걸음을 내디딘 선교사들의 발걸음 역시 처음으로 제물포선착장에 남겨졌다. 그리고 그들의 발걸음은 한반도 전역으로 옮겨졌다. 그들은 그 과정에서 복음의 씨앗을 뿌렸다. 그 결과 오늘의 대한민국과 한국 교회가 존재할 수 있었다. 그렇지만 그들이 처음 발걸음을 내디딘 인천에는 그들을 기리는 어떤 조형물도 없었던 것이 아쉬움이었다. 물론 1985년 한국선교 100주년을 기념하는 탑을 어렵게 당시 선착장 부근에 건립해서 그들의 입국과 한국 교회의 역사를 기억하고 있다. 그렇지만 오롯이 그들의 자

---

15) 알렌이 언더우드와 아펜젤러보다 먼저 입국했지만 한국 교회는 그를 첫 번째 선교사로 인정하지 않고 있다. 비록 그의 신분이 미국 공사관 공의(公醫)이긴 했지만 그는 의료선교사로 중국에서 활동하다가 조선으로 임지를 옮겨왔다.

첫 선교사기념공원 전경

취를 기억하고, 한국 교회사에서 그들의 내한이 가지는 의미가 얼마나 큰 것인지를 모두가 알 수 있게 하면 좋겠다는 아쉬운 마음이었다.

그러던 차에 송월장로교회(송월동 3가 3-6)가 예배당 바로 옆에 작은 공원을 조성하면서 첫 번째 선교사들인 언더우드와 아펜젤러를 기억하는 작은 조형물을 만들어놓았다. 이 터는 본래 송월장로교회 담임 목사 사택 터였다. 그런데 2008년 송월교회가 큰 생각으로 그 터에 초기 선교사들을 기리는 조형물을 만들어서 소공원을 조성했다. 그리고 주차장도 만들어서 주변을 찾는 시민들에게 공개했다. 누구든지 지나는 길에 잠시 쉬면서 140여 년 전 이 땅에 복음을 전해주고, 서양의 신문물을 전해준 대표적인 두 사람의 흉상 부조를 만들어서 오가는 사람들이 자연스럽게 접하면서 알 수 있도록 했다.

많이 늦었지만 송월교회 입장에서는 한국 교회와 시민들을 위해서 대단히 귀하고 큰일을 했다. 공원부지만 하더라도 그 가치가 대단한데, 그곳에 조형물과 주차장까지 만들어 자유공원을 찾는 이들은 물론 동화마을을 찾는 이들의 쉼터가 되어주고 있으니 감사한 일이 아닐 수 언더우드  아펜젤러

없다. 또한 한국 교회가 했어야 할 일을 이 교회가 자원해서 감당해 준 마음까지 읽으면서 감사한 마음이 더 했다.

대불호텔

북성동 지역에 지금은 차이나타운이 조성되어 많은 사람들이 찾고 있다. 기존에 남아있던 건물과 복원한 것들, 그리고 새로운 조형물들이 들어섰고, 다양한 중국문화를 접할 수 있는 곳이 되었다. 인천중부경찰서 앞에서 차이나타운 입구에 세워진 패루(牌樓)와 자유공원을 올려다보면 계단이 보인다. 자유공원으로 오르는 길이기도 하지만, 이 길은 청국과 일본국 사람들이 조선 땅이지만 자치권을 가지고 거주할 수 있는 지역을 구분하는 경계선(租界)이기도 하다. 해서 이곳에는 조계석이 서 있던 곳이다. 패루를 지나 두 블록만 올라가 오른 쪽을 보면 붉은 색 벽돌건물이 복원된 대불호텔이다.

이것은 우리나라 최초의 서양식 호텔인 대불(大佛)호텔을 복원한

각국 조계지 안내판과 경계를 구분했던 계단

것이다. 이곳을 찾는 것은 단지 호텔의 역사를 찾아보려는 의도가 아니다. 이 호텔이 바로 우리나라에 공식적으로 들어오는 최초의 선교사들은 물론, 경인선 철도가 놓이기 전까지 입국한 선교사들도 대부분 처음으로 조선 땅을 밟고 쉬었던 곳이었기 때문이다.

대불호텔은 1880년경부터 약 20년간 명성을 떨쳤다. 실제로 정확한 설립연도는 알 수 없는데, 처음에는 2층 목조건물이었고, 1887년에 벽돌조의 3층 서양식 가옥으로 확장하면서 호텔로서 명성을 가지게 되었다. 처음으로 영업을 시작한 서양식 호텔이었기 때문에 일본식 호텔의 숙박비보다 두 배나 비쌌지만 이만한 호텔이 없었기 때문에 호황을 누릴 수 있었다. 언더우드나 아펜젤러와 같은 선교사들의 글에도 이 호텔에서 쉬었다는 기록을 알 수 있는데, 그만큼 초기에 입국한 대부분의 선교사들은 이곳에서 쉴 수밖에 없었던 것 같다.

당시로서는 한국 최초의 호텔이면서 인천에 유일한 호텔이기도 했

옛 대불호텔과 복원된 대불호텔(2018)

고, 개항과 더불어 몰려오는 외국인들이 쉴 수 있는 선택의 여지가 없는 숙박시설이었기에 이곳은 입국하는 외국인들에게는 필수적으로 들러야 하는 곳이었다.

1887년 이전부터 있었던 이 호텔은 우리나라 호텔역사의 효시이기도 하다. 1902년 손탁(Marie Antoinette Sontag)이 세운 서울 정동의 손탁호텔이 최초의 호텔로 알려졌으나 대불호텔은 이보다 20여 년이나 앞선 것이기 때문이다. 이러한 사실은 아펜젤러의 부인과 영국의 지리학자인 이사벨라 버드 비숍(Isabella Bird Bishop)의 증언을 통해서 알 수 있다. 또한 선교사들이 입국하여 서울로 입경하기 전에 주일을 맞으면 이곳에 모여서 예배를 드리기도 했다고 전해진다. 그렇다고 하면 선교사들이 한국에 들어와서 처음으로 예배를 했던 장소였을 것이라는 추측도 가능하다.

그러나 1899년 경인선 철도가 개통되면서 대불호텔의 명성은 차츰 잃게 되었다. 그 이유는 입국한 외국인들이 당일로 서울에 입경할 수 있는 교통수단이 생겼으므로 굳이 인천에 머물러야 할 이유가 없어졌기 때문이다. 따라서 1918년 호텔은 더 이상 호텔로써의 기능을 유지하는 것이 어려워졌기에 한 중국인에게 매각되었고, 1919년 매수한 중국인은 요릿집으로 개조해서 인천에서 청국요리의 명성을 떨치는 식당을 운영했는데, 지금도 다른 곳에서 여전히 중국 음식점을 운영하면서 그 역사를 잇고 있다.

그러나 1970년 이 건물은 임대를 주었다가 1978년 완전히 철거하여 나대지 상태로 주차장, 건축자재 보관소와 같이 사용되기도 했다. 그것을 2011년 새로운 건물을 지으려고 터파기를 하다가 처음 지었던 대불호텔 기초가 발견되면서 문화재청이 보존을 추진했고, 지하에 그 유적을 보존하는 것을 조건으로 지상층만 대불호텔을 복원하여 2018년 현재의 모습으로 탄생하게 되었다.

따라서 현재 이 건물은 대불호텔 전시관이라는 이름으로 호텔의 역사와 함께 재현된 객실 모습을 관람할 수 있게 되어있다. 2층에는 재현된 객실과 함께 고풍스러운 가구들, 다기, 특별히 눈에 띄는 것은 커

일본조계지 거리와 대불호텔

제물포 구락부에서 항구를 내려다보는 전경
– 아래 3층 건물이 대불호텔이다.

피메이커인데, 일설에 의하면 바로 이 호텔이 우리나라 최초로 커피를 제공한 곳이고 커피판매도 했다고 하니, 요즘 커피열풍이 시작된 곳이라고 하면 지나친 것일까.

현재 대불호텔 자리와 내항(內港)까지가 매립으로 인해서 멀리 떨어졌지만 당시는 구 올림포스호텔이 위치한 바로 아래가 배들이 닿는 곳이었다고 생각할 때, 이 호텔은 지척에서 항구를 내려다보는 언덕에 자리하고 있었다는 것을 알 수 있다. 한국이 어떤 나라인지 알지도 못한 채 단지 선교의 비전과 열정을 가지고 제물포에 내려서 무거운 짐을 든 채 처음으로 찾아들었던 곳이 대불호텔이었을 것이라는 생각과 함께 언덕을 따라 100주년 기념탑이 있는 곳을 향하노라면 선교사들의 발걸음 소리가 들리는 듯하다.

한국기독교선교 100주년기념탑

대불호텔에서 중부경찰서 방향으로 이어지는 길을 따라 내려와서 건널목을 건너 경찰서 담을 따라서 우측으로 진행하여 바닥에 표시된 〈개항장길〉을 따라서 100여 미터쯤 가면 만날 수 있는 것이 '한국기독교선교100주년기념탑'이다.

중구 항동 1가 5-2, 현재 '한국기독교선교100주년기념탑'이 서 있는 자리는 선교사들이 제물포항에 도착해서 처음으로 땅을 밟은 곳으로 추측할 수 있는 곳이다. 지금은 도로변이지만 당시는 배가 닿을 수 있는 곳이었다. 현재 자유공원이 자리하고 있는 언덕에 잇대어 바다로 이어지는 지점이었던 이곳은 배를 통해서 오가는 사람들이 분주한 발걸음을 옮기던 곳이다. 1985년 한국 교회는 이곳에 한국 기독교 선교 100주년을 기념하는 탑을 세웠다.

탑 하단에는 이 기념탑을 세우게 된 배경을 다음과 같이 새겨놓았다. "1885년 4월 5일 부활절, 미국 선교사 아펜젤러 목사 부부와 언더우드 목사가 진리의 큰 빛, 그리스도의 복음을 전하기 위하여 생명을 걸고 이곳에 상륙하였다. 그로부터 100년, 한국 개신교회는 신도 1천만을 헤아리는 놀라운 성장을 이룩하였으며, 고난 속의 민족에게 발원한 복음의 물결이 온 나라와 바다 건너 땅 끝까지 파도치기를 기원하면서 이 자리에 기념탑을 세우게 되었다."

한국기독교선교100주년기념탑

기념탑 취지문 비석과 기념탑에 새겨진 부조

이 건립 취지문에서 볼 수 있는 것처럼 한국 교회는 선교 100주년을 기념하기 위해서 '한국기독교선교100주년기념사업회'와 '인천기독교연합회'가 공동으로 1984년 11월 19일 기공하여, 1986년 3월 30일에 제막식을 하였다. 이렇게 오랜 시간이 걸린 것은 공사비 조달이 어려웠기 때문이었다. 총 공사비의 2/3를 '인천기독교연합회'가 부담해야 했기 때문에 초교파적으로 모금하여 완성하는 과정에서 어려움이 많았다. 탑 높이 17m, 중앙의 입체 동상 2.7m, 탑신 벽체 하단부 부조 6면에는 약 70명의 인물조각이 상징적으로 새겨져 있다.

조각가인 윤영자 교수(목원대)의 작품으로 비문은 전택부 장로가,

6051. THE CITY OF CHEMULPO AND HARBOUR, KOREA. The street below divides the Japanese and Chinese settlements   Copyright, 1904.

청일조계지 위에서 바라본 제물포 전경(1904)

시공은 신동아건설이 맡아서 세웠다. 탑 주변이 모두 도로인지라 시끄럽긴 하지만 제대로된 부두시설조차 없었던 당시 제물포항에 내렸던 선교사들의 모습을 그리면서 그들의 노고가 오늘의 한국 교회와 대한민국이 있도록 하였음을 깊이 느껴봄직하다.

꽤 오래 전 이야기이지만 필자가 언젠가 이곳을 찾았을 때에는 관

9.28수복기념 마라톤대회
기념비와 십자가 조형물

리하는 한 집사가 있었다. 그는 한국 신자들이 이곳을 찾는 것은 매우 이례적이라는 말과 함께 필자의 방문을 반겨주었었다. 그의 말에 의하면 이곳을 찾는 이들은 주로 외국인들이라고 했다. 그들은 이곳을 일부러 찾아온다는 것이다. 하지만 정작 한국의 신자들이 찾는 경우는 거의 없다고 하는 아쉬움을 호소하였다. 정작 우리 역사에는 관심이 없다는 것을 증명하는 것이 아닐까. 하지만 근년에 들어서, 특히 코로나 사태 이후에는 교회, 혹은 개인적으로도 가족들과 함께 찾는 이들이 많이 눈에 띄는 것은 매우 고무적인 현상인 것은 분명하다.

　이곳에는 기념탑뿐만 아니라 UN이 한국전쟁에 연합군으로 참전해서 1950년 9월 28일 서울을 수복함으로써 전쟁의 전환점을 만들었다. 그날을 기념하는, 즉 9.28수복을 기념하는 국제마라톤대회가 1966년 열렸을 때, 바로 이곳을 출발지로 해서 서울 중앙청(광화문)까지를 달렸다. 또한 이곳은 우리나라 서(西)에서 동(東)까지의 출발점인 도로원표와 인천항 준공기념비가 함께 있어서 돌아보면서 선교의 역사만이 아니라 우리나라 현대사를 함께 둘러볼 수 있다.

성공회 인천성당

　성공회 인천(성 미카엘)성당은 자유공원 동쪽 끝에 자리하고 있다. 멀리서 보면 성당 건물이 예사롭지 않다는 것을 느끼게 할 만큼 특별한 분위기를 가지고 있다. 석조건물의 성당을 보는 순간 그 내부가 궁금해지고, 여러 가지 호기심도 생긴다. 일반적인 예배당과는 많이 다른 모습을 가지고 있기 때문이다.

하지만 경내에 들어서는 순간 방문자의 눈길을 사로잡는 것은 단지 건물만이 아니다. 정문을 들어서면서 왼쪽 담 밑에 자리하고 있는 여러 개의 비석들과 흉상이 발길을 멈추게 하고, 성당 말고도 안쪽으로 보이는 벽돌건물 역시 예사롭지 않은 모습을 하고 있다. 이에 대해서는 다시 한 번 설명하도록 하고, 먼저 성공회교회와 인천성당 건물에 대해서 살펴보기로 하자.

이곳은 인천에서 서양의술에 의한 진료가 처음으로 시작된 곳이고, 또한 성공회교회가 한국에 선교를 시작한 첫 번째 터이기도 하다. 성공회교회가 한국에 선교를 시작한 것은 1889년 11월 1일 영국

성공회 내리성당과 경내

코프 주교와 랜디스 박사 흉상

성공회의 캔터베리 대주교가 한국교구를 설정하고 초대 주교로 코프(Charles John Corfe, 고요한)신부에게 주교 서품을 줌으로 시작되었다. 45세의 코프 주교는 영국 복음선교회의 지원으로 선교 동역자들인 레오날드 워너(Leonard Warner, 1867-1914) 부제와 트롤로프(Mark N. Trollope) 신부, 외과 의사인 와일스(Julius Wyles), 신부인 스몰(Richard Small, 1849-1909), 미국인 젊은 의사 랜디스(Eli Barr Landis) 등과 함께 1890년 9월 29일 제물포항에 도착했다. 이것이 성공회교회가 한국에 선교를 시작한 효시이다.

사실 인천 성공회교회 성당이 자리했던 곳은 이곳이 아니다. 이곳은 랜디스가 세웠던 성 누가병원이 있던 곳이다. 교회 안쪽에 있는 벽돌건물(현재는 사제관으로 사용하고 있음)이 성누가병원 건물로 사용하던 것이다. 성공회 인천성당은 본래 송학동 3가 3번지(현재 인성학교 실내체육관 근처)에서 시작되었고, 1891년 9월 30일 성당을 건축하고 축성식 미사를 함으로써 시작되었다.

1904년 러일전쟁 당시 부상당한 러시아군인이 누가병원에서 치료받게 해준 것에 감사한 마음을 담은 동판(병원으로 사용되었던 벽면)

인천성당 머릿돌

하지만 본래의 성당은 6·25동란 때 폭격으로 완전히 소실되고 말았다. 성당을 잃어버린 후 병원이 있는 현재의 위치로 옮기게 되어 이 자리에 새로운 성당을 지었다. 그런데 지금의 성당은 특별한 의미를 담아서 1956년 6월 23일 완공한 것이다. 요즘은 이렇게 짓는 건물이 없기 때문에 찾아보기 힘든 건물이다. 화강암으로 지은 건축물로 그 아름다움과 크지 않으면서도 웅장한 멋을 더해준다. 특별한 것은 현재의 건물은 6·25동란에 UN군으로 참전하여 전사한 영국군장병들을 추모하기

멀리 바라 본 성 누가병원 전경과 건물(1908)

성공회내동성당은 6.25참전 영국군 전몰장병기념성당이다.
내동성당 내부와 측면

위해서 영국에 있는 그 유족들과 영국성공회 신자들이 모금하여 보내 준 헌금으로 지은 것이다. 따라서 현재의 성당은 일종의 전몰장병을 추모하기 위한 기념성당인 셈이다. 그러니 이 건물을 대할 때는 잊어서는 안 될 일이기도 하다.

교회가 자리하고 있는 위치도 그러하거니와 경내가 좁기는 하지만 그래도 오늘날 도시에 있는 교회들이 자리하고 있는 것에 비하면 상당한 공간이 있고, 도심에서 잠시 쉴 수 있는 공간이 있기에 벤치에 앉아 이 땅에 복음을 전했던 이들을 생각해 볼 수 있는 시간을 가지면 좋을 것이다.

성 누가병원

성공회 인천(성 미카엘)성당에 들어서면 성당 안쪽으로 벽돌건물이 보인다. 지금은 사제관으로 사용되고 있지만, 이 건물이 선교 초기에 성공회교회가 인천에서 선교를 위한 주력사업으로 시행했던 의료선교의 현장으로 사용되었던 병원건물이다.

이미 소개한 바가 있는 랜디스(Eli Barr Landis)라고 하는 의사가 성공회교회의 의료선교사로 1890년 9월 29일에 코프 주교와 함께 도착했다. 그는 인천에서 최초로 서양의술을 통해서 진료와 함께 선교를 시작했다. 그는 인천에 도착하자마자 집을 얻어서 진료를 시작했고, 병원이라고 해야 간이진료소 수준이었지만 개원하자마자 조선인 환자들은 줄을 이었다. 1890년 10월 10일에 시작한 그의 진료가 인천에서 시작된 최초의 선교병원이다. 그의 믿음과 사랑이 담긴 열정적인 진료는 폐쇄적인 당시 조선 사람들에게는 놀라운 것이 아닐 수 없었다.

영국병원(성 누가병원) 표지석

이렇게 시작된 그의 진료는 많은 사람들이 몰려올 수밖에 없었고, 이러한 상황은 병원건물이 절박하게 필요하게 되었다. 따라서 그는 송학동에 한국식 병원건물을 지어 1891년 8월 18일에 입주했다. 이 병원의 공식적인 이름은 "성 누가병원"이라고 했다. 하지만 그가 즐겨서 사용하던 병원 이름은 따로 있었는데, "락선시병원"(樂善施病院)이었다. 그 뜻은 "선을 행함으로 기쁨을 주는 병원"이라는 의미다. 그는 공식적인 병원이름보다도 락선시병원이라는

성 누가병원으로 사용되었던 건물

이름을 더 좋아해서 별도로 락선시병원라고 써 붙이기도 했다고 한다. 그만큼 그는 병원을 통해서 고통을 받고 있는 사람들에게 기쁨을 주기를 원했다고 하는 것을 알 수 있다. 그 후 1895년 현재의 위치 내동 3번지에 새로운 병원건물을 지었다. 이 부지는 외국인 의사가 조선 사람들을 치료하고 있는 것에 대한 소식을 들은 고종황제가 기부한 것으로 알려지고 있다.

당시에 병원건물이 성 미카엘성당 경내 안쪽에 2층으로 된 붉은 벽돌건물이다. 물론 현재의 건물은 1891년에 지은 그대로의 모습은 아니다. 현재의 건물은 1904년에 개축한 것으로 당시에 지어진 건물로 보기에 힘들 정도로 완전하게 보존되어 있고, 현재도 큰 불편 없이 사용되고 있다. 그러면서도 원형을 잘 보존했으면 하는 것이 언제나 답사자의 바람이기도 하다.

현재는 사제관으로 사용되고 있으나 성공회교회가 인천에서 의료사업을 철수하면서 이 건물은 성공회신학대학의 전신인 성 미카엘신학원(이후에는 천신신학교라는 교명을 사용하기도 함)이 1921년부터 1952

년까지 학교 건물로 사용하기도 했다. 성공회신학교인 성 미카엘신학원은 1914년 성공회의 조선 선교를 위한 전략적 전진기지였던 강화도에서 시작했으나, 지리적인 여건이 어려웠기에 인천으로 1921년에 옮겼다. 하지만 교수의 태부족과 정세의 어려움이 1928년 휴교하게 되고, 다시 1936년 개교, 다시 1940년 일제에 의해서 폐교하게 되는데, 그 기간 동안 이 성 누가병원 건물을 신학교 건물로 사용했다. 이렇게 이 건물은 성 미카엘 신학원이 1952년 청주로 이전하기까지 신학교로 사용되었다. 청주로 이전한 신학교는 6·25동란이 끝난 후 1961년 현재 자리하고 있는 서울 구로구 항동 1-1번지로 옮겼다.

그렇게 보면 우리나라 역사에 있어서 정치, 경제적 상황이 가장 어려웠던 시대적 상황에서 성공회교회의 역사와 신학교육을 이어갔던 현장이 이 건물이었음을 알 수 있다.

내리감리교회

성공회내동성당에서 동인천역 방향으로 내려다보면 내리교회 예배당이 보인다. 직선거리로는 지척인 곳에 내리교회가 자리하고 있다. 현재의 예배당은 1985년 5월에 봉헌한 100주년 기념예배당이다. 현재의 건물을 통해서는 내리교회가 가지고 있는 역사적 유산을 쉽게 느껴지지 않는다. 그만큼 옛 모습을 찾아보기 힘든 현대식 건물이고, 역사의 자취를 찾아보기 위해서는 상당히 신경을 써야만 한다. 경내를 유심히 살펴보면 눈에 잘 띄지 않는 곳이지만 역사적 흔적들을 만날 수 있기에 답사하는 맛이 있다.

먼저 내리교회의 역사를 살펴보자. 1885년 4월 5일에 제물포항에 도착한 아펜젤러(Henry Gerhard Appenzeller)는 미국 북감리교회 선교사로서 부인과 함께 도착했지만 바로 서울로 입경할 수 없었다. 그 이유는 갑신정변 이후 서울의 사회적, 정치적 환경이 외국인 여성을 수

내리교회100주년기념예배당 전경

용할 수 있는 여건이 되지 못한다는 것을 먼저 입국한 알렌과 미국 영사관 측의 입장이 있었기 때문에 결혼한 아펜젤러는 입경을 할 수 없었다(이 때 같이 입국한 장로교회의 언더우드는 미혼으로서 바로 입경함). 따라서 그는 부인과 함께 다시 일본으로 돌아가야 했다.

내리교회는 한국 최초의 감리교회임을 자처하고 있다. 왜냐하면 아펜젤러는 1주간 정도 머물다가 4월 12일 일본으로 돌아갔다가 다시 6월 21일에 입국했지만, 다시 약 한 달간 인천에 머물다가 7월 19일에서야 서울로 입경했기 때문이다. 이를 근거로 내리교회는 7월 19일을 내리교회의 설립일로 지키고 있다. 이것은 아펜젤러가 인천에 머무는 동안 예배를 드리면서 지냈고, 그 과정에 동참한 이들이 있었다는 정황을 근거로 그 출발점으로 보는 입장이다.[16]

내리교회에 들어서면 비좁은 화단에 있는 조형물과 1901년 이래로 울렸던 종을 발견하게 된다. 이 종은 1901년 십자가형 예배당이 신축되었을 때 선교사들이 구입하여 2층 종각에 설치하였던 것이다. 다행히

감리교회 한국선교120주년기념비

일제말기에 징발을 당하지 않은 채 보존되어서 내리교회의 역사를 증거해 주고 있다. 지금이야 도심에서 예배당 종소리를 듣는 것이 어렵지만, 이 언덕에서 인천시내에 울려 퍼졌을 종소리를 잠시 마음으로 들을 수 있다면 의미가 더 할 것이다.[17]

예배당으로 올라가는 계단에 발을 올려놓으면서 왼쪽 벽을 보면 몇 개의 머릿돌이 건물 벽에 박혀있는 것을 볼 수 있다. 이 머릿돌들은 이 교회의 예배당 건축역사를 그대로 증거하고 있다. 각기 다른 크기와 글씨, 그리고 건축년도를 새겨 넣은 머릿돌들은 현재의 예배당이 몇 번째인가를 알려주기도 한다.

구 웨슬레예배당(1928, 우)과 철거를 앞둔 예배당(1955, 좌)
– 내리선교130년기념화보

예배당 머릿돌들을 벽에 박아놓았다.(좌)
구 예배당 입구 계단(우)

계단을 올라서서 예배당 정면을 등지고 아래를 내려다보면 현재의 예배당이 지어지기 전까지 수많은 신앙의 선배들이 오르내리던 돌계단이 굳게 닫힌 철문과 함께 이 교회의 역사를 느끼게 하고 있는 것을 볼 수 있다. 이제는 누구도 오르내릴 수 없는 닫힌 골목의 끝이지만 오래된 돌계단에 선배들의 발자국이 남겨져있는 것을 보면서 오늘이 있기까지 그 골목을 오갔을 신앙의 선배들 모습을 잠시 상상해 볼 수 있다.

한편 현재의 담임목사가 부임한 이후 내리교회의 역사를 정리하고 보존하려는 노력을 크게 기울이고 있는데, 그 결과물이 이 공간에 마련되어있다. 그것은 감리교회 최초 선교사인 아펜젤러와 인천지역을 담당

---

16) 교회의 설립일을 어떤 원칙에 의해서 볼 것인가 하는 것은 신학적으로 교회관과 제도에 따라서 달리 볼 수 있는 여지가 있을 것이다.
17) 현재 이 종은 복원한 십자가형 웨슬레예배당 종탑으로 올려짐으로 제자리를 찾아갔다.

아펜젤러, 존스, 김기범 흉상

하면서 내리교회를 비롯해서 감리교회를 크게 성장시킨 존스 선교사, 또 하나는 이 교회에서 배출한 한국인 최초의 감리교회 목사이며, 이 교회의 3대 담임 목사로 사역한 김기범의 흉상을 제작하여 좁은 공간이지만 그들을 기억하고자 하는 노력을 하고 있음을 볼 수 있다.

또한 예배당 옆에 새로 지은 비전센터에는 내리교회의 역사를 보존하고 기억하고자 내리 역사 전시관을 1층에 마련했다. 지금까지는 예배당 3층 로비에 역사 자료들을 전시하는 공간이 있어서 접근성이나 전시의 어려움 등이 있었다. 제대로 된 전시시설이 아니다 보니 자료들의 가치에 비해서 많이 초라했었는데, 이제는 자료들이 빛을 볼 수 있게 되었다. 또한 자료

역사관 전시실

복원된 웨슬레예배당
- 이 예배당은 1901년 건축, 1955년 철거, 2012년 복원

들을 보존할 수 있는 수장고까지 준비한 것은 앞선 의식의 결과라고 할 수 있다.

아펜젤러에 의해서 시작된 제물포에서의 예배는 사실상 한국 감리교회의 시작이었고, 내리교회의 시작이었다. 따라서 내리교회는 한국 감리교회사에서 '최초'의 기록을 많이 가지고 있다. 최초라는 것이 다 좋은 것은 아닐 수 있지만, 한국 감리교회 역사에서 있어서 주목할 만한 최초의 사건들이 내리교회를 통해서 시작되었다는 것은 기억해 두어야 할 일이다. 특히 우리가 잊고 있는 것들에 대해서는 다시 기억할 수 있는 기회가 되었으면 한다.

예를 든다면 1890년 감리교회 최초의 예배당(당시는 제물포 웨슬

영화학교 준공식(1904)과 영화학교 제4회 졸업식(내리교회)

리교회로 불렸음)을 지었고, 1892년 존스(G. H. Johns)목사가 부임하면서 제물포지역의 선교활동이 적극적으로 전개되었는데, 그 일환으로 교육사업도 전개하여 같은 해 3월 12일 영화학교를 설립하였다. 이 역시 사실상 한국 최초의 초등학교인 셈이다. 영화학교는 초기에 한국 여성 지도자들을 배출하는 역할을 했고, 인천의 신교육의 효시로서 인천 교육사에도 큰 영향을 주었다.

피선교국가에 교회가 세워진지 얼마 되지 않아서 지교회를 개척한 것도 기록에 남겨질 사건이었다. 1895년 내리교회 신자들에 의해서 최초로 지교회가 설립되었다. 이것이 현재 인천 남동구에 자리하고 있는 만수교회(당시 담방리교회)이다. 이 만수교회를 기점으로 해서 인천 동부지역(현 시흥시)에 교회들이 세워지게 되었다. 또한 존스 선교사는 1899년 12월 12일에는 한국감리교회사상 최초로 신학회(神學會)를 조직해서 개강했다. 이 때 신학회는 소위 요즘 말하는 '학회'(學會)의 의미가 아니고, 사실상 계절학기로 공부하는 신학교였다. 그러한 의미에서 내리교회에서 실시한 신학회는 사실상 한국 감리교회 목회자를 양성하는 시작이었다. 이것을 몇 회 이상 수료하면 일정한 자격을 부여하여 교역자로 사역을 할 수 있게 하는 것이 초기 한국감리교회의 상황이었다.

1900년 존스가 시작한 신학회와 학생들

그러한 의미에서 본다면 인천은 한국감리교 신학교의 출발지인 셈이다.

그런가하면 내리교회 출신이며, 이 신학회를 통해서 배출된 김기범이 1901년 5월 4일 감리교회 최초로 목사안수를 받았다. 그는 목사안수를 받음과 함께 내리교회의 3대 목사로 취임하는 기록도 가지고 있다. 이렇게 신학회 제도를 통해서 감리교회는 장로교회에 비하여 목사를 일찍 배출할 수 있었다.

감리교회 최초 목사 김기범

그런가 하면 조금 색다른 최초의 기록도 있다. 우리나라 최초의 해외이민이 내리교회를 중심으로 이루어졌다. 1902년 11월에 내리교회 신자들 50여 명이 처음으로 이민선에 몸을 실었다. 이것은 한국인 해외 이민의 효시다. 그와 함께 그들의 신앙을 돌볼 지도자가 필요했기에 이민자들이 형성한 교회를 섬기기 위한 선교사(홍승하 전도사)를 같은 해 12월

1902년 최초 이민자들을 싣고 떠난 SS Gaelic호와
홍승하 전도사

22일 파송했다. 이 또한 한국교회 최초의 이민자 목회를 위한 목회자 파송이었다.

요즘은 상상할 수도 없는 또 하나의 최초 기록은 남자와 여자가 서로 보이지 않도록 예배당 안에 설치했던 칸막이를 1907년 2월 제거한 것이다. '믿거나 말거나'한 이야기 같지만 당시로서는 대단한 사건이었다. 이렇게 내리교회는 진기록을 많이 가지고 있기에 답사과정에서 꼼꼼히 챙겨보는 재미를 맛볼 수 있다.

내리교회가 초기에 자리를 잡고 성장할 수 있었던 데에는 의사로서 크게 활약을 했던 스크랜턴(W. B. Scranton)선교사의 제물포에 대한 사랑 때문이었다는 것도 기억해 두어야 할 일이다. 즉 1887년 제물포에 가톨릭의 성당을 건립하려는 빌렘(Joseph Wilhelm)신부가 성당 부지를 매입하려고 함으로써 선교의 주도권을 빼앗기지 않으려는 스크랜턴의 노력이 있었기 때문이다. 달리 교통수단이 없었던 당시 그는 서울에서 걸어서 인천을 오가며 교회의 기초를 닦았고 그 결과 오늘의 내리교회가 있을 수 있었다고 할 것이다.

이러한 스크랜턴의 제물포교회에 대한 선교사로서의 사랑은 지나

스크랜턴 선교사

치리만큼 열정적으로 전도와 봉사를 했던 한 사람의 조선인 동역자에 의해서 전기를 맞이하게 되었다. 그는 노병일이라는 청년이었다. 그는 제물포지역을 전도하게 하기 위해서 예비된 사람이었다. 후에 아펜젤러가 염려할 만큼 지나칠 정도로 열심히 전도했다고 한다. 따라서 아펜젤러는 그에 대해서 "본토 교인(노병일을 지칭)이 이곳의 책임을 맡아 이 놀고 있는 땅에 씨를 뿌리기 위해 2년 반 동안 최선을 다했는데, 밤에는 주변 사람들의 잠자리를 방해 할 정도로 큰 소리로 성경을 읽었고, 낮에는 행인들에게 격분해서 하나님을 만날 준비를 하라는 경고의 말씀을 전했다"[18]고 한다. 노병일의 열정이 현재 내리교회의 터전을 마련했고, 6칸의 예배당을 1890년에 지을 수 있었다. 내리교회 계단 위에서 용동과 싸리재를 바라보면서 역사를 되돌아보노라면 그의 음성이 들리는 듯하다.

1883년 개항과 함께 창설되어 인천의 행정을 총괄했던 인천 감리서는 노병일을 요주의 인물로 감시 대상을 삼을 만큼 전도에 열정을 가지고 있었다고 한다. 그 예로 제물포에서 40여리나 떨어진 뱀내장(蛇川場-현재 시흥시 신천동)에 가서 장에 모인 사람들에게 성경을 팔며 전

---

18) 한만수 편, 『내리교회 110년사 I』(인천; 내리교회, 1995), 75.에서 Appenzeller, "Beginning of Methodist Missionary Work in Korea"『H. G. Appenzeller's Address and Essay』 문서번호 156. p. 4.의 글을 재인용함.

도하다가 군졸들에게 구타를 당하여 죽기 직전의 상태까지 이르게 되었다고 한다. 결국 그는 구타당한 후유증으로 병을 얻어 1895년 봄에 스크랜턴의 극진한 치료에도 불구하고 별세하였다. 그의 죽음을 지켜보았던 스크랜턴은 "누가 그의 역할을 대신할까"라고 했다고 하니, 그의 죽음이 얼마나 안타까운 것이었는지 짐작하게 한다.

올링거 선교사

하지만 당시 인천에 주재하는 선교사가 없기 때문에 서울에서 인천에 형성되는 공동체에 대한 책임을 가지고 있었던 선교사들이 내려와 예배를 인도하는 정도였다. 그중에 기억해야 할 또 한 사람은 올링거(Franklin Ohlinger)선교사였다. 그의 남다른 제물포 사랑은 공식적으로 내리교회 최초의 사역자가 되었다. 즉 노병일의 헌신과 올링거의 수고는 내리교회 기초를 만들었다고 할 수 있다.

1891년 6월 북감리교회 선교부에 의해서 제물포는 독립된 선교거점(Chemulpo Charge)으로 승격되었다. 따라서 1892년 존스(George Heber Johnes) 선교사가 인천에 주재하는 첫번째 선교사로 거주하면서 인천을 중심으로 한국인 전도인들과 함께 다시 인천을 4개 거점지역으로 나누어 전도하기에 이르렀고, 그 결과 경인지역과 강화지역은 현재까지도 감리교회의 못자리 역할을 하고 있고, 감리교회의 중심지라고 할 수 있게 되었다. 이러한 감리교회의 성장 이면에는 존스와 내리교회가 모교회의 위치를 가지고 있다.

인천기독병원 전경(사진: weeklypeople.net)

인천 기독병원

인천에서 선교사업의 일환으로 진료를 처음 시작한 것은 1890년 성공회가 파송한 랜디스(E. B. Landis)이며, 그가 시작했던 성 누가(락선시)병원은 인천의 최초의 양방병원이다. 하지만 이 병원은 후에 문을 닫고 말았다. 그 후 인천에서 유일하게 종합병원으로 진료와 복음전파를 통해서 소망을 주었던 것은 인천기독병원이다(율목동 237).

이 병원의 시작은 미국 감리교회 선교부가 1923년 이곳에서 진료를 시작했던 역사로 거슬러 올라간다. 감리교회 선교부는 개인 주택을 매입해서 진료소를 개설했다. 코스트럽(Bertha Alfrida Kostrup, 한국명 고수도)이라고 하는 간호사가 이곳에 머물면서 봉사했고, 동대문병원의 여의사 로제타 홀(Rosetta Hall)이 내려와서 진료를 하곤 했다. 1934년에는 집을 헐고 그곳에 2층으로 건물을 새롭게 지어서 1층 40여 평을 진료실로 사용하였고, 2층은 상주 간호사인 코스트럽의 숙소로 사용했다.

코스트럽   로제타 홀

이렇게 시작한 감리교회의 인천진료소는 인천부인의원으로 개명을 하고 진료와 복음을 전파하는 일을 했다. 하지만 일제가 일으킨 제2차 세계대전 패망을 앞두고 당시 조선을 더욱 탄압을 하면서 주재하고 있던 선교사들을 모두 추방시켰다. 이때 인천부인의원도 일제가 강제로 빼앗아서 자신들의 진료소로 사용하였다. 선교사들은 추방을 당함으로써 항의하는 것조차 불가능했다. 인천에 상주하면서 인천부인병원을 지켜왔던 코스트럽도 1940년 일제에 의해서 강제로 추방되어 미국으로 돌아가야 했다.

인천기독병원(1956)

일본이 패망한 다음에는 해방과 함께 미군정과 6.25사변을 겪으면서 우리 해군당국이 이 건물을 접수해서 부속 건물로 사용했다. 6·25동란 이후 지방에 병원이 없음은 물론 진료할 수 있는 시설이 절박했던 상황이라 인천에

도 진료소가 필요했다. 이 때 감리교회 총리원은 문창모 박사[19]를 통해서 인천에 진료소를 세우기로 함으로써 현재의 기독병원으로 발전하게 되었다.

모스 의료선교사

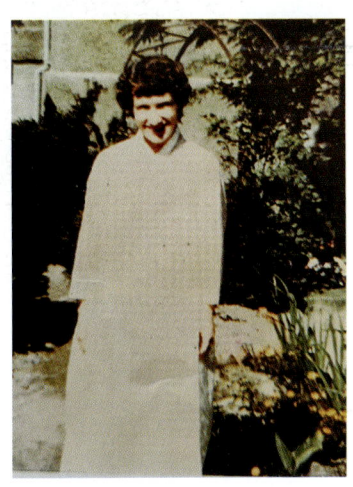

감리교회 총리원은 강화, 천안, 인천에 각각 진료소를 두기로 하고 1952년 5월 26일 인천진료소는 해군이 점유하고 있었던 옛 인천부인의원 건물을 인도받아서 진료를 시작했다. 이것이 현재의 인천기독병원의 모체이며 시작이다. 이때 진료소장은 강석봉 박사였고, 내과, 일반외과, 이비인후과, 산부인과 등을 개설했다. 당시 인천은 지리적으로 서해안 도서지방의 거점이었고, 멀리 충남 서산, 당진, 태안 등이 뱃길로 인천을 문화권으로 가지고 있었고, 이 지역 사람들이 진료를 받기 위해서는 그 지방에는 사실상 병원이 전무했기 때문에 인천으로 올 수밖에 없었다.

절박한 현실에서 찾을 수 있는 유일한 병원으로써 기독병원의 영향력은 컸고, 의료수요와 필요한 진료과목도 늘어날 수밖에 없었다. 반

---

19) 그는 사실상 기독병원을 있게 한 사람이고, 당시 서울에서 인천을 자전거로 오가면서 진료를 했다. 후에 원주기독병원에서 봉사를 했고, 그곳에서 은퇴를 한 다음 90세가 넘도록 원주에서 불우한 형제들을 돌보는 봉사를 하다가 별세했다. 그 과정에서 원주기독병원(현 원주세브란스병원)을 탄생시키는 데도 큰 역할을 했다.

볼 선교사 부부, 빌링스 선교사, 레이놀즈 선교사(왼쪽부터)

면 천안과 강화에 시작한 진료소는 경제적인 후원이 원활하지 못했고, 당시로써는 의사를 구하는 것도 매우 어려웠기 때문에 지속되지 못하고 문을 닫고 말았다.

감리교단은 미국 감리교회로부터 지원을 받으면서 의료 선교사인 모스(B. Moss)를 파송하여 병원을 관리하도록 했다. 그가 1953년 인천에 와서 무의촌 진료와 함께 결핵퇴치운동을 하면서 기독병원은 사실상 인천과 도서지방, 충남 서해안 지방에 이르기까지 유일한 치료기관으로 위치를 유지하게 되었다. 이렇게 인천기독병원은 가장 어려운 시대, 가장 어려운 환경에서 새롭게 시작되었고, 이 지역의 유일한 종합의료기관으로서 많은 사람들에게 영육간에 소망을 주었다.

1962년부터 미국 감리교회 선교부의 적극적인 지원이 되면서 인천기독병원은 급속도로 발전하게 되었다. 같은 해 선교부에서 두 명의 간호사 레이놀드(Reynold)와 볼(Voll)을 파송하면서 선교부의 관심도 높아졌고, 실제로 병원을 찾는 사람들이 많아지니 선교부에서도 관심을 가지지 않을 수 없었다. 이듬해인 1963년에는 선교부에서 병원을 확장할 수 있는 부지를 매입하고 450평 규모의 외래병동과 127평의 부속건물을 건축하여 종합병원으로서의 면모를 갖추게 되었다. 당시로서는 상당한 규모의 병원이었다. 의료시설이 절대적으로 부족했고, 있다고 하더라도 시설이나 진료수준이나 모든 면에서 열악하기 그지없었는데, 새로운 병원건물이 지어짐으로써 인천 지역의 의료 혜택이 획기적으로 변화를 가져왔다.

당시 지방 도시에 그만한 규모의 병원이 세워진 것은 놀라운 일이었다. 따라서 치료를 필요로 하는 환자들은 인천 앞바다에 있는 도서지방은 물론 멀리 충남 일원의 여러 지역에서까지 찾아왔다. 이렇게 규모가 커지면서 병원이 감당해야 하는 책임도 커질 수밖에 없었으니, 도서지방에서 찾는 환자들과 경제적으로 어려운 사람들, 또한 교역자 등에게 많은 진료비 할인 혜택을 줌으로써 사람들의 입소문에 의해서 널리 알려졌다. 의료보험이 없었던 당시로서는 상당한 도움이 되었던 것이 사실이다.

1966년에는 로빈슨(Lenna Belle Robinson)이 의료선교사로 부임하면서 진료과목을 확장했다. 이 때 간질 환자를 전문적으로 치료하고 돕기 위한 '장미회'(Rose Club Korea)를 조직해서 각 지방의 보건

수술중인 강석봉 원장과 팀(사진: 인천기독병원40년사)

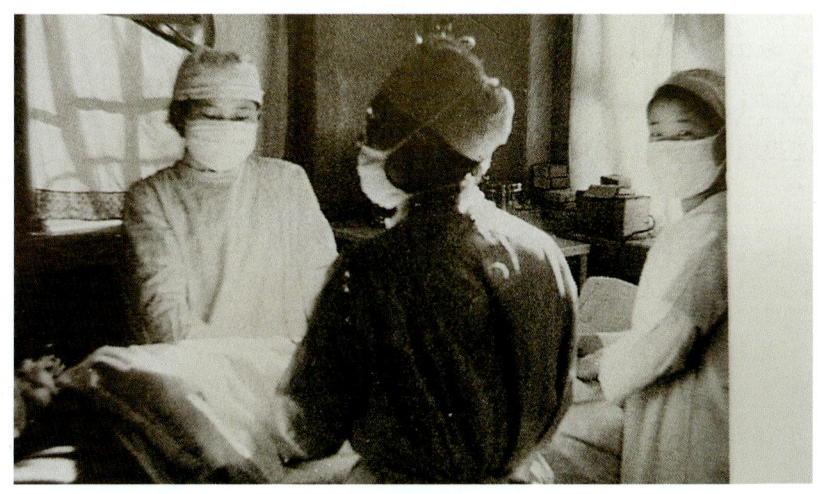

소와 교회들을 통해서 간질 환자들을 치료하는 순회진료를 로빈슨이 감당했다. 이 모임은 우리나라에서 간질환자를 전문으로 치료하고, 그들을 돌보는 일을 하면서 지금까지도 장미회는 서울 아세아연합신학대학 서대문 캠퍼스에 본부를 두고 활동을 계속하고 있다.

1969년에는 인천기독병원을 중심으로 극동지역 선교를 지원하는 사역을 했던 미국 감리교회 선교부 극동지역 총무였던 마가레트(B. S. Magaret)를 기념하는 종합 진료체계를 갖춘 건물 800평을 새롭게 짓게 되었다. 그리고 건물을 마가레트기념관으로 명명하여 진료를 하게 되었다. 이것이 외형적으로도 인천기독병원이 위상을 가지게 되는 결정적인 것이 되었다. 이로써 명실공이 종합병원 체제를 가지게 되었으며, 의료선교를 위한 손색이 없는 모습을 갖추게 되었다.

인천기독병원이 이렇게 발전하면서 당시만 하더라도 수도권에 있는 거의 유일한 종합병원으로 역할을 감당했다. 또한 진료와 선교를 병행하는 기관으로써 인천복음화에도 크게 기여했다. 개원과 함께 병행되었던 구령사업은 단지 질병을 치료하는 것으로 끝나는 것이 아니고, 복음 전도라는 궁극적인 목적을 위해서 노력했다. 이것은 초기 한국선교를 위해서 의료사업을 중점사업으로 결정했던 선교사들의 뜻과 맥이 같은 것이었다. 따라서 기독병원은 처음부터 원목제도를 두어 환자들은 물론 직원들의 신앙을 지도하고, 직원들을 중심으로 하는 선교회를 조직해서 무의촌 진료사업과 무교회 지역에 교회를 세우는 일과 어려운 교회를 돕는 일까지도 감당하면서 선교병원의 면모를 만들어 왔다.

삼목교회(현 공항교회)

장로교회와 감리교회 선교사들이 선교지 분할 협정에 의해서 인천 지역의 선교는 감리교회가 중심이 되었다. 따라서 감리교회는 인천의 내리교회를 모교회로 해서 남동, 남양(화성시), 부평, 강화구역을 중

삼목교회(1961) (사진: 공항교회 홈페이지)

심으로 성장했다. 반면에 인천 앞바다에 있는 섬 지방에는 복음이 전달되는 루트가 조금 다르다. 넓게는 강화, 제물포(내리), 남양구역의 전도자들에 의해서 복음이 전파된 것으로 확인되고 있다.

현재 삼목교회의 옛 자취를 찾는다는 것은 불가능하다. 삼목도라는 섬은 인천공항 건설과 함께 사라졌기 때문이다. 또한 이 지역에 있었던 영종도를 비롯한 용유도, 그리고 이 섬들에 부속되어있던 작은 섬들도 그 자취를 찾을 수 없다. 영종지구는 다리가 놓임으로써 이제 더 이상이 섬이 아닐 뿐 아니라 지형이 완전히 바뀌었기 때문에 옛 지명과 장소를 찾는 것은 어렵다.

영종도와 용유도 사이에 바다를 매립해서 인천공항을 만들었기 때문에 지형이 바뀐 정도가 아니라, 그 흔적을 찾는 것도 불가능하게 되고 말았다. 삼목도는 영종과 용유도 사이에 있었던 작은 섬이었다. 농지도 거의 없이 바다를 터전으로 해서 살던 섬마을에 적은 수의 주민들이 살았던 곳이다. 공항을 짓는 공사가 시작되기 전만 해도 주민들이 옹기종기 모여서 살았던 곳이다. 하지만 지금 어디서도 그 흔적을 찾을

인천공항 건설과 함께 사라진 섬들의 위치도(지도: 나무위키)

수 없다.

그렇게 작은 섬에 복음이 들어간 것은 영종도에 복음을 전하기 위해서 인천 내리교회의 전도인 김기범이 사역을 시작하면서다. 후에 김기범은 1901년 무어(Davi H. Moore) 감독에게 안수를 받고 목사가 되었다. 그는 한국감리교회 최초의 한국인 목사로서 역사적인 의미를 가진 인물이다. 그가 목사가 되기 전인 1891년 내리교회에서 학습인, 1896년 제물포구역 본처 전도사, 1897년 제물포교회 청년회 대표, 1898년 8월부터 1900년 10월까지는 원산지역으로 파송되어 그곳에서 전도하였으며, 1901년 5월부터는 인천지방 본처 전도사로 봉사하다가 그 해에 목사가 되었다. 그리고 1903년 제물포(내리)교회에 최초 한국인 담임 목사로 부임했다.

김기범 목사

김기범이 제물포교회 청년회 대표로 있을 때인 1897년 영종도에 복음을 전하기 위해서 들어가 사역을 하면서 하춘택이라는 인물을 개종시키는데 성공했다. 하춘택 역시 후에 감리교회의 큰 인물로서 활동을 하게 된다. 하춘택은 1901년에 본처 전도인이 되었고, 1905년에 목사가 되어 강화도 남구역의 목회자로 섬기면서 인근 섬 지방까지 전도와 목회를 하면서 존경받았던 지도자이었다.

하춘택 전도사

김기범에게 전도를 받은 하춘택이 개종한 다음 전도자로서 인근 섬인 삼목도에 들어와서 열심히 전도를 했고, 1902년 삼목도의 추만원이라는 사람을 개종시켰다. 이렇게 개종한 신자가 나옴으로써 1902년 봄 이충실의 사랑채를 모임 장소로 정하고 예배를 시작한 것이 삼목교회의 시작이다. 하지만 새로운 결신자가 만들어지는 것이 여간 어려운 일이 아니었다. 1912년 최초 신자인 추만원의 집으로 집회장소를 옮겼다가 1917년에 운서 7리 132(큰말)에 예배당을 마련함으로써 비로소 교회의 면모를 갖추게 되었다. 하지만 일제의 탄압이 심화되면서 삼목교회는 존폐의 위기를 맞을 만큼 쇠퇴되는 역사를 걸어야 했다.

삼목교회(1961)(사진: 공항교회 홈페이지)

공항교회 벧엘예배당 정초석과 100주년기념비

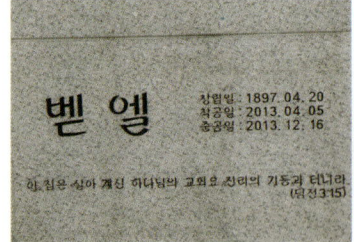

해방 이후에 조금씩 형편이 나아졌지만 1970년대에 와서야 독립된 교회로써 역할을 할 수 있게 되었다. 삼목도는 영종도의 부속섬으로 작았고 여러 가지 환경이 여의치 못했기 때문에 성장하는 것도 매우 더딜 수밖에 없었다. 그러다보니, 그 과정에는 많이 알려지지는 않았지만 희생도 있었다. 1956년 영종도 운서교회의 장로인 정성준이 기회가 되는 대로 갯벌을 건너와 삼목교회를 돌보면서 예배를 인도하곤 했는데, 그날도 저녁예배를 마치고 돌아가는 길에 바다에서 실종되고 말았다. 목사도 아니고, 자기가 소속된 교회도 아닌, 이웃 섬의 작은 공동체를 위해서 위험한 길을 마다하지 않고 오가며 돌보다가 희생을 당한 것이다. 이러한 섬김의 모습은 오늘날 이웃교회를 살필 수 있는 여유조차 없다는 현실이 아쉽기가 그지없다는 생각이 들게 한다.

이제는 그 사실조차 잊혀지고 있지만, 어려운 환경에서 자라온 공동체는 현재 전혀 다른 모습을 하고 있다. 1997년 12월 29일 인천공항을 건설하기 시작하면서 삼목도라는 섬 자체가 없어졌고, 주민들은 이주 단지로 옮겼고, 시간이 지나면서 뿔뿔이 흩어지고 말았다. 그와 함께 교회도 공항 신도시인 운서동 2708-3에 새로운 예배당을 마련하고 영종지역에 중심되는 교회로 성장했다. 공항고등학교 인근에 자리를 잡은 삼목교회는 이름도 인천공항교회로 바꾸고 새로운 미래를 열어가고 있다.

영종중앙교회

인천에서 가장 가까운 섬이기에 지리적으로 복음이 비교적 빨리 들어갈 수 있었던 곳이 영종도이다. 하지만 선교사들의 관심은 영종도보다는 뱃길로 서울을 오가는 길목이었던 강화도에 더 관심을 가졌던 것 같다. 따라서 강화도 선교를 위해서 노력은 구체적이고 적극적이었던 반면에 영종도는 별 관심이 없었던 것은 아니었는지...

그래서인지는 몰라도 영종도는 선교사들에 의해서가 아니라 내국인, 특히 내리(제물포)교회의 김기범 전도인이 적극적으로 전도하면서 결신자를 얻었고, 그들을 중심으로 영종도에 교회가 세워지게 되었다. 김기범은 한국감리교회 최초 한국인 목사가 된 사람으로서 개종 후에 변화된 그의 생활은 이미 한국 교회의 지도자이기에 충분했다. 교회에서 부서를 맡아 섬기는 일은 물론 인근지역에서 전도인으로서 그의 활동은 많은 생명들을 회심시켰고, 그에 의해서 여러 교회들이 세워졌다.

영종중앙교회는 김기범이 영종도 지역에 복음을 전함으로써 시작되었다. 1897년 김기범의 적극적인 전도로 정송후, 하춘택, 정동호 등

영종중앙교회(1946) (사진: 내리선교 130년화보집)

이 개종을 하고 가정에서 예배를 드리기 시작한 것이 영종중앙교회의 시작이다. 그러한 의미에서 전도자인 김기범은 사실상 이 교회의 초대 목회자 역할을 한 평신도 지도자였다. 그가 1908년까지 이 교회를 돌보았고, 1908년 3월부터는 이 마을 사람이면서 김기범에게 전도를 받아 개종한 하춘택이 이 교회를 이끌었다. 하춘택 역시 후에 강화지역에서 크게 활동하는 감리교회의 목사가 되었다. 그렇게 볼 때 김기범과 하춘택은 공항교회(삼목교회)와 영종중앙교회의 출발점에 있는 사람들이다.

선교사들의 적극적인 지원이나 관심이 상대적으로 적었지만 영종중앙교회는 1919년 운서리 315번지에 예배당을 마련했다. 이것이 이 공동체가 첫 번째 건축한 예배당으로 복음을 받아들인 지 22년만의 일이다. 어려운 환경에서 신앙을 유지하고 있었던 그들은 자신들의 힘으로 예배당을 마련하는 기쁨을 맛볼 수 있었다. 정치적으로는 더 어려워지는 상황이긴 했지만 복음의 불길은 식지 않았고, 어려울수록 더 열심히 신앙생활을 하면서 1935년 일제의 박해가 심해지는 시기에 운서리

341-2에 새로운 대지를 구입해서 11평 규모의 두 번째 예배당을 마련했다.

영종중앙교회는 해방과 함께 성장하는 전기를 맞이하게 되었다. 정치적으로 어려웠던 시대를 지냈기에 더욱 신앙에 대한 열정을 가질 수 있었고, 경제적으로도 많이 어려워진 시대적 상황이었기 때문에 신앙에 몰두했다고 할 수 있을 것이다. 또한 교회를 중심으로 신문화가 소개되고, 딱히 소일거리가 없었던 아이들을 모아서 성경을 가르침으로써 교회에 대한 지역사회의 의식도 바뀌면서 교회에 모여드는 사람들이 늘어났다.

특별히 해방 이후인 1946년 10월 중등과정의 교육을 할 수 있는 교육시설인 중학원을 설립해서 이 지역의 청소년들을 가르쳤다. 당시에 지역 청소년들이 할 수 있는 일이 딱히 있었던 것도 아니고, 그렇다고 공부할 수 있는 시설이나 여건이 있었던 것도 아니었기 때문에 이 지역의 청소년들은 대부분 이곳으로 모여들었다. 해방 이후에 많은 교회들이 시도했던 일이긴 하지만 섬 지역에서 배울 수 있는 기회를 만들어

영종중앙교회

준다는 것은 결코 쉬운 일이 아니었다. 하지만 교회가 이러한 기회를 만들어주니 많은 사람들의 관심과 함께 교회에 대한 인식이 좋아져서 교회가 성장하는데 크게 기여했다.

현재 영종중앙교회는 공항과 신도시개발로 인해서 옛 모습을 찾아볼 수 없고, 운서동 2796-5에서 새로운 모습으로 만날 수 있다.

한국이민사박물관

한국인이 이민을 떠나게 되는 역사는 우리나라 근대 역사의 아픔과 함께 한다. 최근의 이민의 의미와는 많이 다른 것이기 때문이다. 최근에 이민을 가는 경우는 나름의 목적을 위해서, 아니면 좀 더 나은 자신의 미래를 만들기 위해서라는 선택적 이민이 대부분의 경우일 것이다. 따라서 요즘은 역이민이라는 말까지 등장했다. 나름의 목적을 가지고 이민을 갔지만 다시 돌아오겠다는 결정을 하고 조국으로 이민신청 내지는 국적 회복의 철차를 거쳐서 역이민을 하는 일들이 꽤 많은 것이

이민사박물관 전경

최초 이민선 갤릭호를 본떠서 전시관을 만들었다

사실이다.

　　하지만 한 세기도 훨씬 전의 이민이라는 것은 생존을 위한 것이라는 점에서 다른 것이었다. 만주를 중심으로 간도지방으로 이주했던 사람들은 정식으로 이민이라는 말을 쓰지 않지만 어떤 의미에서는 이주라고 할 수 있을 것이다. 만주로 간 사람들 가운데 많은 이들이 자의 반 타의 반 먹을 것을 찾아서 이주한 사람들이다. 이들에 대해서 이주라는 말을 쓰지만 엄밀히 표현한다면 이민의 또 다른 형식일 것이다. 어떻든 초기 이민은 그랬다. 먹을 것을 해결하기 위한 생존의 문제였다. 물론 만주로의 이민은 영토문제와 관련해서 생각해야 할 문제가 있지만 그것은 별개로 하더라도 이러한 표현이 가능할 것이다.

　　2003년 이민 100주년을 기념하면서 계획한 한국이민사 박물관이 2008년 월미도(월미로 329)에 개관을 했다. 이 박물관은 한국의 이민역사를 한 눈에 볼 수 있게 전시공간을 마련했다. 1903년 첫 이민선이 출발할 때부터 현재의 이민까지 시대별, 권역별로 이해할 수 있도록 정리와 함께 자료들을 전시하고 있다. 이민역사를 전혀 모르는 사람들도 관람순서를 따라서 본다면 한 번에 이해할 수 있도록 만들어져있다.

　　이 박물관이 인천에 마련된 것은 내리교회를 답사하면서 살펴보았지만 존스 선교사가 중심이 되어 내리교회 신자들 50여 명과 다른 교회들에서 지원하는 사람들이 최초의 이민자들이었기 때문이다. 최초의 이민자들을 싣고 출항했던 배가 제물포항을 떠날 때 다시 돌아오지 못할 조국을 바라보면서 눈물을 흘렸을 것을 생각하면, 월미도는 그들이 뱃전에서 바라볼 수 있었던 조국의 마지막 모습일 수도 있었을 것이다.

한국이민사박물관은 "선조들의 해외에서의 개척자적인 삶을 기리고, 그 발자취를 후손들에게 전하기 위해 인천광역시 시민들과 해외동포들이 함께 뜻을 모아서 건립한 우리나라 최초의 이민사박물관이다. 우리나라 첫 공식 이민의 출발지였던 인천에 한국 최초의 이민사박물관을 건립함으로써 100여 년의 한인 이민역사를 체계화 할 수 있는 기반을 마련했다." 따라서 이민의 역사를 돌아보면서 한국의 근대사를 정리할 수 있는 계기가 될 것이다.

또한 초기의 이민자들이 크리스천들이 중심이었고, 그들이 이민한 후 현지에서 조국을 위해서 어떤 일을 했는지 알 수 있는 좋은 시설이다. 피상적으로 듣는 것만으로 깨닫지 못했던 근현대사의 아픔도 함께 접할 수 있기에 좋은 배움의 장소이기도 하다. 특별히 초기 이민자들의 개인적인 애환은 물론 그들이 경험하게 되는 미지의 땅에서 극한의

박물관 전시실

어려움을 살아내면서도 조국의 독립과 경제적 발전을 바라는 마음으로 힘을 모았고, 더 적극적으로는 독립을 위한 실제적인 역할을 했던 자료들을 접할 수 있다.

    2003년 3월 17일 이민사박물관 추진위원회가 출범하여 그해 말에 추진위원회를 구성하였다. 이듬해인 2004년 9월 3일 이민사학술심포지엄 및 사진전시회를 가짐으로써 박물관의 필요성과 의미를 알리는 일을 했다. 그와 더불어서 박물관 건립의 타당성과 실제적인 효과에 대한 용역을 주어 발표하게 했고, 그에 따른 공사를 진행하여 2008년 2월 29일 준공했다. 마무리와 전시를 위한 준비를 해서 정식으로 개관한 것은 6월 13일이었다.
    널찍한 공간과 월미산으로 이어지는 산책로까지 갖춰진 공간이기 때문에 여유를 가지고 찾는다면 쉼과 배움까지 하루를 충분히 쉬고 갈 수 있는 곳이다.

인천제일교회

    인천 지역은 초기에 장로교회 선교부와 감리교회 선교부의 선교구역을 협의하는 과정에서 미국 북감리교회 지역으로 확정되면서 장로교회 선교부는 인천 지역에서 선교를 할 수 없었다. 따라서 인천시내에는 해방과 함께 월남한 장로교도들이 정착하면서 교회를 세우기 전까지는 장로교회가 하나도 없었다는 지역적인 특징을 가지고 있다.

    1995년 인천광역시로 편입된 옹진군의 백령도를 중심으로 하는 장로교회 외에는 인천시내에 있는 모든 장로교회는 해방 이후에 설립되었다고 할 수 있다. 그러므로 인천시내의 장로교회는 감리교회, 성결교회, 성공회교회에 비해서 상대적으로 역사가 짧다는 공통점을 가지고 있다. 동시에 역사적으로 신앙의 유산들도 모두 해방 이후의 것들이기

인천제일교회 예배당 내부와 파이프오르간, 예배당 전경

때문에 유적이라고 할 수 있기 위해서는 더 많은 시간이 흘러야 할 것이다.

그러면 해방 이후 인천시내에서 첫 번째로 세워진 장로교회는 어디일까? 자유공원 언덕에서 가장 높은 위치에서, 멋진 모습으로 서 있는 예배당을 가지고 있는 것이 제일교회이다. 이 교회는 1946년 10월 19일 14명의 월남한 장로교도들이 서울 영락교회가 파송한 박병혁 목사와 함께 전동 1번지의 조남철 집사의 집에서 첫 예배를 드림으로써 시작되었다. 한 달쯤 후인 11월 16일 현재 예배당이 있는 곳으로 옮겨오면서 인천제일교회라는 명칭을 사용하게 되었고, 그 후 인천시내에 설립되는 장로교회의 모교회로써 그 역할을 감당하는 교회가 되었다.

현재 제일교회 예배당이 있는 터에는 적산으로 분류된 일본인교회가 자리하고 있었다. 일제 강점기에 조선총독부는 정책적으로 식민지를 완성하기 위한 목적을 전제로 일본인 그리스도인들이 이주하도록 했고, 일본인 목사들이 조선에서 포교하도록 권장했다. 그렇게 해서 1904년 인천에 처음으로 일본인들이 개인집에서 모여서 예배를 드리기 시작했으니, 을사늑약보다도 앞선 역사를 가지고 있다. 그 후 1924년 9월 이곳에 예배당을 짓고 전도와 집회를 그들이 패망과 함께 귀국하기까지 계속했다. 이렇게 보면 일본은 완전한 식민지를 만들기 위해서 종교까지 이용한 것을 알 수 있다.

박병혁(좌) 목사 내외와
이기혁(우) 목사 내외

이때 일본인들이 황급히 귀국하면서 당시 일본인 교회 재산을 한국인 유진우에게 관리하는 권한을 양도하고 갔다. 따라서 주인이 없는 적산가옥이 아니라 유진우가 재산권을 갖고 있는 상황에서 그가 제일교회가 설립되는 과정에 동참함으로써 자신이 위탁받은 일본인 교회의 재산권을 제일교회에 귀속시켰다. 그 터전을 기반으로 오늘의 제일교회의 모습으로 발전할 수 있게 되었다.

이기혁 목사 부조와
이기혁민족복음화기념관

　교회가 설립이 되고 불과 수개월이 지나서 한병혁 목사는 대구로 이임하고, 1947년 5월 16일 이기혁 목사가 부임함으로써 인천제일교회가 인천 장로교회의 모교회로써 역할과 함께 극한의 어려운 시대를 살아내면서 인천 시민들과 함께하는 교회로 세워졌다.

　월남민인 이기혁 목사는 이 교회에 부임하여 무궁화유치원, 무궁화공민학교, 귀국난민수용소 등을 운영하면서 갈 길을 잃은 사람들의 바람막이와 미래의 길을 안내하는 역할을 했다. 얼마 지나지 않아 6.25

인성학교와 다비다모자원 전경

사변이 발발하자 전쟁고아들과 피난민들이 교회 주변에라도 깃들 수 있도록 했고, 전쟁의 포화속에서 남편을 잃은 과부들과 그 자녀들을 돌보기 위한 모자원을 설립해서 현재까지도 이 시대의 소외된 사회적 약자들을 섬기고 있다.

특별히 2세 교육에 대한 소명을 갖고 있던 이기혁 목사는 다음 세대를 위한 교육을 최우선 사명으로 알아서 교육 사업을 추진했다. 그 결과 인성유치원, 인성초등학교, 인성여자중고등학교까지 교회 주변의 부지를 확보해서 오늘에 이르기까지 신앙을 근본으로 하는 인성교육을 하고 있다.

송도학교

잠시 답동방향으로 발걸음을 돌리면 송도학교(고등학교는 분리해서 옥련동으로 이전함)를 찾아볼 수 있다. 송도학교하면 일반적으로 미션스쿨이라는 정도로 생각한다. 혹 스포츠를 좋아하는 사람들은 농구부가 유명한 학교로 인식하고 있는 정도일 것이다. 하지만 송도학교는 긴 역사와 선배들의 신앙과 땀이 다시 만들어낸 학교이다.

송도학교는 본래 인천에서 시작된 학교가 아니다. 지금은 이북이 된 개성에서 시작해서 해방과 6·25동란 이후에 피난 온 사람들이 중심이 되어 인천에 재건한 학교이다. 개성은 장로교회와 감리교회의 선교협약에 따라서 미국 남감리교회의 선교지역이었다. 따라서 남감리교회 선교부가 이 지역에 선교와 교육을 위한 사업을 주도하고 있었다.

남감리교회의 국내 선교를 주선하고 적극적으로 도왔던 인물이 유치호(尹致昊 1865-1945)였다. 그는 다양한 이력을 가진 인물이다. 즉 정치가, 교육자, 사회운동가, 전도사 등 그가 한 시대에 감당해야만 했던 역할이 그만큼 많았다는 이야기 일 것이다. 그는 한국인 최초로 남감리교회 신자가 되었고, 남감리교회 선교부 활동을 앞장서서 도

윤치호

왔던 인물이다. 그는 갑신정변 이후 중국으로 망명해서 미국 남감리교회가 설립한 중서서원에서 공부했다. 그는 그곳에서 공부하는 과정에 복음을 받아들였고, 개종한 후 1887년 세례도 받았다. 그후 국내에 처음으로 1897년 5월 2일 고양읍에 남감리교회를 세우게 된 것도 그가 주선한 결과이다.

송도학교는 그의 활동과 남감리교회 선교부의 선교정책의 일환으로 개성에 한영서원(송도학교 전신)을 1906년 10월 3일에 개원하게 되는데, 그것이 송도학교의 시작이다. 이 때 결정적인 역할은 역시 윤치호가 감당했다. 따라서 그는 초대 원장이 되었으나 1911년 조선총독부가 105인 사건을 조작하여 한국 교회 지도자들에 대한 박해가 꾸며졌을 때, 윤치호도 옥고를 치르게 되면서 학교 일을 더 이상 할 수 없게 되었다. 그가 학교를 떠난 후 1917년 한영서원은 식민지 통치하에서 정식 학교설립인가를 받았으며, 1922년 4월 1일에는 학교 이름도 송도고등보통학교로 개명을 했다. 같은 해에 윤치호는 다시 송도학교로 돌아와 교장으로 취임하여 학교를 이끌었다.

개성 한영학원 학생들(1910년대)과 한영서원

일제의 박해가 더 심해지는 시기였던 1936년 8월 10일 재단법인으로 인가를 받아서 재단 이사장으로 역시 윤치호가 취임을 했다.

송도학교 교정에 세워진 윤치호 동상

1945년 해방의 기쁨을 잠시 맛보았지만 6.25동란과 함께 개성이 전장이 되면서 그곳에 있었던 많은 신자들은 피난을 해야 했다. 그들 중에 많은 이들이 인천으로 내려왔고, 그들 가운데 개성 송도학교와 관련한 사람들이 중심이 되어 1952년 4월 5일 이 학교를 재건했다(이때 피난학교는 송학동에 있었음). 한영서원과 송도학교라는 교육의 터전을 통해서 성장한 사람들은 개성에서 자신들을 이끌어주었던 윤치호를 잊을 수 없었다. 따라서 윤치호를 기념하는 마음으로 이 학교를 인천에서 다시 개교하게 되었다. 이 학교 교정에는 1976년 개교 70주년을 기념하면서 그의 동상이 세워져있다.

윤치호에 대한 역사적 판단이 어떤 것인가를 떠나서 송도학교의 설립자로서, 그리고 그가 설립한 개성 한영서원의 역사를 계승하는 학교를 이곳 인천에 재건한 이래로 개성 송도학교의 연혁을 한 페이지씩 이어가고 있다는 사실에서 윤치호에 대해서 잠시 살피고 지날까 한다.

윤치호에 대해서는 인천 송도학교만이 아니라 여러 곳에서 찾아볼 수 있는 기회가 있지만, 이곳 인천에서는 송도학교와의 관계에서 찾아볼 수 있다. 교회나 선교와 관련해서 그에 대한 흔적은 남감리교회의 선교역사에서 확인할 수 있고, 그의 고향인 충남 아산의 둔포면 신항리에서 찾아볼 수 있다. 그의 일가가 살던 신항리에는 그를 기념하는 예

좌옹 윤치호 기념예배당과
윤치호의 묘

배당이 있고, 물론 그의 주검도 선산에 묻혀있다.

여기서 송도학교와 관련해서 잠시 살펴본다면, 그는 1865년에 태어나서 고향에서 한학을 공부하다가 9세 때 부친을 따라서 서울에 올라가서 자랐다. 1881년 부친의 배려로 신사유람단의 일원이 되었고, 어윤중의 수행원 신분으로 일본에 유학을 할 수 있는 기회를 가졌다. 이것이 계기가 되어서 신학문에 대한 눈을 뜨게 되었고, 열심히 어학과 학문을 닦았다. 그렇게 공부한 결과 그는 1883년 초대 주한 미국 특명 전권대사 푸트의 통역관으로 발탁이 되었으며, 그해 4월에 푸트와 함께 돌아왔다. 당시 그의 나이 19세였으며 주한 미국공사관의 통역으로 일하기도 했다.

윤치호의 가족들

이듬해인 1884년 갑신정변을 일으킨 주역이었으나 실패함으로 1885년 1월 상해로 망명

길을 떠났다. 이 과정에서 상투를 자르고 양복을 입게 되었고, 상해에서 미국 남감리교회에서 운영하는 중서서원 중등과에 입학해서 공부를 했다. 그리고 거기서 1887년 4월 3일 세례를 받음으로써 남감리교회의 최초 세례교인이 되었다. 1888년 이 학교를 졸업한 후 미국으로 유학을 가서 밴더빌트신학교(Vanderbilt Divinity School), 1890년 9월에는 에모리대학교(Emory University)에서 공부하는 동안에 주변 지역을 순회하면서 조선을 소개하고 선교를 요청했다. 이러한 그의 노력은 미국 남감리교회로 하여금 한국에 선교사를 파송하겠다는 의지와 뜻을 가지게 했기 때문에 그의 활동은 당시 일본에서 조선 선교를 위해서 노력했던 이수정과 함께 조선 선교의 길을 여는데 실질적으로 기여했다는 점에서 반드시 기억해야 할 것이다.

망명생활을 하던 그가 조선의 정세가 회복되면서 1895년 2월에 입국하여 다시 고위직 벼슬을 하게 되었다. 그가 조선에 돌아와서 활동을 하면서 미국에서 유학하던 중에 관계를 가졌던 미국 남감리교회로 하여금 조선을 선교해줄 것을 간청했고, 그의 간청으로 리드(C. F. Reid) 목사가 조선에 남감리교회 첫 번째 선교사로 입국하게 되었다. 이를 계기로 그는 개성에 남감리교회의 선교거점을 직접 마련했고,

고양감리교회

1897년에는 고양읍에 남감리교회 최초의 교회를 설립하는 일에 앞장섰으며, 역시 사제를 털어 대지와 건물을 마련하여 남감리교회의 선교를 적극적으로 도왔다. 그 후 식민지시대 말기 고양교회는 잠시 역사가 단절되었었으나 다시 재건되어서 그 역사를 지금까지 계승하고 있다.

좌옹(윤치호)은 미국 남감리교회가 조선에 선교하는 길을 열었던 인물로서 서울 장안에 있는 교회들을 세우는 데도 지대한 역할을 했다. 하지만 그는 정치적인 의미에서 조선의 개화를 위한 꿈을 가지고 있었기에 기회가 주어지는 한 자신의 역할을 찾았다.

러시아 니콜라이2세 즉위식에 참석한 윤치호(앞줄 왼쪽에서 두 번째)

1896년 민영환의 수행원으로 임명을 받아서 러시아의 니콜라이 2세의 즉위식에 참석하고 돌아오는 길에 3개월 동안 러시아의 중심 도시들을 방문할 수 있었다. 그리고 민영환 일행과 헤어져서 프랑스를 방문하고 그곳에 체류하는 동안 프랑스어를 익히기도 했다.

그는 긴 여정을 마치고 돌아온 후인 1897년 독립협회에 가입하여 개화파 지도자로서 역할을 감당하기를 자처했다. 이듬해에는 독립협회 부회장이 되었고, 이어서 회장이 되어 독립협회를 주도하는 역할을 감당했다. 서재필이 망명한 후에는 독립협회가 발행하던 독립신문사 사장이 되어서 민족의 자각과 계몽을 위한 일에 헌신했다. 하지만 그의 노력은 당시 수구세력들에는 눈엣가시와 같은 것에 지나지 않았다. 따라서 조선 정부는 윤치호 암살을 명하는 일까지 했다. 이 때 독립협회의 지도자들과 개화파 정치인들이 체포당해 감옥에 갇히게 되었다. 하지만 윤치호는 선교사의 집으로 피신하여 체포당하는 일은 모면할 수 있었다. 그 후 독립협회는 강제로 해체되었고, 이에 따라서 더 이상 독립협회의 활동은 불가능하게 되었다.

이 사건이 있은 후 1899년 좌옹은 조정의 관료로서 활동을 재개할 수 있게 되었다. 예를 들어서 천안, 무안의 군수를 지내고, 1904년에는 외무협판이 되어서 제1차 조일협약을 체결하는 역할을 했다. 그러나 1905년 을사늑약이 체결됨으로써 그의 역할에 대한 의미가 크게 달라지는 형국이 되고 말았다. 따라서 그는 정계를 떠나서 선교와 교육사업에 힘을 쏟게 되었다.

투옥된 독립협회 회원들. 맨 왼쪽이 이승만이다

이러한 과정에서 남감리교회 선교부가 중심이 되어 1906년 개성에 송도학교를 설립하는 앞장서게 되었다. 그러한 의미에서 그의 교육에 대한 열정은 구국의 의지를 배경으로 한 것이다. 송도학교를 직접 설립했을 뿐 아니라 평양의 대성학교 교장으로, 현재의 덕성여대의 전신인 차미리사의 근화학교 이사장으로, 또한 세브란스의전과 이화여전의 이사로, 연희전문의 교장으로도 활동을 함으로써 그의 만년은 국운의 미래를 소망하면서 육영사업에 몰두하였다. 이렇게 근대교육의 일선에

윤치호의 친필 애국가

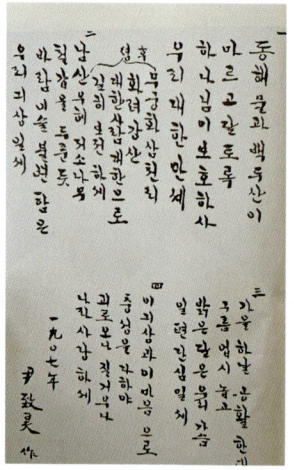

서 그가 자신의 영향력을 발휘할 수밖에 없었던 것은 식민지 치하에서 정치인으로서의 영향력을 발휘하는데 있어서 한계, 그리고 독립운동에 동참했지만 그에게 주어진 현실은 그가 감당할 수 있는 한계를 넘어선 것이었기에 지식인으로서 갈등과 방황의 과정이 아니었을까.

이미 조선의 국운이 기울어진 상태에서 지식인이며 정치가로서 고뇌를 그의 삶에서 찾아볼 수 있다. 힘으로 대항할 수 없는 상태에서 그는 미래의 조국을 그렸을 것이다. 하지만 그러한 고뇌의 과정에서 그는 친일이라는 말을 들을 수밖에 없었던 상황에 처하게 되고 말았다.

하지만 그의 중심이 무엇이었으며, 나라가 망하는 과정에서 지도자로서 책임을 어떻게 느끼고 감당하려고 했었는지는 그만이 알 것이다. 이러한 일면은 그가 우리나라 애국가의 작사자로서 그 가사에 자신의 소망이 담겨져 있는 것이 아닐지. 그가 임종 직전에 친필로 애국가를 자신이 작사했음을 확인하는 글을 애국가 가사와 함께 남겼던 것을 보아 그의 행적이 어떤 의미를 갖고 있는지 생각하게 된다.[20]

---

20) 애국가 작사자에 대한 다른 견해도 있다

에필로그

　인천은 한국 근대사와 교회사에 있어서 매우 특별한 곳이다. 개항과 함께 서양의 근대 문물이 밀려들어온 곳이며, 동시에 조선인들이 깨어나면서 세상으로 나아가기 위해서 출발했던 곳이다. 또한 벽안의 선교사들 대부분이 조선에 입국하는 과정에 첫 발걸음을 내딛었던 곳이기도 하다. 스스로 은둔을 선택한 나라였기에 새로움을 접하는 것이 두렵기도 했지만 호기심과 함께 새로운 기회를 찾아서 몰려든 사람들이 형성한 도시가 인천이기도 하다.

　인천이라는 거대도시(2023년 말 현재 단일 광역시 가운데 인구수로 서울, 부산 다음으로 인천시)는 1883년 개항과 함께 새롭게 형성된 도시이다. 당시 서울에서 가까운 곳으로써 외국의 배들이 접안할 수 있는 항구가 필요했다. 따라서 제물포는 본래 작은 어촌마을이었지만 항구로 개발되었다. 그러한 의미에서 오래된 도시가 아니라 19세기 말에 새롭게 만들어진 신흥도시이라고 하는 것이 인천에 대한 바른 이해일 것이다.

　기독교가 인천에 자리를 잡으면서 복음전도와 함께 새로운 문물을 전해주는 것은 물론 서양 의료진들이 들어와서 치료받을 수 있는 기회가 주어졌다. 또한 신교육을 받을 수 있는 장이 만들어지면서 은둔하고 있었던 자신들을 발견하게 되었고, 새로운 세계와 자아실현을 위한 꿈을 꾸게 되었다. 따라서 조선인 최초로 공식적인 이민을 떠난 곳도 제물포항이고 그 중심에는 존스 선교사와 내리교회가 있다.

　인천 중구(2026년부터는 중구와 동구가 행정구역 개편으로 제물포구가 될 것임)는 한국 근대사와 기독교 역사가 함께 남아있는 곳이다. 특별히 선교사들과 신앙의 선배들이 남긴 귀한 신앙의 유산도 찾아볼 수 있는 곳이다. 여기 인천 중구에 남아있는 역사의 현장과 이야기들을 찾아보는 기회를 가진다면, 가성비가 매우 좋은 여행이 되지 않을까 …

이종전의 인천기행

초판 1쇄 발행 | 2024년 12월 24일

지 은 이　　| 이종전
펴 낸 곳　　| 아벨서원
동록번호　　| 제98-3호(1998. 2. 24)
주　　 소　　| 인천광역시 남동구 구월남로 118(YMCA, 805호)
전화번호　　| 032-464-1031
팩　　 스　　| 02-6280-1793

편집 디자인　| 조선구
이메일　　　| abelbookhouse@gmail.com

Printed in Korea @ 2024 아벨서원
* 책값은 표지에 표시되어 있습니다.
* 파본은 구입처에서 교환해 드립니다.
* 이 책은 저작권법에 보호를 받는 저작물이므로 복제를 금합니다.